海外中国研究丛书

——到中国之外发现中国

政治仪式与近代中国国民身份建构
（1911—1929）

The Making of the Republican Citizen:
Political Ceremonies and Symbols in China 1911－1929

[英] 沈艾娣 著
吕　晶 等译

江苏人民出版社

图书在版编目(CIP)数据

政治仪式与近代中国国民身份建构：1911—1929 /
(英)沈艾娣著；吕晶等译. 一 南京：江苏人民出版社，
2024.7

(海外中国研究 / 刘东主编)

书名原文：The Making of the Republican Citizen：
Political Ceremonies and Symbols in China 1911—
1929

ISBN 978-7-214-28835-6

Ⅰ. ①政… Ⅱ. ①沈… ②吕… Ⅲ. ①政治制度史-
研究-中国-1911-1929 Ⅳ. ①D693.2

中国国家版本馆 CIP 数据核字(2024)第 030374 号

江苏省版权局著作权合同登记号：图字 10-2014-054 号


书　　　名　政治仪式与近代中国国民身份建构(1911—1929)
著　　　者　[英]沈艾娣
译　　　者　吕　晶　等
责 任 编 辑　张晓薇
责 任 监 制　王　娟
装 帧 设 计　陈　婕
出 版 发 行　江苏人民出版社
地　　　址　南京市湖南路 1 号 A 楼,邮编:210009
照　　　排　江苏凤凰制版有限公司
印　　　刷　江苏凤凰扬州鑫华印刷有限公司
开　　　本　652 毫米×960 毫米　1/16
印　　　张　20.25　插页 4
字　　　数　228 千字
版　　　次　2024 年 7 月第 1 版
印　　　次　2024 年 7 月第 1 次印刷
标 准 书 号　ISBN 978-7-214-28835-6
定　　　价　88.00 元

(江苏人民出版社图书凡印装错误可向承印厂调换)

# "海外中国研究丛书"总序

　　中国曾经遗忘过世界,但世界却并未因此而遗忘中国。令人嗟讶的是,20 世纪 60 年代以后,就在中国越来越闭锁的同时,世界各国的中国研究却得到了越来越富于成果的发展。而到了中国门户重开的今天,这种发展就把国内学界逼到了如此的窘境:我们不仅必须放眼海外去认识世界,还必须放眼海外来重新认识中国;不仅必须向国内读者迻译海外的西学,还必须向他们系统地介绍海外的中学。

　　这个系列不可避免地会加深我们 150 年以来一直怀有的危机感和失落感,因为单是它的学术水准也足以提醒我们,中国文明在现时代所面对的绝不再是某个粗蛮不文的、很快就将被自己同化的、马背上的战胜者,而是一个高度发展了的、必将对自己的根本价值取向大大触动的文明。可正因为这样,借别人的眼光去获得自知之明,又正是摆在我们面前的紧迫历史使命,因为只要不跳出自家的文化圈子去透过强烈的反差反观自身，中华文明就找不到进入其现代形态的入口。

当然，既是本着这样的目的，我们就不能只从各家学说中筛选那些我们可以或者乐于接受的东西，否则我们的"筛子"本身就可能使读者失去选择、挑剔和批判的广阔天地。我们的译介毕竟还只是初步的尝试，而我们所努力去做的，毕竟也只是和读者一起去反复思索这些奉献给大家的东西。

刘　东

# 致　谢

　　本书得以出版，我要感谢很多人的帮助。我的博士生导师杜德桥（Glen Dudbridge）和科大卫（David Faure）的热忱和期许一直激励并鼓舞着我。尤其要感谢科大卫，与他进行了长达数小时的讨论后，我才确定了本书的选题。非常感谢查阅文献时为我提供帮助的图书馆和档案馆工作人员，特别是博德莱安图书馆（the Bodleian）的何大伟（David Helliwell）等工作人员，以及中国第二历史档案馆、南京图书馆特藏部、上海图书馆、北京国家图书馆海外中国问题研究资料中心、台北中国国民党党史馆和英国国家档案馆的工作人员。许多牛津和其他地方的朋友也花费时间，以其学识帮助我。程美宝（Ching May Bo）和钟宝贤（Stephanie Chung）帮助我获取中文资料，张沂昀（Zhang Yiyun）帮助我理解南京的档案文献，李嘉伦（Caroline Reeves）和大卫·特纳（David Turner）帮助我理解二手文献，周绍明（Joe McDermott）、阿兰·鲍姆勒（Alan Baumler）和丹尼尔·利维（Daniel Levy）提供了我无法找到的资料，刘志伟（Liu Zhiwei）、吕芳上（Lu Fangshang）和史蒂夫·史密斯（Steve Smith）都提出过有益的建议，马丽思（Maris Gillette）为我安排到西安采访的事宜，程仁兰女士（Mrs Cheng Renlan）带我游览南京数日并讲述自己的生活。最后，我还要感谢苏·桑顿（Sue Thornton）和科大卫，没有他们友好的帮助,我就不可能在妹妹克莱尔(Clare)去世后,回到牛津继续撰写本书。谨以此书献给我的妹妹克莱尔,我曾与她分享过很多事情,包括写这本书所带来的乐趣。

# 目 录

# 引　言

身为"中国人"意味着什么？在整个 20 世纪，很多外国人眼中完全属于"中国人"的特质却遭到许多中国人的抵制，这一矛盾令人深思。在 20 世纪以前的两百年间，外国人把封建帝制、孔子崇拜、留长辫子、身着长袍、女子缠足、庆祝农历新年、传统婚嫁丧葬仪式等都视作中国人的典型特质。但到了 20 世纪，所有这些特质渐为大量中国人所抵制和批评，他们转而热切地追求自己所认同的国民身份。当时，中国掀起了一大批爱国运动，如五四运动等，对这些所谓"中国的"传统习俗发起了猛烈抨击。许多参与过或受这些爱国运动影响的人们纷纷表现出对中国的强烈认同，他们向那些推翻封建帝制、剪掉发辫、改易现代西式服饰和不再给女孩裹脚的革命者们致敬，砸毁了过去人们供奉的神像，参加新式婚丧仪式，甚至还推行火葬取代土葬，庆祝阳历新年而非农历新年。

## 种族和民族主义

无论"中国人否认外国人眼中的中国人特质"这一矛盾对学者们来说有多明显，他们的作品却往往忽略了这一点，这是因为"民族主义"现象隶属于历史学家的研究领域，而"种族"则主要是人类学家的研究范畴。19 世纪时,人们认为个人既属于民族也属于种族,这一区分得以在学科分野中延续下来。① 多年来,历史学家一直在研究西方、现代化和帝国主义的影响,这些研究侧重于变革和参与国际秩序,②使历史学家与广大中国知识分子达成了共识,即将历史看作理解中国如何成为现代独立国家的一种手段。另一方面,受过专业学术训练和拥有丰富田野实践经验的人类学家往往会忽视 20 世纪以来的变革,他们认为,相较于中国农村保留下来的传统习俗,前者从某种程度上说算不上真正的中国特质。例如,华琛(James L. Watson)在一系列有影响力的论文中表示,中国人的身份认同是建立在各种各样共同参与的仪式之上的,他特别指出中国人是通过一系列标准的葬礼仪式来标识自己的身份的。③ 然而,华琛的大部分资料都源自 20 世纪,当时,其中一些仪式受到了追求现代化的中国爱国人士的激烈批评。

---

① 关于种族与种族之间的联系,见 Pamela K. Crossley(柯娇燕),'Thinking about Ethnicity in Early Modern China', *Late Imperial China* II. I, 1990.

② 该领域的重要著作包括 John K. Fairbank, *Trade and Diplomacy on the China Coast: The Opening of the Treaty Ports, 1842-1854* (Cambridge, MA: Harvard University Press, 1953)([美]费正清:《中国沿海的贸易与外交:通商口岸的开埠(1842—1854)》,牛贯杰译,太原:山西人民出版社,2021 年);John Israel(易社强), *Student Nationalism in China, 1927-1937* (Stanford: Stanford University Press, 1966);Frederic Wakeman, *Policing Shanghai 1927-1937* (Berkeley: University of California Press,1995)([美]魏斐德:《上海警察,1927—1937》,章红等译,上海:上海古籍出版社,2004 年).

③ James L. Watson, 'Rites or beliefs? The Construction of a Unified Culture in Late Imperial China', in Lowell Dittmer(罗德明) and Samuel S. Kim(金淳基)(eds.), *China's Quest for National Identity* (Ithaca: Cornell University Press, 1993); James L. Watson, 'The Structure of Chinese Funerary Rites: Elementary Forms, Ritual Sequence, and the Primacy of Performance', in James L. Watson and Evelyn S. Rawski(罗友枝)(eds.), *Death Ritual in Late Imperial and Modern China* (Berkeley: University of California Press,1988).

　　在本书中,我将阐述中国人身份这一新概念是如何从 20 世纪早期的变革中演变而来的,为此,我将种族和民族主义都视为历史的建构,二者与古老的过去和现在有着极深的渊源。历史学家们常常积极参与关于"民族主义"的项目,通过该项目追溯民族的古老起源。当代学界使我们意识到,许多民族主义的传统本质上都是人为建构的,尤其是民族这一概念本身。① 本尼迪克特·安德森(Benedict Anderson)阐释了"民族"这一概念是如何紧随殖民地政府的脚步从欧洲传入东南亚的,以及由此形成的民族因何被视为"想象的共同体"而不是先前存在的实体。② 安德森要求我们在讨论民族主义时,将其与亲属关系和宗教关联起来,而非与自由主义或法西斯主义关联;他还清楚地认识到,就像亲属关系往往是想象出来的一样,"民族"也不是什么先前已有的实体,它只不过是特定历史环境下的产物,不断变换着。直到现在,这种对民族传统建构本质的认识才开始影响到人们对种族的看法。③ 我们开始意识到,就像"民族主义"(nationalism)一样,种族身份的象征与仪式也倾向于将个体划分到某一特定群体中,这些群体与不断变化的权力结构息息相关。④

---

① Eric Hobsbawm and Terence Ranger, *The Invention of Tradition* (Cambridge:Cambridge University Press, 1983)([英]埃里克·霍布斯鲍姆、特伦斯·兰格:《传统的发明》,顾杭译,南京:译林出版社,2004 年).

② Benedict Anderson, *Imagined Communities: Reflections on the Origin and Spread of Nationalism*(London:Verso, 1983)([爱]本尼迪克特·安德森:《想象的共同体:民族主义的起源与散布》,吴叡人译,上海:上海人民出版社,2005 年).

③ Richard G, Fox(理查德·福克斯)(ed.), *Nationalist Ideologies and the Production of National Cultures* (Washington: American Anthropological Association, 1990).

④ Pierre Bourdieu(皮埃尔·布迪厄), *Language and Symbolic Power*(Cambridge:Polity Press,1991), 220-228.

# 仪式与典礼

如果我们将种族和民族都考虑在内,那么仪式与典礼似乎是探寻本质不断变化的中国人身份最顺理成章的主题。种族和民族是将个体划分为不同群体后的产物,而这一划分既包括将个体划归到某一群体内,也包括将个体排除在某一群体外。仪式和典礼是进行划分的常见方式,这种划分勾画了人们对社会世界的构想以及就社会世界的意义达成共识的构想。① 关于仪式与国家二者关系的诸多研究都可以在涂尔干(Emile Durkheim)的著作中找到其根源,他指出,仪式使人产生"兴奋、激动"的情绪,这是凝聚集体或团体的一种方式。② 负责设计和实施国家仪式的政府官员的意图就在于此,因此,过去探讨国家仪式时,学者们往往倾向于探究官员们是否达成了自己的意图,有学者曾探讨过苏联的国家仪式。③ 克利福德·格尔茨(Clifford Geertz)对此表示反对,他指出,在 19 世纪巴厘岛"剧场国家"中,宫廷仪式本身就是一种目的。④ 华志坚(Jeffrey Wasserstrom)从理解仪式的角度来

---

① Stanley J. Tambiah, *Culture, Thought, and Social Action: An Anthropological Perspective* (Cambridge, MA: Harvard University Press, 1985).

② Emile Durkheim, *The Elementary Forms of the Religious Life* (New York: The Free Press, 1965)([法]爱弥尔·涂尔干:《宗教生活的基本形式》,渠东、汲喆译,上海:上海人民出版社,2006 年).

③ Christopher A. Binns(克里斯托弗·宾斯),'The Changing Face of Power: Revolution and Accommodation in the Development of the Soviet Ceremonial System', *Man* 14. 4(1979)and 15. 1(1980);Christel Lane(克里斯特尔·莱恩), *The Rites of Rulers: Ritual in Industrial Society—the Soviet Case* (Cambridge: Cambridge University Press, 1981).

④ Clifford Geertz, *Negara: The Theatre State in Nineteenth-Century Bali* (Princeton: Princeton University Press, 1980)([美]克利福德·格尔茨:《尼加拉:十九世纪巴厘剧场国家》,赵丙祥译,北京:商务印书馆,2018 年).

阐释 20 世纪中国学生的抗议和游行示威。① 然而，这样解读存在很多问题。正如汤拜耶（Tambiah）所指出的，"戏剧"这一术语暗指舞台上的"虚构"表演以及运用各种技巧去创造幻觉，②因此，认为民国时期学生的抗议行为或国家典礼是在创建一种"虚幻的"民族身份，其实很大程度上低估了它们的实际影响。在历史学家看来，以上这些方法都有问题，因为它们强调了仪式在凝聚集体性上发挥的作用不容置疑，却忽略了仪式在排外和区分中同样起着重要作用。③ 如果想要了解仪式对建立中国国民身份的作用，我们就必须要认识到，仪式不仅仅是一种凝聚社会的方式，同样也是一种使权力倾斜的方式。④ 中国社会的各种仪式不仅创造了不同的族群，还在各族群中形成了权力等级制度。

　　"仪式"这一术语含义宽泛，也因而带来很多问题。本书主要关注国葬、革命烈士祭奠等"典礼"，这些基本相当于狭义上的"仪式"。本书还谈及其他内容，包括服饰、礼仪和历法改革等，当代中国人通常将这些视为"仪式"，因此，服饰、国葬、鞠躬及国庆典礼通常被冠以"仪式和习俗（即礼俗）"之名，它们由政府部门主管，在不同的历史时期主管的政府部门有着不同的名称，如"祠部""礼部"；如果时任政府未设立此类部门，则会将此类纲要称为"礼俗事宜之谏"。⑤ "礼"这一术语最初用于描述区分不同等级

---

① Jeffrey Wasserstrom, *Student Protests in Twentieth-Century China：The View from Shanghai*(Stanford：Stanford University Press, 1991)；Jeffrey Wasserstrom and Joseph Esherick, 'Acting Out Democracy：Political Theatre in Modern China', *Journal of Asian Studies* 49.4(1990).

② Tambiah, *Culture, Thought, and Social Action*, 317.

③ Bourdieu, *Language and Symbolic Power*, 117–126.

④ Steven Lukes（史蒂文·卢克斯）, 'Political Ritual and Social Integration', *Sociology：The Journal of the British Sociological Association* 9(1975).

⑤ 中国第二历史档案馆藏国民政府总统府档案，档案号：一/1742。

人群的行为标准,儒家高度注重仪式,因此成为儒家经典反复强调的内容之一。伊佩霞(Patricia Buckley Ebrey)指出,"定期参加规范仪式的人们更能认清自身的社会和道德义务,并以此行事"①。周启荣详述了清朝早期知识分子开始将仪式视为向普通民众灌输其价值观的最有效方式。三百年后,这些清朝知识分子的继任者,即中国早期的西化者,同样关注着礼法和礼节问题。然而,清朝早期对于仪式的强调导致中国人仍以仪式和典礼为核心界定自己的身份。② 因此,诸如以鞠躬取代叩首,以及握手、穿西式服饰、戴西式帽子等相应的礼节变革不仅借鉴了对于礼节的普遍看法,同时也改变了人们对于种族和身份的普遍认识。

## 文化史

在 20 世纪初期的中国,仪式和典礼是国家身份构建过程中的一部分,我们接下来要讲的是一种当时新出现的政治文化,这对研究中华民国的历史学家而言不是什么新鲜话题。无论是同时期的新闻报道还是现今的学术研究都有许多关于中华民国早期的探讨,它们聚焦在晚清新政和1911年辛亥革命是否成功引

---

① Patricia Ebrey, *Confucianism and Family Rituals in Imperial China: A Social History of Writing about Rites*(Princeton: Princeton University Press, 1991), 7.

② Chow Kai-wing, *The Rise of Confucian Ritualism in Late Imperial China: Ethics, Classics and Lineage Discourse* (Stanford: Stanford University Press, 1994)([美]周启荣:《清代儒家礼教主义的兴起:以伦理道德、儒学经典和宗族为切入点的考察》,毛立坤译,天津:天津人民出版社,2017 年).

入了一种新的政治文化上。① 然而，这些文献大多存在两个严重
的问题。首先，很多学者试图用单个理论框架来解释人们对于民
国的各种反应，这一理论框架甚至还将传统的独裁统治与现代民
主相提并论。② 当代学者试图从 1911 年的辛亥革命中寻找现代
民主的根源，然而，他们却常常忽视了政治文化中其他同样重要
的变化。第二个问题是，这些文献关注理论层面上关于这一时期
的探讨以及参与探讨的学者、官员和政治家。③ 当我们从这些文
献辩论中抽离出来，观察文化中的变化时，我们可以看出，除官方
正式声明以外，这种新的政治文化还通过个人穿着、所用历法、节
日传统，甚至是沐浴日期得以确立。

　　这一时期，一种新的政治文化出现，文学和政治层面的争论
将"精英"（学术）与"民众"对新共和国的反应区分开来，这往往会

---

① 这些文献中有很多涉及辛亥事件是否应该被视为一场革命的问题，例如，见 Mary
　　Backus Rankin（冉枚烁），*Early Chinese Revolutionaries：Radical Intellectuals in
　　Shanghai and Chekiang，1902–1911*（Cambridge，MA：Harvard University Press，
　　1971），preface；Joseph W. Esherick，*Reform and Revolution in China：The 1911
　　Revolution in Hunan and Hubei*（Berkeley：University of California Press，1976）
　　（[美]周锡瑞：《改良与革命：辛亥革命在两湖》，杨慎之译，南京：江苏人民出版社，
　　2018 年），216，256–259.
② 一个显著的例子是 John H. Fincher（傅因彻），*Chinese Democracy：The Self-
　　Government Movement in Local，Provincial and National Politics，1905–1914*
　　（London：Croom Helm，1981）.
③ 从思想史的角度最直接探讨政治文化变迁问题的著作有：Joseph Levenson，
　　*Confucian China and its Modern Fate*（Berkeley：University of California Press，
　　1964）（[美]列文森：《儒教中国及其现代命运》，郑大华、任菁译，桂林：广西师范大
　　学出版社，2009 年）；Prasenjit Duara，*Rescuing History from the Nation：
　　Questioning Narratives of Modern China*（Chicago：University of Chicago Press，
　　1995）（[美]杜赞奇：《从民族国家拯救历史：民族主义话语与中国现代史研究》，王
　　宪明、高继美、李海燕、李点译，南京：江苏人民出版社，2020 年）.

证实并强化学者们的想法——社会分为普通民众与精英人群。①
这一区分吸取了帝制末期将通过科举考试的士绅或官员与其余
普通民众划分开来的经验。长期以来,学术界对"士绅"一词的定
义争论不休,这意味着,即使在清朝,这一建构也并未获得人们的
一致认可。② 民国初期的各种文化变化表明,将社会划分为精英
人群与普通民众只是人们认识和理解社会的众多方式之一。③
国庆节等诸多典礼是展现国家形象的方式,它们表明,社会不仅
分为精英人群和普通民众,还包括各种职业团体。这种认知超越
了按照精英文化和大众文化对社会进行划分的方式,说明我们既
要关注这种新兴政治文化在由文学和政治争论构成的"精英文
化"中的发展,同样也要关注它在普通民众日常生活中,即所谓的
"大众文化"中的发展。

---

① 例如,见 Joseph W. Esherick and Mary B. Rankin, *Chinese Local Elites and
Patterns of Dominance* (Berkeley: University of California Press, 1990)([美]周锡
瑞、冉枚烁:《地方精英与治理模式》,甘会斌译,北京:九州出版社,2023 年);Min
Tu-ki(闵斗基), *National Polity and Local Power: The Transformation of Late
Imperial China* (Cambridge, MA: Harvard University Council on East Asian
Studies and the Harvard-Yenching Institute, 1989), 21-50,指出了这种双重划分
的问题。

② Ho Ping-ti, *The Ladder of Success in Imperial China: Aspects of Social
Mobility, 1368-1911* (New York: Columbia University Press, 1962)(何炳棣:《明
清社会史论》,徐泓译,新北:联经出版公司,2013 年);Chang Chung-li, *The
Chinese Gentry: Studies in their Role in Nineteenth Century Chinese Society*
(Seattle: University of Washington Press, 1955)(张仲礼:《中国绅士:关于其在十
九世纪中国社会中作用的研究》,李荣昌译,上海:上海社会科学院出版社,1991
年);Timothy Brook, *Praying for Power: Buddhism and the Formation of
Gentry Society in Late-Ming China* (Cambridge, MA: Council on East Asian
Studies Harvard University and Harvard-Yenching Institute, 1993)([加]卜正民:
《为权力而祈祷:佛教与晚明中国士绅社会的形成》,张华译,南京:江苏人民出版
社,2005 年).

③ 关于其他观点的概述见: Philip A. Kuhn(孔飞力), 'Chinese views of social
classification', in James L. Watson (ed.), *Class and Social Stratification in
Post-Revolution China* (Cambridge: Cambridge University Press, 1984).

　　研究中国的历史学家可能更善于解读政治与文化间的互动，这是因为，自西方与中国的交流伊始，中西方的历史学家们就通过中国与"西方"的文化差异来解释政治事件。19世纪，研究中国文化的西方学者用这种方法进行了一系列详细研究，①其中一些研究回答了诸如中国人为何没有转而信仰基督教等问题，这些研究由此启发了人类学家的研究，在著作中，他们试图将中国文化理解为一个独立系统，问题是，他们往往会呈现出一个静态、单一视角下的"传统中国"。（费孝通等中国人类学家身处中国文化中，他们更加清楚他们所讲述的是某些特定历史背景下的情境和行为。②）这种对中国社会的静态描绘与突出中国社会发展、变革和现代化的研究形成了对比。

　　20世纪60年代，思想史学家列文森（Joseph Levenson）试图在其论述中解释中国文化与中国民族国家历史之间的明显脱节。列文森指出，19世纪末，受西方帝国主义影响，很多知识分子坚信中国亟需一种现代的民族主义思想，他们认为这才是中国走向强大，抵抗外国势力的唯一途径。这些知识分子提出的现代民族主义摒弃了许多传统和文化意义上独立国家所包含的元素。列

---

① S. Wells Williams, *The Middle Kingdom: A Survey of the Geography, Government, Literature, Social Life, Arts, and History of the Chinese Empire and its Inhabitants*(London: W. H. Allen, 1883)（[美]卫三畏:《中国总论》,陈俱译,上海:上海古籍出版社,2014年）; Justus Doolittle, *Social Life of the Chinese: With some Account of their Religious, Governmental, Educational, and Business Customs and Opinions*(New York: Harper and Brothers, 1876)（[美]卢公明:《中国人的社会生活——一个美国传教士的晚清福州见闻录》,陈泽平译,福州:福建人民出版社,2009年）.

② Fei Hsiao-tung, *Peasant Life in China: A Field Study of Country Life in the Yangtze Valley*(London: Kegan Paul, Trench, Trubner and Co., 1939)（费孝通:《江村经济——中国农民的生活》,北京:商务印书馆,2001年）.

文森将这种变化称为从"文化主义"向"国家主义"的转变。[1] 近来,在极力避免使用列文森提出的术语同时,孔迈隆(Myron L. Cohen)指出,从某种程度上来说,现代民族主义者是失败的,因为他们对民族认同的定义与真正的传统身份标识大相径庭。他认为,早在现代民族主义思想出现前就已存在的汉族身份认同是盘根错节、根深蒂固的,在他看来,这种认同感既来自恪守仪式与礼仪,成为大家公认的诠释共同价值观典范的精英人群,也来自于观察和模仿这些精英人群的普通民众。这种为人们所广泛接受的传统身份认同却遭到了现代民族主义者的抨击,他们认为这种民族认同感是封建迷信的表现。孔迈隆指出,"20 世纪伊始,中国精英阶层对早期传统的、具有丰富文化内涵的民族认同感发起了猛烈的抨击和近乎全盘的否定,而这也是中国现代民族主义开始成形的时期。"[2]他将民国政府未能获得普通民众对其合法性的承认归咎于精英阶层对传统民族身份认同的否定。与其他研究中国历史的学者一样,孔迈隆和列文森并不喜欢这一转向,他们认为,在这一过程中,少数深受西方思想影响的精英人群差不多是将现代民族主义思想强加给了极不情愿的人民群众,且并未如愿。我认同将 20 世纪初期视为两种不同民族身份发生转向的时期,但是我并不赞成将中国现代民族主义视为一种发生在普通民众间的广泛的文化变革。我以较为积极的态度看待这一过程,在本书中,我将通过探讨法国大革命对法国政治文化的影响来阐明我的观点。

---

[1] Levenson, *Confucian China*.

[2] Myron Cohen, 'Being Chinese: The Peripheralization of Traditional Identity', in Tu Wei-ming(杜维明)(ed.), *The Living Tree: The Changing Meaning of Being Chinese Today*(Stanford: Stanford University Press, 1994), 88.

在探究法国大革命中的仪式与符号时,林恩·亨特(Lynn Hunt)、莫娜·奥祖夫(Mona Ozouf)等学者指出,政治文化具有重塑人们日常生活的能力。① 她们和关注这一主题的其他学者一致认为,从共有"政治文化"的变化入手有助于开展研究。在社会学、心理学和政治学领域,界定"政治文化"的术语迥异,鉴于本书的研究目的,我们只将政治文化视为一种高级政治与日常生活互动的机制。② 当我们根据这些术语考量中国民族认同感的变化时,我们看到的不再是一种形成后强加给普通民众的新意识形态,而是一个类似于卡罗尔·格鲁克(Carol Gluck)所述的曾发生在日本的过程——在这一过程中,新政治文化的发起者、传播者和接受者都参与了对这一政治文化本质的塑造。③ 同时,我们必须清楚地意识到,创建一种新政治文化的过程也是界定一个共同体的过程,这一过程会带来冲突与差异,也会带来团结与相似。④ 中国的政治文化必然会随着封建帝制的终结而发生改变,本书将从日常生活的角度探讨这些变革。

*6*

---

① Lynn Hunt, *Politics, Culture, and Class in the French Revolution* (Berkeley: University of California Press, 1984)([美]林恩·亨特:《法国大革命中的政治、文化和阶级》,汪珍珠译,北京:北京大学出版社,2020 年); Mona Ozouf, *Festivals and the French Revolution* (Cambridge, MA: Harvard University Press, 1988) ([法]莫娜·奥祖夫:《革命节日》,刘北成译,北京:商务印书馆,2012 年).

② Hunt, *Politics, Culture, and Class*, 10 - 11; Keith Baker, *Inventing the French Revolution: Essays on French Political Culture in the Eighteenth Century* (Cambridge: Cambridge University Press, 1990), 4-5.

③ Carol Gluck, *Japan's Modern Myths: Ideology in the Late Meiji Period* (Princeton: Princeton University Press, 1985)([美]卡罗尔·格鲁克:《日本的现代神话:明治晚期的意识形态》,徐翠萍等译,南京:江苏人民出版社,2023 年),9-10. Gluck使用了"意识形态"这一术语,其定义与林恩·亨特提出的"政治文化"的定义非常相似。

④ Robert Gildea(罗伯特·吉尔德),*The Past in French History* (New Haven: Yale University Press, 1994).

## 中华民国前的民族主义

早在 19、20 世纪的变革之前,中国就是一个想象的共同
体,一个不同于现代民族国家的共同体。数百年来,我们现在
称之为"中国"的大部分领土均由一个中央集权制的国家管
理,国家元首称为"皇帝",也称作"天子"。皇帝通过祭祀仪
式宣示帝王统治的合法性,彰显皇帝是统领宇宙万物的中心。
皇帝之下则是官僚体系,它是通过一系列科举考试组建起来
的。事实上,科举考试使得社会精英认同国家价值观,并在全
国范围内建立了一种普遍的精英文化。[①] 此外,精英阶层还
反映出了一种文化共同体意识,大多数中国人都有这样的意
识,尽管他们说着各种不同的方言,但他们对恰当的行为举止
和仪式的看法很相似。古代中国拥有很多通常是现代民族国
家所具备的特征,包括统一的印刷体、官僚体制和统一的教育
体系;[②]区别在于,前者认为帝国的疆域不是一个国家而是整
个世界。这并不是说清政府没有意识到其他国家的存在,也
不是说清政府缺少与他国沟通的策略。清政府可以,也确实
与他国进行过沟通和协商,但是这种华而不实的沟通始终蕴

---

① Benjamin A. Elman(本杰明 · 艾尔曼), 'Political, Social, and Cultural
Reproduction via Civil Service Examinations in Late Imperial China', *Journal of Asian Studies*, 50. 1(1991), 7–28.
② Anderson, *Imagined Communities*.

含着中国中心主义的思想。① 当时的广大民众普遍称现如今的"中国"为"天下",贬称外来者为"蛮夷",他们认为蛮夷需要被同化、被镇压,也可以通过象征性地向皇帝进贡而被纳入版图,但更多时候,他们会对蛮夷置之不理。在绝大多数皇帝的子民看来,清帝国是世界上唯一的国家,清朝文化也是世界上唯一的文化。

19 世纪 40 年代,西方海上列强入侵给清政府的政治和军事带来了严峻挑战,清政府和中国精英知识分子也都逐渐接受了当代西方对于世界的看法,即清帝国不再是"普天之下",而只是整个世界中理论上彼此平等、实际上相互竞争的众多国家之一。这一思想上的转变正是列文森所说的从文化主义转向国家主义。列文森主要研究的是晚清时期的思想家,正是在 19 世纪后半叶,当时的中国先进知识分子才意识到中国早期对世界的认知所带来的重重问题。西方海上列强入侵引发了一系列问题,中国知识分子对这些问题的反应则为之后共和政府的成立奠定了哲学基础:严复呼吁政府追求富强;梁启超主张国家富强需要改造国人思想,还需要新一代

① John K. Fairbank(ed. ), *The Chinese World Order*:*Traditional China's Foreign Relations*(Cambridge, MA:Harvard University Press, 1968)([美]费正清:《中国的世界秩序:传统中国的对外关系》,杜继东译,北京:民主与建设出版社,2020年);James L. Hevia, *Cherishing Men from Afar*:*Qing Guest Ritual and the Macartney Embassy of 1793*(Durham:Duke University Press, 1995)([美]何伟亚:《怀柔远人:马嘎尔尼使华的中英礼仪冲突》,邓常春译,北京:社会科学文献出版社,2002 年).

人的努力;章炳麟呼吁要增强民族意识。① 在这些思想的鼓舞下,一些有志青年前往欧洲、美国、日本等地留学(大多数前往日本留学)。留学期间,他们震撼于西方国家的实力,也震撼于日本在西方国家模型基础上所建立的新型现代国家。回国之后,一些留学生开始穿西式服饰,使用阳历,让家中女孩不再裹脚,他们甚至还创立政党。与庞大的中国人口相比,这些留学归国人员不过是沧海一粟,在清政府的统治之下,他们既得不到政府的认可,也无法融入普通民众。尽管如此,他们选出的现代性典范,无论是思想上的还是文化上的,都为中华民国的建立奠定了基础。

制度改革来得稍晚一些,直到 20 世纪初,思想上对问题的反思和对解决方案的探索才转变为政治体制改革,新的政治文化也由此开始建立。制度改革中最重要的一项就是推行新的教育体系。清政府的官员们早就意识到,如果想要在军事上抗衡外国侵略者,国外科技知识不可或缺。因此,清政府开办了西式军事学校,并派遣学生出国求学。然而,军事技能水平还需要其他领域的专业技术作为支撑,自然就包括数学、化学、外语和采矿等。② 传统考试制度下,教育的目的很大程度上在于实现精英群体的道德社会化和政治社会化。1905 年,传统科举制被废除,取而代之

---

① 辛亥革命的知识分子先驱均有文献佐证,主要作品包括 Benjamin Schwartz, *In Search of Wealth and Power：Yen Fu and the West* (Cambridge，MA：Harvard University Press,1964)(［美］本杰明·史华兹:《寻求富强:严复与西方》,叶美凤译,南京:江苏人民出版社,2010 年);Joseph R. Levenson, *Liang Ch'i-ch'ao and the Mind of Modern China* (London：Thames and Hudson，1953)(［美］约瑟夫·列文森:《梁启超与中国近代思想》,刘伟译,成都:四川人民出版社,1986 年);Young-tsu Wong(汪荣祖), *Search for Modern Nationalism：Zhang Binglin and Revolutionary Change 1869-1936* (Hong Kong：Oxford University Press，1989).

② Knight Biggerstaff(毕乃德), *The Earliest Modern Government Schools in China* (Ithaca：Cornell University Press，1961).

的是一种新体制,在该体制下,从各级新式学校毕业后可以取得官方授予的学历。传统教育以考试为导向,侧重考察对古代经典书籍的背诵,而新式学校则讲授数学、历史、地理、音乐、英语、体育,以及中国文学和伦理学等。[①]　表面上,清政府废除科举制似乎是重视技术知识,忽视社会化的表现;事实上,在为新式学校编写教材时,教育学家们从一开始就不仅致力于传达技术信息,还注重推广一种新的政治社会化。[②]　因此,在民国成立前的数年间,儿童(主要是男童)便已经开始适应这种新的政治社会化思想。

　　1908 年前后,清政府在全国各省、县内筹设咨议局,甚至还打算建立国家级议会机构。这些议会机构为清政府统治的合法性源于"民众"这一思想提供了制度保障;这一思想与中国传统思想形成了鲜明对比——在传统思想中,皇帝统治的合法性归根结底源于他与"上天"之间的关系。从理论上讲,皇帝与"上天"之间关系适宜是有利于民的,但这种适宜的关系并不是靠民众的支持得来,而是体现在皇帝,即"天子"本人履行一年一度的祭祀仪式上。清政府赋予议会机构合法性,将权力交予地方精英,同时,清政府还给予了他们"议员"或"代表"的头衔,使他们手中的权力名正言顺。清政府也鼓励地方精英组建各种团体组织:商会、农会和教育会等。这些组织由清政府授权,与早期的职业团体(如行会、同乡会)不同,虽然时任政府承认行会和同乡会的存在,但从

8

---

① Sally Borthwick(鲍雪侣),*Education and Social Change in China：The Beginning of the Modern Era*(Stanford：Hoover Institution Press，1983).
② Lau See-heng,哲学博士,2000 年前论文撰写中,牛津大学。

未将其纳入国家权力意识形态。① 然而,成立新职业组织的目的
之一在于吸纳"非官员",即普通"民众",从而使清政府的统治合
法化。因此,苏州商会吸纳各行各业的人员就显得尤为重要,而
广州商会也将其成员称为来自"各行各业的代表"。对代表性的
重视也体现在新组织的民主构成和他们对宗教仪式的抵制中。②
这些代表行业所有成员的组织存在,使得宣称代表全体"民众"的
新型议会机构实际上更像是代表教育会、商会和农会之类机
构。③ 参与新组织使人们习惯于"民众"可以由行会和职能组织
作为其代表,这一想法将成为中华民国政治文化的核心。

# 革　命

　　清政府的种种举措无意中为中华民国的成立奠定了制度和
意识形态基础,与此同时,1911 年辛亥革命爆发的直接原因也
逐渐显露。人们对于帝国主义入侵的恐惧并非无凭无据,随
着这种恐惧不断蔓延,普通民众对清政府表现出了极度不信
任。因而,当清政府试图将各省建造的铁路国有化时,铁路建
设的投资者会转告民众,清政府是要将铁路所有权拱手让给外
国势力,为反对清政府此举,在 1911 年春夏之际,四川省便掀起
了反抗运动。

---

① Willam T. Rowe, *Hankow: Commerce and Society in a Chinese City, 1796-1895*
　　(Stanford: Stanford University Press, 1984)([美]罗威廉:《汉口:一个中国城市的
　　商业和社会(1796—1889)》,鲁西奇译,北京:中国人民大学出版社,2005 年), 257-
　　258.
② 马敏、朱英:《传统与近代的二重变奏:晚清苏州商会个案研究》,成都:巴蜀书社,
　　1993 年,第 128—130 页。
③ Fincher, *Chinese Democracy*, 236.

多年来,由徐锡麟、孙中山和黄兴等人领导的激进革命团体一直在组织起义。起义(如 1911 年春的广州起义)失败后,被捕的起义者均被清政府处死了。革命党人一直在努力渗透进清政府的军队,当他们得知清政府获取了一份武昌新军中革命党人的名单时,他们意识到清政府势必会进行反击,因此,当时唯一可行的办法就是发动兵变、造反,并最终进行革命。清政府派遣军队镇压武昌起义,但却受到了阻碍——一方面,一些受现代思想影响的军中将领采取消极镇压的方式支持革命军;另一方面,袁世凯玩弄政治权术。袁世凯在利用此次叛乱来对抗清政府的统治,因此,快速镇压革命军不符合他自己的利益。

武昌起义的消息一经传出,全国各地的革命团体纷纷响应。一些地方议会宣布脱离清政府而独立,寄希望于他们的辖区内不要发生战争。仅仅三个月,上海、广州等中国中部和南部的主要城市纷纷宣布独立。此外,革命党人声称要建立一个新的共和国,选举从美国归来的资深革命党人孙中山为这个新共和国的大总统,后由袁世凯接任。孙中山当选临时大总统时,局势已经变得明朗,当时的清政府只能向革命者做出让步,甚至是倒台。而本书正是以此为开端。

10

# 第一章　使革命超越政治：辛亥革命与民众

辛亥年11月13日晚，即公元1912年1月1日，中华民国新任临时大总统孙中山抵达南京下关火车站，他站在月台上向迎接他的各界人士致意。与原定计划不同，孙中山在下关车站短暂停留后立即乘坐市内小火车，直抵两江总督署东箭道车站。虽然天色已晚，但他仍坚持在当晚举行就职典礼。火车站前，有数万名士兵迎接孙中山，随后这些士兵在黑夜中，冒着蒙蒙细雨返回营地，沿街张灯结彩，挤满了来看总统的人。绕过安静的人群，孙中山和他的党派成员抵达了政府办公场所（临时总统府）——该地原为清政府地方行政机构的办公场所。在此，孙中山一行受到了国内和各省革命领导者的欢迎，他们聚集于此，准备参加新总统的就职典礼。

孙中山一行人进入政府大楼所在地后，绕过行政主楼，穿过花园，来到了一座刚落成的西式建筑（图1）。举行就职典礼的房间里挤满了人，他们留着西式短发，或穿礼服、戴礼帽，或穿军装，其中包括参加革命的各省议员以及革命军将领。议员代表景耀月作开场致辞，祝贺孙中山当选总统并邀请他宣誓就职。孙中山举起左手，宣誓要推翻清政府，巩固中华民国并为国家繁荣昌盛做出自己的努力。随后，景耀月向孙中山致贺词，内容涉及满族人南下及其长达三百年的统治、美法两国主张人人平等的政治制

度，以及光复中华、制定新历法和实现民族平等的必要性。贺词
的最后提醒新总统不要篡权。接着，孙中山启印加盖于就职宣言
书，宣言书由胡汉民代读，宣告孙中山将带领中华民国政府实现
国家政治、财政和军事统一，使中国享有与世界其他文明国家同 14
等的合法地位，并促进世界和平。宣言读完后，军方代表致辞，接
着，孙中山致答词。与会人员高呼"中华共和万岁"，就职典礼在
掌声、音乐声和礼炮声中结束。①

图 1　孙中山举行就职典礼处（西式亭子）

图片来源：照片，1994 年。

---

① 本说明摘自英国国家档案馆：外交部：大使馆和领事馆档案：中国：北京：公使馆/大
使馆（PRO：FO 228）：FO 228/1836，南京 7/12；《北华捷报》，1912 年 1 月 6 日；许师
慎编著《国父选任临时大总统实录》，中国文化服务社，1948 年，第 53 页；孙茀侯
编《中国近代各种纪念史》，上海：三民公司，1929 年，第 1—9 页；袁希洛《临时大
总统就职典礼见闻》，中国人民政治协商会议全国委员会文史资料研究委员会、中
国国民党革命委员会中央委员会《团结报》、《中山先生轶事》编辑组：《中山先生
轶事》，北京：文史出版社，1986 年，第 32—34 页。

多年后,一位参加过就职典礼的某省代表回忆,典礼结束时已经很晚了,一群代表找不到交通工具,只能徒步返回住处。当他们走在空无一人的街道上,其中一人感叹:这是一个多么重大的历史时刻!其他人受此感染,纷纷在大街上欢呼雀跃。结果,吵醒了睡梦中的人们,他们披上衣服,向门外张望着。他们可能永远也不会料到,这些喧闹的青年人正是这片土地上最高当局的代表。①

年轻的革命者们在寂静无人的街道上跳舞:这些写于20世纪60年代的回忆录为我们呈现了一幅辛亥革命的鲜活画面——这是一个几乎完全脱离人民大众的精英运动。英国领事向大使汇报时也提出了相似看法,报告中,这位领事忽略了前来欢迎孙中山的人群,声称就职典礼

> 是由军方安排的。正如我在前文中所述,南京市民对革命政府一点也不满意,他们并没有参与其中,显然也没有什么兴趣。②

中国马克思主义史学界将辛亥革命视作资产阶级革命,因此他们认为这一论述是准确的。在西方学者撰写的二次文献中,资产阶级在辛亥革命中的作用往往不受重视,但他们也认同辛亥革命是精英运动。那么,真实的情况究竟是怎样的呢?

---

① 马凌甫:《辛亥革命南京临时政府亲历记》,中国人民政治协商会议江苏省暨南京市委员会文史资料研究室编:《江苏文史资料选辑》第一辑,南京:江苏人民出版社,1962年,第16—28页。

② PRO:FO 228/1836,南京 7/12。外国观察家以这种方式遣散人群,因为尽管他们人数众多,他们依旧保持沉默,对中华民国颇为漠然。见 Frederick McCormick(弗雷德里克·麦考密克),*The Flowery Republic*(London:John Murray,1913),260.

## 精英革命？

孙中山的就职典礼确实是由政治精英们筹备和实施的，在这种场合下，这是意料之中的。同时，此次就职典礼旨在向世人呈现中国作为现代国家的新形象——一个基于西方准则的中国形象。就职典礼定于阳历 1 月 1 日举行，这一天在阳历中意义重大，但在传统阴历中却并不是一个黄道吉日。参加就职典礼的人员身穿礼服，留着短发；孙中山举起左手宣誓就职，这一行为使人联想到美国总统就职时的场景；此外，孙中山就职典礼的整个流程都是在仿照国外共和制国家总统的就职仪式，而非依照中国的先例。① 然而，在 1912 这一年，孙中山并不是唯一举行就职典礼的共和国领导人。黎元洪和袁世凯也举行了就职典礼，他们获取正统权力的方式与孙中山及其幕僚所举办的就职典礼形成了对比。不同的就职典礼折射出了与之相对应的政治背景。

武昌起义爆发仅一周后，黎元洪便举行了祭祀大典——祭天、祭地、祭黄帝，此举首次提出了革命政府应具有正当性的诉求。政府大楼附近的阅兵场上建有一座巨大的土质祭坛，它的前方是用于献祭贡品的篝火，祭坛上面是一张祭台，祭台上摆放着香火、牛和酒。所有这些贡品都将遵照传统的程序献给祭祀对象。军队整齐划一地站在祭坛下，乐队演奏着军乐曲，黎元洪身着军装，带领一干将领和指挥官走上祭坛。他走到祭台前，供上

---

① Joseph W. Esherick, 'Founding a Republic, Electing a President: How Sun Yat-sen Became Guofu', in Eto Shinkichi(卫藤沈吉) and Harold Z. Schiffrin(史扶邻) (eds.), *China's Republican Revolution* (Tokyo: University of Tokyo Press, 1994),147.

16　香火、牛和酒,然后退回原位跪下,他身后的将官也随之跪下,祭坛下的士兵则立正、举枪。黎元洪和众位将官脱帽、俯身叩头四次;与此同时,旁边有人诵读祷文:讲述满汉之间的矛盾与冲突,祈求黄帝帮助革命人士建立共和国。随后,黎元洪把奠酒倒在地上,士兵们将枪放下。黎元洪在祭台前发誓要消灭敌人、光复中华传统并建立共和国。祭祀的最后,士兵们举枪高呼三声"万岁",祭祀典礼至此结束。①

六个月后,当袁世凯就任中华民国临时大总统时,清王朝已经倒台,而此时人们的注意力都集中在如何赋予中国现代民族国家合法地位上。就职典礼的举办地成为报纸上的热点话题,各党派政要之间也进行了严肃的磋商。最终,袁世凯以一场兵变为由称自己需要留在北京而没有前往南京,于是,袁世凯的就职典礼在北京举行,孙中山派代表出席。就职典礼在前清外务部公署举行,约有一百人出席。除南京代表团外,出席人员还有黎元洪和各地军阀派出的代表、北京政府文官、常备军和八旗军的将领、警署官员、地方官员、各省派出的一名乡绅代表以及满、蒙、回、藏和总商会代表各两名。此外,袁世凯还邀请了各国驻华领事,但是外交界人士并未出席。国内记者没有注意到外交界的这种犹疑不决,他们关注的是现场为数不多的外国记者,他们在报道中自信满满地称,英美两国大使均已到场。大部分参加就职典礼的人员都身着礼服或军装,有趣的是,两名身穿黄色长袍的喇嘛、几位穿着颜色丰富的旧式军装的军官和一群仍然留着长辫子的司法部官员们也出现在了典礼上。

---

① 胡石庵:《革命实见》,武昌:大汉报社,1912年,第45—46页;《民立报》,1911年10月23日,第3页;胡祖舜:《武昌开国实录》,私印,1948年,第61—62页。

　　来宾到齐后，袁世凯从侧门走入，向来宾鞠躬并宣读誓言。整场仪式的焦点都是袁世凯本人，但他却没有孙中山那般的个人魅力。措辞规范的报道不过是称他看上去很"健壮"，而伦敦《泰晤士报》(*Times*)的记者莫理循(G. E. Morrison)则刻薄地评价袁世凯"身材肥硕、面带病态，走起路来摇摇摆摆，像鸭子一样；他身着元帅制服，脖子上的赘肉都已经垂到衣领上了"。① 袁世凯的就职宣言十分简短，与黎元洪、孙中山的就职宣言大相径庭。他 *17* 并未提及满汉矛盾，也没有祈求神灵的庇护，反而将中国描绘成一个由五大民族组成的统一国家，把由清政府统治的藩部也包括在内了。袁世凯在就职宣言中说道，他将大力发展共和民国，扫除一切君主专制带来的弊端，遵守宪法，建立富强的国家。随后，作为既定就职程序的补充，袁世凯将就职宣言文件交由蔡元培带回南京的国民议会（临时参议院）。蔡元培代表孙中山向袁世凯致贺词，而袁世凯也表示真诚的答谢。正如前文所说，就职典礼一直是南京革命党派和袁世凯争论的焦点。各家报纸详尽地刊登了这场典礼的种种细节，如此一来，全国各地读者都能了解两派在其中所表现出的对立立场。

　　接着，袁世凯接受了两名喇嘛献上的哈达——中亚佛教的传统礼物，由此，就职典礼正式提出汉族以外的其他民族在新共和国中同样占有重要地位。随后，在音乐声中，与会者列队向袁世凯鞠躬示意，而到场的外国友人和记者则坐在袁世凯身后，并未向他鞠躬。各组织机构的代表也纷纷向袁世凯道贺。这一环节过后，就职典礼也就结束了，袁世凯命人将用于装饰会场的牡丹

① 引自 Ernest P. Young, *The Presidency of Yuan Shih-k'ai: Liberalism and Dictatorship in Early Republican China* (Ann Arbor: University of Michigan Press, 1977)（[美]欧内斯特·P. 扬：《1912—1915 年的袁世凯》，张华腾译，郑州：河南人民出版社，2010 年），51.

花分发给到场的每个人,之后大家移步到隔壁房间就餐。①

　　政治背景的差异和组织者关注点的不同使黎元洪和袁世凯的就职典礼大相径庭。黎元洪的就职典礼遵循传统帝王登基仪式,而袁世凯的就职典礼则仿照现代共和制国家总统的就职仪式。黎元洪在起义不久之后就举行祭天仪式,这表明在当时,为新国家正名,赋予它反抗清政府的正当性是刻不容缓的。在这次典礼中,人们认为新共和国是要推翻满人统治、恢复汉族统治,因为他们注意到祭天仪式中使用了"光复"一词("光复"一词字面意思为恢复汉人政府的统治),祷文是写给黄帝的,而且军歌也在呼吁汉族崛起打败满族。② 黎元洪的祭天仪式为这场革命赋予了传统爱国主义的标志,但又在新的历史环境下对其进行了重新诠释。根据汉族神话,黄帝是汉人的第一位统治者。对于革命党人而言,汉族的象征是黄帝而不是满族统治者。通过祭黄帝、祭天、祭地,黎元洪为这次起义赋予了民族意义,但同时,选择黄帝作为民族象征也意味着将清王朝中的非汉民族排除在了新共和国之外。黎元洪祭祀的祷文控诉了满人对汉人的种种伤害,使起义的重要性更加突出。③ 此外,尽管祭天仪式乍看之下充满传统韵味,该传统已经脱离了它原本的历史语境,如今服务于一个完全不同的目的。黎元洪宣誓要推翻满人政府、光复中华传统并建立起一个共和国,这似乎在暗示,光复中华传统等同于建立一个由

---

① 《申报》,1912年3月12日,第2版;1912年3月13日,第2版;《北华捷报》,1912年3月16日;《北京日报》,1912年3月11日,引自PRO:FO 228/1816,致外交部11/3/1912;《大公报》(天津),1912年3月11日,第3版;1912年3月13日,第3版。

② 胡石庵:《革命实见》,第45页;《民立报》,1911年10月25日,第4页。胡石庵介绍了军歌的使用。《民立报》将其作为革命政府使用国歌的一个例子。国歌的文本用一个空格代替了"满族",这是印刷煽动性材料的惯例。

③ 胡石庵:《革命实见》,第45页。

汉族统治的共和国。上述内容为我们展现了一个复兴传统的新共和国形象，但事实上并非如此。

另一方面，袁世凯则通过他的就职典礼宣告众人，中国是一个现代民族国家，和世界上的其他国家不同，但彼此平等。后来这一观点为人们所普遍接受，对塑造中国人的自我认同产生了至关重要的影响，很难想象这一观点在 1911 年依旧具有新意。为了与其他国家进行区分，中国的革命领导者们认为要采取塑造国家形象的惯用方式，例如，打造一款和别国国旗形状相同，但设计不同的国旗。现代性是平等的一个重要特征，为体现中国的现代性，中国必须采用其他现代国家通用的习俗。像黎元洪的祭祀典礼一样，袁世凯的就职典礼也试图将中国定义为由新共和国创立的国家。但与黎元洪不同的是，袁世凯的首要关切是让中国成为世界民族之林中的一员。因此，在黎元洪将新共和国同满族对立起来时，袁世凯则只将参加鞠躬仪式的中国人（不考虑他们各自的民族是汉、满、蒙、藏还是回）与在现场观礼的外国人区分开来了。典礼将外国人排除在外，纵使他们的出席很重要——因为只有当外国人承认中华民国是拥有清政府全部领土的现代民族国家时，才有可能阻断令人畏惧的外国侵略行为，不仅如此，袁世凯也需要通过向国人展示外国人对中华民国的认可来树立威望。因此便有了正式而西化的典礼、穿着军装或礼服的与会者以及会上的外国面孔，如此种种，以至于一位外国记者将身着黄色袈裟的喇嘛描绘为典礼上"唯一一抹东方气息"。① <sup>19</sup>

---

① 《北华捷报》，1912 年 3 月 16 日。关于中国将被外国列强瓜分的担忧，见 Ono Shinji（小野信尔），'A Deliberate Rumor：National Anxiety in China on the Eve of the Xinhai Revolution'，in Eto Shinkichi and Harold Z. Schriffin（eds.），*China's Republican Revolution*（Tokyo：Tokyo University Press），25–40.

　　然而,孙中山、黎元洪和袁世凯三人的就职典礼也具有一定共性特征,理解了这些共性,我们才能了解这些仪式是如何突破由政治精英构成的小圈触及普通民众的。为此,我们就需要了解那些折射国家典礼价值理念的小规模仪式,正是在这些小规模的仪式中,新的共和国才在全国各地建立了起来。例如,在广东省和广西省交界的梧州市,约2000人在宣布独立的当晚就剪掉辫子。次日,1.4万多人举行集会,人们在集会上发表演讲、鸣礼炮、升旗、朗诵颂词,颂词以"中华民国万岁"结尾,随后,人们热烈鼓掌欢呼并燃放爆竹。街上所有商店都挂出印有"中华民国"字样的白旗。① 尽管小规模仪式各不相同,但是这些仪式中使用的象征符号却有着共通性。几乎所有的仪式都使用了旗帜,有的是代表革命的白旗,但大部分是所谓的"国旗"。参加仪式的男性留着短发,通常不允许仍然留着长辫子的男性参加这些仪式。装饰和灯笼也是这些仪式的共同特征。在举行庆祝仪式时,人们参加的各种活动也很相似:沿街游行时,人们高举旗帜,放声歌唱;举行集会时,人们发表演说、升旗、剪去长辫,临结束时还要不约而同地高喊"中华民国万岁!""大总统万岁!"②

　　综观孙中山、袁世凯和黎元洪的就职典礼以及各地举行的仪式,不难发现,一些象征符号反复为人们所使用。正是这些革命初期出现的代表新国家的象征符号,日后逐渐成为普通民众理解中华民国的关键。

---

① 《大公报》(天津),1911年12月2日,第3版。
② Jeffrey Wasserstrom, *Student Protests in Twentieth-Century China: The View from Shanghai*(Stanford: Stanford University Press, 1991), 75-78.

## 中华民国的符号

留辫子是满族人提出的，因此，剪辫子、留短发是革命早期出现的符号之一。孙中山、袁世凯和黎元洪三人在举行就职典礼前就已剪掉长辫，孙中山作为多年的革命者，早已留起短发，相比之下，黎元洪并不是一位革命积极分子——革命爆发时，他正躲在一位下属家中，当昔日的下属们劝他领导叛乱时，黎元洪两天两夜不吃不睡以表抗议。据回忆录记载，黎元洪最终妥协道：

> 你们年轻人，再不要如此激烈，我决心与你们帮忙就是，你们说要剪去辫子，我前在营中，并下过传单，令士兵愿剪者听，明日我剪去就是。[1]

对黎元洪而言，剪辫子意味着他公开支持革命者并斩断与清政府的联系，因此，他周围所有人都把这个问题看得很重。袁世凯就职时，情况已大为改变——媒体讨论的不是袁世凯的短发，而是就职典礼上司法部成员们的长辫，南方媒体将其视为北京政府与清朝联系的象征。剪辫子、留短发不仅是大型就职典礼的重要特征，同时也是很多小城镇（如梧州）举办的典礼的重要特征。

除留短发外，西式服饰和一种新的礼仪也随之流行开来。参加黎元洪祭祀典礼的人员都身着现代西式军装（尽管这意味着他们在叩头前需要脱帽），大部分参加孙中山和袁世凯就职典礼的人也穿着西式服饰。在这些场合上还出现了一种新的仪式：全国各地的代表向新任领导人鞠躬，而领导人也以鞠躬回礼。

---

[1] 转引自陈生玺：《清末民初的剪辫子运动》，《渤海学刊》1995 年第四期，第64 页。

人们采用西方理论模型来阐释当下这些活动的重要意义,同时这些模型也是革命者缔造历史的主要手段之一——采用阳历就是一个典型例子。孙中山决定在阳历中意义重大的1月1日举行就职典礼,而这一天在阴历中并无特殊意义;孙中山当天从上海出发抵达南京时已是深夜,为了不错过时间,他甚至不惜在深夜举办就职典礼。很多革命者都有留洋经历,因此他们普遍接受阳历历法,这正是孙中山行此举的原因之一。此外,在中国历史上,历代新王朝成立之初都会更改历法,从新皇帝即位之时开始纪年。革命者们最初保留了阴历历法,但是他们改从公认的黄帝诞生之日起纪年。很多地方举办小型仪式庆祝新共和国的建立,这些地方仪式就采用了这种历法。例如,福建省举办的仪式上,所宣读的新政府委任状的落款时间就采用了这种以黄帝诞生之日计算年代的历法。[①] 在阳历1月1日举行就职典礼,并将该年定为民国元年,孙中山想通过这种方式为其政党争得领导中国现代化的资格,同时赋予其传统合法性。阳历历法的潜在历史影响可能也是他采用该历法的原因之一。在当时的政治局势下,真正占主导地位的是革命派、清政府和袁世凯三方势力,孙中山的就职典礼实在算不上什么大事,这场典礼之所以比较重要,主要是因为他将传统阴历历法改为阳历历法。在1月1日举行就职典礼,并同时下令采用阳历,孙中山这是在有意识地利用其政治权威来影响人们看待历史的方式。根据阳历书写革命史,其目的在于打乱并重新书写这段历史,这也反映了同时期的人们是如何卷入到这场重写历史的过程中的。

---

① 中国国民党福建省执行委员会文化事业委员会主编,福建私立光复中学编辑委员会编:《福建辛亥光复史料》,连城:建国出版社,1940年,第68页。

这些就职典礼对于新共和国的领土范围也进行了说明。孙中山和袁世凯的就职典礼对来自中国十八个省的代表都予以了充分重视。袁世凯的就职典礼给来自中国西北非汉族地区的代表也留有席位，典礼上，代表这些地区的喇嘛向袁世凯呈上了传统礼物哈达。此外，各地仪式中使用的旗帜也暗示了新共和国的领土范围。黎元洪祭祀仪式上使用的旗帜仅代表汉族人，孙中山的就职典礼上使用了各种不同的旗子，而袁世凯的就职典礼上仅使用了代表中华民国五个民族的五色旗。在很多地方仪式中，商店和住户门口都挂着旗子，人们在游行时举着旗子，舞台、平台和祭台周围也竖着旗子。尽管这些旗帜的设计迥异，但是"一面受人们敬重的旗帜可以代表国家"这一思想却广为流传。

参加就职典礼的不仅有各省代表，还有各职业团体的成员。例如，袁世凯就职典礼的与会者就包括商会成员。省级及省级以下的游行和集会的参与者包括地方乡绅、学生、教师、商人、手工匠人、士兵、官员、新闻记者、警察，偶尔还有妇女参加。新军标统马毓宝在江西九江祭祀天地时，大约有 8 000 名士兵和 1 万旁观者参加了该祭祀仪式，参与者根据其职业分别落座——乡绅、学生、商人和陆军各兵种。一名当时在场的记者评论道，该典礼确实给人以汉族光复的恢宏印象。① 山西省省会太原市举行了花灯游行和集会，有上万人参加，活动中当地乡绅及媒体、军方、学生、警察和妇女代表都发表了讲话。该游行活动是在阴历正月十五元宵节举行的，因此参与人数才会如此之多。② 在福建省，在新的省政府成立当日，同盟会福建分会成员高举旗帜和政府办公

22

---

① 《盛京时报》，1912 年 1 月 7 日，第 4 版；《民立报》，1911 年 11 月 17 日，第 4 页。
② 《申报》，1912 年 3 月 15 日，第 6 版。

章一路沿街游行来到总督办公地;参与该游行的军队、学生、当地各组织成员和同盟会成员都佩戴白色肩章。① 直隶省保定市(今河北省保定市)的庆祝仪式由军队和警方成员、学生、商人以及当地乡绅共同组织,仪式上,其中一项活动是各方成员游行穿过城区——途经当地的城隍庙并进出城门。② 以上这些庆祝典礼中并未出现农民的身影,但是这似乎也只能反映出这些仪式是在城市举办的,因为在其他早期的共和国庆祝典礼中,确有农民参加了。典礼有时候是由同乡组织举办的,如天津的广东会馆;一般而言,对于通过革命活动制造事端的团体组织,人们通常依据其发源地给其命名,如在上海的"粤人"、驻于南京的"浙江陆军"。然而,和国家层面的大型就职典礼不同的是,地方游行很少考虑参与者的地域从属,而是通过职业团体展现新国家国民的风采。

女性偶尔会作为职业团体的代表之一出席典礼,少数女性参加典礼时,她们的到场甚至会被特别提及,这表明,在绝大多数庆祝共和国成立的典礼中,只有男性参加。不出所料,女性总是作为游行等活动的旁观者而被提及;当参加典礼的人数众多时,人们会说参与者包括女性。③ 但是,女性的出席名额往往占比很小:在安庆,参加集会庆祝袁世凯的就职典礼和清王朝皇帝退位的1 000多人中仅有40位女性;在上海举行的千人集会中仅有20位女性到场。④ 在这些集会中,只有当女性变卖首饰为革命者筹集经费时,她们才能作为主要人物被提及。⑤ 在上海的一次集

23

---

① 中国国民党福建省执行委员会文化事业委员会主编,福建私立光复中学编辑委员会编:《福建辛亥光复史料》,第67页。
② 《大公报》(天津),1912年2月29日,第2版;1912年3月3日,第1、2版。
③ 例如,《申报》,1911年12月29日,第1张后幅第2版;1912年1月17日,第6版。
④ 《申报》,1912年2月23日,第7版;1911年12月4日,第2版。
⑤ 《申报》,1911年12月4日,第2版。

会上，男性和女性分席而坐，后者坐在类似阳台的地方，而这"展现出一种典型的共和国氛围"。① 此外，有报道指出，女子学校的学生会参加单独的女性庆祝典礼：在天津，有 200 人参加了由四所女子学校举行的游行和集会；在临近上海的朱泾镇，主要庆典结束后的次日，女校学生又参加了单独的女性庆祝活动。② 尽管只有少数女性参加了这些庆典，但她们参加这些活动本身就证明：不同于以往，现在可以将女性视为公民了。此外，女性出席大型活动、参加为女校学生单独举行的庆祝活动都表明，女性同样是这些典礼启蒙的受众，作为共和国开幕典礼的参与者和观察者，女性将其自身融入到以男性为主的职业团体中。女性由此成为这些仪式的一部分，而这些仪式对于塑造今后民众对共和民国的普遍认知来说十分重要。女性参加典礼与男性留短发、穿西式服装、用阳历历法和使用旗帜一样，成为理解共和民国的符号之一。

## 颠覆民族性

这些典礼向参与者传递了何种信息？以黎元洪的就职典礼为例，我们可以看出该典礼只具有部分中国传统，而且它们显然是人为构想的传统。当我们细致考察这些传统的表现形式时会发现，在这些及类似的典礼中，革命者把显然是外来的元素（如服饰、发型以及阳历历法）作为中国民族身份的组成部分，这就导致了一种矛盾，即这种民族身份恰好是由以往概念中不属于中国的

---

① 《申报》，1912 年 1 月 1 日，第 2 版。
② 《大公报》（天津），1912 年 2 月 26 日，第 6 版；《申报》，1912 年 1 月 6 日，第 1 张后幅第 4 版。

行为和习俗所定义的。①

采用某些西方习俗是重新定义民族身份过程的一部分，而这一过程早在 1911 年就已开始并延续至今。鲁迅的《阿 Q 正传》是一部讽刺小说，这部小说描绘了辛亥革命前阿 Q 所居小镇上的"假洋鬼子"。"假洋鬼子"是地方士绅的儿子，他先在县城里的西式学堂学习，后到日本半年。他留着短发（尽管他戴着假辫子）、直着腿走路、手杖不离手。当阿 Q 想和他说话时，决定称其为"假洋鬼子"。② 周越然在自己的自传中也提出了类似的想法，该书写于 20 世纪 40 年代，他描绘了自己与受过英式教育的律师伍廷芳会面时的场景。周越然觉得读者可能会好奇伍廷芳当时为何穿着长袍而不是西服，对此，他解释道：

> 当时是清朝呀！留学生归国之后，去做官的不必说了；就是不去做官，也要把辫发留起来。否则一般人"侧目而视"，不称他为革党，就笑他为洋奴。人总要面子的。谁肯做洋奴？人总要性命的，谁肯在严捕革党之时而做革命党？③

革命的作用与其说是鼓励人们采用西方习俗，倒不如说是将这些习俗从外部符号转化成自我建构的符号，从对中华民族的否定转化成民族身份的象征。

从国家角度来看，人们并不认为中华民族身份由"外来"习俗界定这一事实构成矛盾，但是在地方层面，这一矛盾已引起人们的强烈不满。在桂林，人们张灯结彩举行庆祝仪式，当学生们举

---

① Myron L. Cohen, 'Being Chinese: The Peripheralization of Traditional Identity', in Tu Wei-ming（ed.）, *The Living Tree: The Changing Meaning of Being Chinese Today*（Stanford: Stanford University Press, 1994）.

② 鲁迅：《鲁迅全集》第 1 卷，北京：人民文学出版社，1973 年，第 372、404 页。

③ 周越然：《六十回忆》，上海：太平书局，1944 年，第 86 页。

着彩灯游行时，当地叛军向这些学生开枪，庆祝仪式也随之停止。学生们四散分逃，家家户户门窗紧闭，街道上遍布着被人扔下的灯笼。我们得知，当时叛军的口号是"光复汉人统治、抵制外国人"和"杀光剃发之人"。后一口号指的是那些剪掉长辫支持革命的人，他们通常剃光了头，看起来像和尚一样。[①] 新发型被视作同新共和国的紧密联系，但同时也被认为不具中国性。在成都，新任政府的行为引起民众恐慌，即当地军队总督成为天主教信徒、过度模仿外国的行为也预示着外国干预的可能性，虽然谣传被予以强烈否认，但当地媒体还是对此进行了报道。传言称，在剪辫子、禁止裹小脚和禁止鸦片之后，焚香和祭祀神灵和祖先也很快将被禁止；新国旗的设计是西式的、不祥的。由于汉语中阳历的"阳"和洋人（外国人）的"洋"发音相同，人们便将"阳历"视为"洋人的历法"，人们就说中国改用洋人历法和剪辫子是中国即将屈服于外国的征兆。[②] 这种恐慌表明，新共和国的符号对普通民众的身份认同具有如此之大的潜在影响力。

## 民众参与

普通民众对发生的事件有多了解呢？参与过典礼和游行的普通民众数量难以计算。大多数报纸关注典礼本身，往往更倾向于报道这些典礼的既定程序，而不是客观地概述事件。《申报》在

---

[①] 刘新静：《辛亥革命时的桂林》，中国人民政治协商会议桂林市委员会文史资料研究委员会编：《桂林文史资料》第一辑，1982 年，第 76—81 页；范寿成：《辛亥桂林光复时的情况》，中国人民政治协商会议桂林市委员会文史资料研究委员会编：《桂林文史资料》第一辑，第 67—72 页。

[②] PRO：FO 228/1838，121-5。

报道孙中山的就职典礼时,首先介绍了参与就职典礼的人员,然后讲述典礼现场的装饰、大楼外围观群众的预计人数和仪式进行的顺序("1.演奏军乐;2.代表发言;3.临时大总统发言"等),最后是孙中山就职宣言的文本。① 这是当时所有新闻报道的范式——记者以参与者而非旁观者的视角叙述。记者多为中国的精英分子,多数报纸读者也是如此,因此他们倾向于报道这些事件中精英思想占主导的方面也就不足为奇了。同期的历史记载及回忆录里,对典礼的关注点和行文措辞同这些新闻报道是一样的。西方记者间或从旁观者的角度进行报道,但作为局外人,他们往往侧重于报道仪式中的排外现象,结果,关于仪式背后更普遍的背景的描述就非常简略。

幸运的是,在报道孙中山的就职典礼时,《盛京时报》的一位驻南京记者围绕典礼撰写了一系列描述性文章。根据这些文章和其他零散的参考文献,我们可以发现,民众的参与度在逐渐提升。孙中山就职典礼的准备工作开始于典礼召开前几日,其中一项就是让出席典礼的商人剪掉辫子。从火车站到就职典礼场地的沿途,家家户户都摆出祭台欢迎孙中山。士兵们在街头列队行军,高声歌唱胜利之歌,而其他人则拿着剪刀,剪掉他们沿途碰见的所有留着辫之人的辫子。城市挂满了新的五色国旗,但是这些新制国旗大小不一,按照物主的个人意愿或横或竖地挂着,看上去很不熟练。虽然当地乡绅要求大家悬挂五色旗以示团结,但在南京城的北部,很多地方依旧悬挂着白色旗帜,这种白旗是革命党人最初为新政府选取的象征符号。② 所有这些现象都表明,这

① 《申报》,1912年1月3日,第4版。
② 《盛京时报》,1912年1月9日,第4版。剪辫子相关的论述来自PRO:FO 228/1836,南京4/12。

场最初看上去完全是由上层政治精英群体主导的仪式中，民众的参与度其实是非常高的。

我们也可以从影响普通民众行为的社会普遍情绪中找到他们参与地方仪式的蛛丝马迹。全国各地在不同时机下都举行了庆祝新政府就职的仪式。但在早期，这些仪式往往伴随着人们的恐惧。中国中、南部的民众不禁会想起不到 50 年前太平天国起义所带来的暴乱，那时，无数村庄被毁，不经意的一句话便会惹来杀身之祸。[①] 尽管辛亥革命期间很多地方几乎没有发生过实际的战争，地方乡绅也会正式欢迎入驻的官兵，但是普通民众依旧会感到恐惧。其中，以上海附近的南通市最为典型。当革命党人占领上海时，南通民众惧怕革命军队的到来，数千民众便聚集起来，祈求官员和当地乡绅保护他们。各职业团体也随即宣称，南通市脱离清政府而独立，这条公告正式发布时，便有消息传来，上海革命人士派来的船只已到达南通港了。当地商会、工会代表和其他职业团体的成员列队迎接革命人士。沿途，人们悬挂起印有"伟大复兴""光复大汉"或"中华民国万岁"等字样的白色旗帜。男女老少均佩戴白色肩章以示他们对革命的热情，当行进的队列经过他们时，他们会报以热烈的掌声。[②] 尽管一则报道声称南通人民参加这些仪式的热情表明他们并不恐惧，但从其他报道中我们可以获知，人们聚集到城市中心的初衷正是在于他们害怕革命党人的到来。不仅精英分子有这种恐惧情绪，普通民众亦然。据报道，在扬子江下游一个镇上，甚至沿街兜售蔬菜的小贩都挂起 *27*

---

① 程金文贞：《我的回忆》，底特律，1955 年，第 3 页。
②《大公报》（天津），1911 年 11 月 20 日，第 2 版。另见管劲丞《辛亥通州光复记》，中国人民政治协商会议江苏省委员会文史资料研究委员会编：《江苏文史资料选辑》第四十辑，南京：《江苏文史资料》编辑部，1991 年，第 143—155 页。

了小白旗。① 像这样,出于恐惧而挂起白旗完全体现不出人们的热情,但这一行为确实可以说明,普通民众也参与到创造和传播革命符号的过程中了。

随着革命的不断推进,大部分民众渐渐清楚自己不会受暴乱波及。此后,有关各种仪式的报道便很少提及人们的恐惧情绪,但与此同时,对普通民众情绪的观察也随之消失。这也许只是事件报道者和记录者个人兴趣的问题。不过,一些地方群体似乎通过举行特定仪式来展示自己的革命进程。在上海附近的嘉兴市,男性和女性都参与了庆祝仪式,仪式上会予革命志愿者以奖励,包括猪、羊、鸡、鸡蛋和大米等;没有剪辫子的人不允许进入举办仪式的大楼,一则布告呼吁仍留着辫子的男性在五天内剪掉辫子;军队沿街游行,并来到孔庙前听各种演说——这些演说将该地的事件描述为国家革命的一部分,并向那些为明朝殉国的当地人士致敬。② 在嘉兴的案例中,这些仪式显然表明一群革命积极分子开始占据主导。

这些仪式的主导者基本上成了后来的掌权者,因此,在革命的下一阶段,新政府举行的典礼很可能就不再需要普通民众的广泛参与了。福州政府举行的仪式基本沿用了孙中山就职典礼的模式。新政府的成员列队前往新总督的办公地点,在那里,中国同盟会福建分会的代表高声宣读了新总督的委任状。当新总督被授予旗帜和办公章时,军乐奏起。最后,新任总督宣读就职宣言。和孙中山就职典礼上的就职宣言一样,这一就职宣言将革命的成功归功于黄帝在天之灵的保佑,其面向的群体既包括天地祖

---

①《大公报》(天津),1911 年 11 月 20 日,第 3 版。
②《北华捷报》,1911 年 12 月 2 日;《民立报》,1911 年 12 月 1 日,第 4 页。

先，也包括中国人民特别是其中的福建人民。人们涌在挂满旗帜的街上观看就职典礼并热烈鼓掌，当行进队伍从他们身边走过时，人们燃放烟花爆竹以示庆祝，但这就是我们所知道的全部。[1]革命到这一阶段已有了更高的安全性，记者感觉没必要再强调普通民众对革命的支持了；而与此同时，普通民众再次确认了革命的安全性，也觉得没有必要再表达他们的支持了。

在华北地区，仪式是通过官僚体系而非革命早期的流言和恐慌情绪传播开来的，这大概也体现了普通民众相对中立的反应。1912 年初，奉天省（今辽宁省）还极力支持清政府。然而，当清帝一宣布退位，省政府就着手准备举行正式仪式，宣告中华民国的成立。当地官员、乡绅、商人、学生和士兵都参加了在省会举办的一场集会，会上，人们升起了五色旗。该省总督还颁布命令，要求下属各府县，无论是政府部门还是商铺作坊都应悬挂五色旗。据报道，该省有十个乡镇收到了此指令并做出反应。在铁岭，很多人表示，直到元宵节各商铺和住户悬挂出具有中华民国"新气息"的五色旗时，他们才了解到一个共和国宣告成立了。有报道指出，政府起初就明确要求，将命令传递到周边城镇以及信件或电报无法抵达的地方。庆祝仪式刚好和农历新年、元宵节同日，这样一来，无论如何都能吸引乡下民众到镇上来参加集会。据说，某小镇上，乡下民众赶了几十里路来看街上装点的国旗。[2] 从这个故事和大范围的庆祝仪式中可以看出，即使地方政府并不热衷

---

[1] 中国国民党福建省执行委员会文化事业委员会主编，福建私立光复中学编辑委员会编：《福建辛亥光复史料》，第 67—69 页。

[2] 《盛京时报》，1912 年 2 月 27 日，第 11 版；1912 年 2 月 28 日，第 5 版；1912 年 3 月 3日，第 5 版；1912 年 3 月 6 日，第 5 版；1912 年 3 月 7 日，第 5 版；1912 年 3 月 8 日，第 5 版；1912 年 4 月 6 日，第 5 版；《申报》，1912 年 2 月 28 日，第 6 版。据报道，响应命令的城镇有安东、大孤山、凤凰、锦州、辽阳、绥中、铁岭、营口、益州和大东沟。

于举办庆祝典礼,这些新事物依旧能在一定程度上激发公众的兴趣和热情。

其他报道也指出,至少在部分区域,普通民众参与到了这些仪式当中,而且人们的情绪是喜悦的而不是恐惧的。在四川省,庆祝活动轰轰烈烈,以至于省总督甚至考虑要禁止这些活动。当电报发到成都,宣告新的中央政府已经成立、孙中山当选总统时,四川省政府和省警察厅开始组织庆祝活动,还决定要举办一场典礼。他们让所有的商户悬挂三天的国旗和灯笼。典礼过后,他们还为参与者举办了盛宴,除此之外,

> 各局署亦如之,公口、团保、会馆踵事增华,演剧侑觞馔筵多者百余席,至少不下十席,京班、川班、影戏、板凳戏随处喧阗,优庖日不暇给,为展期,警厅欲禁戏,以都督既允而止,烟赌亦于是盛。[1]

天津民众在参加庆祝共和国成立的游行时高举灯笼,这是另一个普通民众参与并营造庆典氛围的例子。在西方人看来,"提灯游行"这四个字会让人联想到游行队伍手持火炬或将纸质红色球体挂在棍子上的画面。事实上,中国灯笼的种类繁多、含义丰富,远超人们的想象。儿童手提或鱼形,或蝴蝶形,或小车形的灯笼,在大城市举行的大型花灯游行中所用的灯笼才更接近于我们所认为的花车或舞台造型,这些灯笼通常蕴含着教化的目的,而这一点恰恰能为革命所用。当天津庆祝中华民国成立时,新闻报道详细描述了庆祝典礼上的花灯:有各式各样印有革命画面的灯笼,还有许多传递传统信息的灯笼,还有仅供娱乐的灯笼。有的

---

[1] 秦枬:《蜀辛》,《四川辛亥革命史料》上,成都:四川人民出版社,1981年,第533—568页。

灯笼，一面印着被革命党人暗杀的满族官员良弼，另一面印着一个人正向他扔炸弹；有的印着一名士兵逮捕了一个试图刺杀袁世凯的人；还有的印着一个戴着帽子的人，这顶帽子一半是西式的，一半是传统清朝官帽式样，帽子上还写着"新旧交替"。[①] 通过制作并带着这样的灯笼参加游行，可以向更多人传达革命的本质。虽然庆祝仪式是由官方资助的，但其中所传达的信息能够且确实因每个设计灯笼的个人或团体的不同而不同。

## 剪辫子

其他国家对民族文化传播的研究表明：民族文化的构成因素通常由在该国家占主导地位的统治精英创造，然后再传播到下层阶级和其他地区。这方面的代表作有：尤金·韦伯（Eugen Weber）的《农民变成法国人：乡村法国的现代化，1870—1914》（*Peasants into Frenchman*）和约翰·彭伯顿（John Pemberton）的《关于"爪哇"的主题》（*On the Subject of 'Java'*）。再由其他阶级和农民决定他们接受这种新文化的哪些因素，但他们很少是这些元素的发起者。[②] 但在 1911 年的中国，普通民众对革命提灯游行的热情已经证明，上述研究结果在中国是行不通的。同时，在 1911—1912 年的短暂时期里，中国的下层阶级是剪辫运动的发起者，这一运动横扫中国，并使得短发成为共和国国民的主要象征之一。

*30*

---

① 《盛京时报》，1912 年 3 月 5 日，第 4 版。

② Eugen Weber, *Peasants into Frenchmen*：*The Modernization of Rural France*，*1870–1914*（London：Chatto and Windus, 1977）；John Pemberton, *On the Subject of 'Java'*（Ithaca：Cornell University Press, 1994）.

剪辫子是民国活动的一个重要特征,例如,在山西西部一个名叫宁乡的小镇上,当地自治政府的一位成员邀请他的同事们在黄帝庙举办庆祝民国成立的集会,数百名当地乡绅、学生、手工艺人、商人、当地组织成员及警察参加了这一集会。在集会开场时,举办人就剪掉了自己的辫子,当场另有约 40 名参会者立即效仿,也剪掉了他们的辫子。① 但是,剪辫子这一行为往往被视作对传统文化造成了非必要的侵蚀。为理解这一观点,我们首先需要了解中国人为何留辫子。

辫子最初是满族人入关之前的发型,而当他们入关之后,便将这一习俗强加于那些被征服的汉人身上,作为汉人投降的标志。1645 年,满族人建立起清王朝后,便发布法令,令所有成年男性留辫子,违者将处死。这一法令得到严格执行,而这也成为当时南方汉人激烈反抗清政府的主要焦点。② 在孔飞力的《叫魂》一书中,他指出,在乾隆年间,满族与汉族之间的种族纷争依旧存在,乾隆和他的大臣都意识到了这一情况,也意识到留辫子是满族人统治的重要象征。孔飞力指出,即使是社会最底层的乞丐、僧侣和村民也都知道辫子是满族人统治的象征,而如果一个人将自己的辫子剪掉,那将被视作对清政府的公开挑衅。③ 一个多世纪后,当革命爆发时,这种意识依旧在社会的某些群体中盛

---

① 《申报》,1912 年 4 月 3 日,第 6 版。

② Frederic Wakeman, 'Localism and Loyalism during the Ch'ing Conquest of Kiangnan: The Tragedy of Chiang-yin,' in Frederic Wakeman and Carolyn Grant (eds.), *Conflict and Control in Late Imperial China* (Berkeley: University of California Press, 1975), 43—85.

③ Philip A. Kuhn, *Soulstealers: The Chinese Sorcery Scare of 1768* (Cambridge, MA: Harvard University Press, 1990)([美]孔飞力:《叫魂:1768 年中国妖术大恐慌》,陈兼、刘昶译,上海:上海三联书店、北京:生活·读书·新知三联书店,2012 年).

行，但是随着时间推移，这种意识变得愈发复杂与混乱。晚清时期，一些激进的革命者将辫子剪掉或者将额前的头发蓄长以示对满族人的蔑视，同时，有的人也将此举视为与明朝皇室之间的联系，并称自己是明朝皇室的后代。有些人则追随太平天国运动中的起义者，把自己额前的头发留长以示对清朝的反抗。而在 20世纪前十年间改变发型的人更多的是模仿当时西方盛行的发型。<sup>31</sup>这些人中有些是清政府的官员，如受过英式教育的律师伍廷芳。① 但是，留短发不单是汉人的行为，在由清政府创办的军事学堂中学习的满族学生也剪掉辫子，以配合他们的西式军装。②

　　一本 1911 年发行于上海，名为《剪发百谈初集》的小册子反映了人们对于是否应当剪掉辫子的争论。这本册子本质上并不是一部公开的反清著作，它重印了伍廷芳关于剪辫子一事的请愿书，请愿书主张清帝下令允许国人剪辫，此外，请愿书还声称，清朝统治已近 300 年之久，无论国人是否留辫子，他们都会拥护清政府。支持剪辫的原因包括留辫子不卫生、不利于学生进行军事训练、不便于工人在工厂工作、成本高并且浪费时间。然而，最常见的原因是，外国人经常嘲笑中国人的辫子并戏称其为猪尾巴。这本册子同样列举了一些反对剪辫子的例子。一位为丝绸业作说客的人说道，一旦剪掉辫子，人们就会穿羊毛制的西式服装而不是丝绸制品。然而，反对剪辫子的主要原因在于剪辫子是模仿

---

① 伍廷芳在 1907 年被任命为中国驻美国公使之前，一直担任北京刑署副署长。要了解清政府此时对剪辫的态度，请参考 Edward J. M. Roads（路康乐），'The Assassination of Governor Enming and its Effect on Manchu-Han Relations in Late Qing China', in Shinkichi and Schiffrin, *China's Republican Revolution*, 18.

② 伊尔根觉罗·通甫：《福州光复时满族旗营内的情况》，中国人民政治协商会议江苏省委员会文史资料研究委员会编：《江苏文史资料选辑》第六辑，南京：江苏人民出版社，1981 年，第 181—192 页。

外国人的行为。另一篇文章批判了那些一提到剪辫子就火冒三丈、言辞激烈的人:

> 我们剪辫子不就是在模仿外国人? 为何我泱泱大国要模仿外国?[1]

这些争论表明,辫子是中国人民族身份的一部分。对大多数人来说,辫子已成为定义他们中国人身份的因素之一,因此,当山西某校聘任了一位日本留学生做老师时,当地一位佚名作者才会在其日记中如是评论道:

> 其一系五台县人,由日本游学而归,非但改装洋衣,而且剪其发辫,殆华人而变为夷者也。[2]

此外,辛亥革命后,剪辫子成了一种国家政策,支持者似乎认为有必要向民众解释辫子起源于满族,在他们看来,很多民众并不了解辫子的起源。例如,山东省某县政府发布的剪辫声明中写道:

> 人们或许认为明朝之前男性就已开始扎辫子戴高帽。但是当你看到戏剧表演时,你会立刻意识到男性梳辫子仅是在清朝之后才兴起的。[3]

广东省总督在要求民众剪辫子的声明中包含了同样的信息:

> 当知我国旧俗皆总发为髻,唯吴越之间有祝发者、有剪者,未闻辫发者也。辫发非我国之理。[4]

---

[1] 春申日报社编:《剪发百谈初集》,《春申日报》,1911 年,17b。

[2] 刘大鹏遗著,乔志强标注:《退想斋日记》,太原:山西人民出版社,1990 年,第 169 页。

[3]《大公报》(天津),1912 年 5 月 21 日,第 3 版。

[4]《申报》,1911 年 11 月 21 日,第 1 张后幅第 3 版。

华琛等人类学家指出,要想成为中国人就必须遵守中国人的习俗和仪式。[1] 留辫子已成为中国人的一种习俗,但它与中华民国公民身份相对立。与此同时,很多普通民众对剪辫表示支持。为什么人们会支持这一行为呢?

辫子源自满族——至少革命领导者们对此都很清楚,因此不难理解为什么剪辫会成为革命军队的象征。辛亥革命爆发后,武汉最初发出的几篇报道中描绘了革命军队里士兵剪辫子的场景:

> (剪辫)自然是为了杜绝任何帝制复辟的可能性,不留辫子成为了一种简易的身份认同方式。(图2)

辛亥革命中,革命派和保守派分别将剪辫或留辫视为其军队和支持者的象征。当驻扎南京的张勋听闻武昌起义时,他立即命人关闭南京城城门并将所有没留辫子的人斩首。[2] 驻守中国北部奉天省的张作霖采取了同样的措施,他下令将剪掉辫子的人的头颅砍下,并悬挂在城墙上,以表明他的立场。[3] 在山东省文登镇附近,村民很排斥革命军,被革命军抓到的话就会被剪掉辫子,而当一些失去辫子的村民落入保守派村民的手中时,他们会被当

---

[1] James L. Watson,'The Structure of Chinese Funerary Rites:Elementary Forms,Ritual Sequence,and the Primacy of Performance',in James L. Watson and Evelyn S. Rawski(eds.),*Death Ritual in Late Imperial and Modern China*(Berkeley:University of California Press,1988),3–19. 也可参见其'Rites or Beliefs? The construction of a unified culture in Late Imperial China',in Lowell Dittmer and Samuel S. Kim(eds.),*China's Quest for National Identity*(Ithaca:Cornell University Press,1993),80–103.

[2] 伊尔根觉罗·通甫:《福州光复时满族旗营内的情况》,中国人民政治协商会议江苏省委员会文史资料研究委员会编:《江苏文史资料选辑》第六辑,第181—192页。

[3] 博彦满都(Boyanmandu):《回忆辛亥革命》,中国人民政治协商会议内蒙古自治区委员会文史资料研究委员会编:《内蒙古辛亥革命史料》,呼和浩特:内蒙古人民出版社,1962年,第80—82页。

作革命的支持者而惨遭杀害。①

**图 2　剪掉辫子的革命军士兵**

图片来源：Edwin J. Dingle, *China's Revolution*, *1911-1912*: *a Historical and Political Record of the Civil War*(New York：McBride, Nast and Co.，1912)([美]埃德温・J. 丁格尔：《中国的革命 1911—1912》, 张建军译,中央编译出版社,2011 年),facing 53.

起初,只有积极投身革命的人才留短发,这体现在：当时其他
33　剪掉辫子的人要求政府提供书面文件,证明他们虽然剪了辫子,
但他们既不是革命者,也不是逃兵。但随着革命势力的扩大,剪
辫子也盛行开来。② 中途放弃革命的士兵会被剪掉辫子,以防他
们转换阵营。一些人坚信革命派会取得胜利,孤注一掷剪掉辫子
以表支持。③ (1910 年)11 月末,清政府颁布法令允许人们剪辫
子,那些冒险剪掉发辫的人所承担的风险降低了。但是,张勋和
张作霖的所作所为则表明,剪掉发辫并非毫无风险。对于那些剪
掉辫子的人而言,人数越多,他们就会越安全。而此时,一场迫使

---

① 《北华捷报》,1912 年 3 月 16 日。
② 《盛京时报》,1912 年 1 月 24 日,第 4 版;1912 年 3 月 5 日,第 5 版。
③ 《北华捷报》,1911 年 11 月 25 日。这表明,上海剪辫子人数随着革命军的位置而
　 变化。

人们剪辫子的风波席卷了中国东部的诸多省份。

1911 年秋的某一天，突然有两个身着西装、举着白旗的人骑马来到苏州附近的一个小镇上，他们命令当地商人剪掉辫子，并威胁他们，如有不从便将他们处死。这些商人惊恐万分，不过，其中一位商人将两人当作土匪，上报给了苏州商会；当地军政府听说此事后便派出骑兵，而此时，那两人已经逃跑了。几日后，两人再次现身，威胁当地人在三日之内剪掉辫子，否则便将他们炸死。当地军政府试图禁止这两个人的行为，但此时清政府官方已经下令督促人们剪掉发辫。① 地方政府虽然并不赞同威胁和恫吓行为，但他们往往难以阻止人们执行政府政令。又如，苏州官员派遣当地警察调查士兵剪辫一事，但是翌日便有一些士兵无视当地官员的反对，站在一所茶馆门前，剪掉过往行人的辫子。愤怒的人群包围并殴打了这些士兵之后，另有一些士兵聚集起来与人群发生冲突。② 类似的冲突发生在地方层面及个人层面。几周之后，一些自称为"先锋队兵勇"的人强行剪掉他人辫子，而另一群自称"江防营士兵"的人则梳起长辫，走上街头游行。当先锋队兵勇前来挑衅江防营士兵时，后者便拔刀相向，酿成事端，导致一人差点送命。③

在江苏省，同样的事件不断上演。在无锡，士兵们在街上一天能剪掉 1 000 条行人的辫子；在镇江，士兵们短暂驻扎在镇上时，也要上街去剪行人的辫子。被剪辫子的人嚎啕大哭，祈求官兵们放过他们，一些好事者则围在周围，嘲笑他们。就这样，这些

① 《申报》，1911 年 11 月 11 日，第 1 张后幅第 2 版；1911 年 11 月 18 日，第 1 张后幅第 3 版。
② 《盛京时报》，1912 年 1 月 14 日，第 4 版。
③ 《申报》，1912 年 1 月 9 日，第 1 张后幅第 4 版。

士兵一晚上大概剪了 1 000 多人的辫子;次日,他们又前往码头区给人们剪辫子,最终无一人幸免。在江北地区,人们痛哭流涕,跪着祈求士兵们不要剪他们的辫子;最终,一名市民在与官兵的争执中受伤,剪辫风潮由此急转直下。① 宝应是江北的一个偏远县城,当地县政府并未贯彻执行剪辫命令,直到 1912 年 2 月,官兵路过该镇时强行剪掉了居民们的辫子,他们甚至还冲进店铺里,就地剪掉人们的辫子,在混乱中,士兵们大概剪掉了七八百条辫子,也有人在这场混乱中受伤。当地政府派出守军后,混乱才略有平息,但从那时起,周围乡村的人就不敢到镇上来,镇上的生意大受影响。② 在这些事件中,士兵、土匪或者由年轻人组成的帮会往往是始作俑者,他们的过激行为违背了上级政府或军方的意志。

那些自愿或被迫剪掉辫子的人都更进一步地参与到国家象征符号的变革运动中,这不仅会影响他们对自身与国家关系的认知,也会影响到他们对国家本身的认知。对很多人而言,剪辫子给他们带来了极大的创伤。一位儿时便被父亲剪掉辫子的人回忆,当时他和哥哥躲在家里哭了两三天不敢出门,怕别人嘲笑他们。③ 如果一个人在众人围观起哄中被士兵剪掉辫子,这对被剪辫子的人来说是十分屈辱的。一位住在乡下的商人在杭州时不幸被迫剪辫,回家后因受不了妻子对他的嘲笑而吞鸦片自尽。④ 正如上文所提到的,很多人在反抗剪辫的过程中受伤,甚至被杀

---

① 《申报》,1912 年 2 月 3 日,第 6 版。
② 《申报》,1912 年 2 月 7 日,第 7 版。
③ 程厚之:《辛亥革命时期丰县社会一瞥》,中国人民政治协商会议江苏省委员会文史资料研究委员会编:《江苏文史资料选辑》第六辑,第 141—149 页。
④ 《大公报》(天津),1911 年 12 月 11 日,第 3 版。

害。像宝应这种未受革命波及的地方，剪辫子可能是革命对当地人唯一的影响。在这种地方，剪辫子是革命者展现其主政威力的首要手段。上海徐家汇发生的一则轶事便是最好的佐证。刚入伍的士兵在城乡游荡，剪人发辫。这些新兵来到徐家汇时，四位村民出门迎接他们，四位村民都留着辫子，一名士兵瞅准时机，剪掉了其中一人的辫子，另外三人见状四散奔逃，大声呼救，士兵们则紧追其后。听到呼喊声的村民聚了起来，他们认为这些士兵是强盗，把他们暴打了一顿。而后这些新兵叫来大部队，使这一小事件险些演变为大规模冲突。①

这些强行剪人发辫的人不是人们想象中的那些崇尚激进革命和西化的学生，很多时候，人们只知道他们是士兵或年轻人，当进一步了解时，人们通常才会意识到这些人是外来者。正如我们在上文中提到的宝应的案例，剪行人辫子的士兵只是暂时驻扎在当地，而且他们也受到了当地守军的抵抗。苏州、镇江和贵阳的情况类似。② 在上海，不论中方还是外方媒体都宣称剪辫子的人是广东人。③

抵抗运动通常是由知识分子领导的。当孙中山举行就职典礼时，几十名士兵聚在扬子江的湖口地区剪过往行人的辫子。那些被剪掉辫子的人抱头大哭或咒骂那些士兵。一名当地乡绅被剪掉辫子后十分愤怒，他将此事告上法庭，法官同意将肇事者重打 400 大板。而后，当一位军官得知此事后，他便来到法官处向

---

① 陈伯熙：《上海轶事大观》，上海：台东图书公司，1919 年，第 194—195 页。
② 《申报》，1912 年 3 月 19 日，第 6 版；1912 年 2 月 3 日，第 6 版；《北华捷报》，1912 年 6 月 1 日。
③ 《北华捷报》，1912 年 1 月 20 日；《申报》，1912 年 1 月 12 日，第 2 版；1912 年 1 月 17 日，第 6 版。

该法官解释说明剪辫子是一项新的国家政策,此时法官才意识到自己犯的错误。① 这是发生在当时的一个典型案例,士兵私自执行由孙中山和黎元洪制定的国家政策而不受地方权威机构管辖,同时地方权威机构对国家政策一无所知。山东烟台也发生了同样的事情——当地的一位著名银行家被士兵剪掉了辫子,而军队总督拒绝惩罚剪辫子的人,为此,当地商会罢工一周以示抗议。② 有时,对于剪辫子行为的正式抵抗恰恰来自政府内部,例如在凤凰、奉天等地,当地议会的首脑甚至想要解雇那些剪掉辫子的官员。③

其他人则仅仅是避开了剪辫运动。剪辫运动起源于城镇地区,成群结队的士兵手持步枪在城镇里四处游荡,不可避免地会引起民众的恐慌。驻烟台的英国领事写道:

> 所有店铺大门紧闭、街道荒废,码头上搬运货物的苦力们飞也似地逃到驳船或小船上,藏身于船坞之中;进城卖货的乡下人则扔下他们的货物逃回乡下,而很多城里人则躲到山上,一直到天黑才敢下山。④

这一消息由恐慌的城里人传到乡下人耳中,于是乡下人也常常害怕进城。⑤ 据一位儿时住在丰县(江苏与河南边境)的老人回忆,那时乡下人听说城里在剪辫子,他们吓得不敢进城,城门口

---

① 《申报》,1912年2月3日,第6版。
② PRO:FO 228/1835,烟台59/12。关于士绅领导反抗的另一个案例,见 FO 228/1837,济南府29/12。
③ 《盛京时报》,1912年4月23日,第5版。
④ PRO:FO 228/1835,烟台59/12。
⑤ 陆澄溪:《我难忘的中山先生革命事迹》,中国人民政治协商会议江苏省委员会文史资料研究委员会编:《江苏文史资料选辑》第七辑,南京:江苏人民出版社,1981年,第37—45页。

有士兵和警察把守，他们每个人都拿着刀子，只要经过就会被削掉辫子。一位乡下商铺店主不得不进城，他把辫子卷起来用帽子遮住，可还是被士兵发现了，在双方的争执中，他的耳朵被士兵割掉了，回到家后，他逢人便说，如果不剪辫子，耳朵就会被割掉。①然而，这一切严重影响了贸易往来——据称，杭州市市中与周围乡村贸易联系密切的地区受到的影响格外大；这些地区的 62 家店铺联名向当地政府请愿，请求政府把剪辫的时限再延长 10 天，以便贸易往来在年前这段繁忙时期不受影响。②

　　如果说很多人是由于害怕受到侮辱而躲开那些剪辫子的人的话，另一部分人则认为，留短发是在模仿外国人，而不是恢复汉人风俗，因而对此大加排斥。③ 在桂林，人们模仿戏剧中的明朝人物的发型；而在排外心理浓厚的成都，这种行为更常见，当时驻成都的英国官员将其详细记录了下来。当成都首次由革命党派人士接管时，英国领事对涌入城中的士兵作了如下评论：

　　　　这些衣着华丽的勇士和土匪看上去光鲜亮丽，他们聚集在城市主要干道上，而他们佩戴有银饰的顶髻使他们的存在异常突出；他们采用这种发型的目的在于反抗剪辫子运动，因为在他们看来，留辫子已不再是满族奴隶的象征，但是他们也没必要像外国人一样剪掉辫子。④

四川总督多次发表声明强调剪辫子与外国人无关，并呼吁人

①　程厚之：《辛亥革命时期丰县社会一瞥》，中国人民政治协商会议江苏省委员会文史资料研究委员会编：《江苏文史资料选辑》第六辑，第 141—149 页。
②《申报》，1912 年 1 月 29 日，第 6 版。
③　范寿诚：《辛亥桂林光复时的情况》，中国人民政治协商会议桂林市委员会文史资料研究委员会编：《桂林文史资料》第一辑，第 67—72 页。
④　PRO：FO 228/1838，4－5。

们不要把头发梳成所谓"汉族人发型",留这种长头发反而让他们看起来像太平天国时期的起义者,由于太平天国起义受清政府镇压而以失败告终,这一发型会给革命带来厄运。同时,长发会造成与国外沟通的不便。最终,四川全省难以抵抗留短发的这一潮流,也无法抵抗中国东南部各省份的剪辫风潮(当地早已盛行留短发了)。①

这种渴望与其他省份保持一致的心理暗示了剪辫运动在全国蔓延的程度。事实上,剪辫运动传播甚广,我们很难确定,这些模式在多大程度上只是反映了报纸上报道的那些地区的情况。尽管如此,上海地区显然受影响最大,其次是江苏和浙江周边的城镇。另有报道指出,在袁世凯 1912 年就职以前,中国中南部地区几乎所有省会城市都已开始了剪辫运动,很多地市级甚至也开始了。华北地区也有相关报道,但报道的更多是偶发性事件或是个别具有改革思想的学生,而不是普遍行为。袁世凯就职以后,剪辫运动的重心开始转向华北地区,尤其是山东、河北、山西、奉天和吉林,并且逐渐向偏远地区延伸,如海南岛、云南西部、甘肃,以及陕西和四川边境地区。但并无西藏、青海、新疆和内蒙古地区的相关报道。

剪辫运动在各地区开展的程度更难确定。报道中很少给出数据,即便提供了数据,也不过是不明情况的旁观者的猜测。而且,这些报道通常持积极态度,如《申报》的报道指出,80%—90%的上海市民都已剪掉辫子,"由此可以看出中国还是一条心"。②

38 而在很多情况下,剪辫运动的成效不均衡且高度地方化。一位英

---

① PRO:FO 228/1838,224-5,232-3;《申报》,1912 年 4 月 8 日,第 6 版。
②《申报》,1911 年 12 月 26 日,第 3 版。

国军官 1912 年夏在中国西部沿途旅行时写道,在甘肃省,从省会兰州到碧口镇(甘肃省和四川省交界处)的各个地方,没有人剪辫子,在碧口镇当地,很多人已经剪了辫子,但是在四川省,只有少数偏远贫困地区的村民还留着辫子。在陕西南部,在士兵们先前经过的城镇中,人们都剪了辫子。这位英国军官继续他的旅程,据他所述,从成都到宁远(四川省西南部)沿途 358 千米的路上,他只看见两个留辫子的人。① 四川省的革命活动如火如荼,因此,该省留辫子的人数可能是最少的,然而据报道,也有一些地区像四川省一样遵照执行了剪辫命令,尤其是海南。② 在强制剪辫的地区,剪辫已逐渐从城镇蔓延到乡村,只有极少数很少外出的老人才避免了这一问题。③ 但是,仅仅通过政府颁布命令让民众剪辫子的话,其收效甚微。福建省政府宣称仅有 10%—20% 的人响应了其颁布的法令。④ 关于某地区未受军事影响而保有长辫子的人数,笔者能找到的唯一可靠数据是北京地区的数据。1914 年,当地警察在执行剪辫命令前,对该地区进行了详细的调查,调查结果发现,北京各城区留辫子人口占比相差很大,从 93% 到 39% 不等。⑤ 这一差异反映了北京各城区满族旗人的数量差异,因为满族旗人极不情愿剪辫子。⑥

---

① PRO:FO 228/1838,307-8;PRO:FO 228/1841,汉口 219/12,3。另见《北华捷报》,1912 年 5 月 25 日。

②《北华捷报》,1912 年 4 月 27 日。

③ PRO:FO 228/1809,411;FO 228/1842,28。

④ 中国国民党福建省执行委员会文化事业委员会主编,福建私立光复中学编辑委员会编:《福建辛亥光复史料》,第 167 页。

⑤《办理劝导商民剪发成绩表》(1914 年 8 月 1 日至 30 日),中国第二历史档案馆藏北洋政府内务部档案,档案号:一〇〇一/1887。

⑥ 例如,《候补骁骑校恩宇呈》(1912 年 12 月 2 日),中国第二历史档案馆藏北洋政府内务部档案,档案号:一〇〇一/4815。

这些数据与其说是用于推测剪辫总人数,不如说是反映了某一特定人群对剪辫行为的反应。这些数据中确定的群体与参加城市和地方庆祝仪式的职业团体一致。很遗憾,这些数据往往偏向于记者的主观看法,而且还充满矛盾。例如,《盛京时报》指出,在吉林,"那些没有剪辫子的人大多都是社会底层的人",而《北华捷报》则在报道中写道,在两个月后首次召开的政府会议上,很多与会者依旧留着辫子。[①] 据报道,全国各地的学生都热衷于剪辫子,而乡绅和商人则犹豫不决。[②] 有时其他的团体也参与到了剪辫运动中:在"满洲"的一个小镇上,当地所有穆斯林都剪了辫子;其中,很多人都是受到作为穆斯林学院信托管理人的两个家庭的指引,在祈祷前的水净时剪的辫子。[③] 据记载,警察是除士兵外唯一因自身职业原因而剪辫子的群体。[④] 一位旁观者对于吉林省的一些警察如是评论道,"现在警界中类皆秃头短服,颇有一番新气象矣"。[⑤] 对于警察所驻守的区域而言,警察代表国家,尤其代表着现代国家。因此,由他们来展现这种忠于新共和国的显著标志就显得恰当且必要。[⑥]

根据谴责留辫子是满族男性习俗的理论,女性无需受到剪辫运动波及。然而,偶有报道提及,当士兵情绪高涨时,女性也会受

---

① 《盛京时报》,1912年3月9日,第5版;《北华捷报》,1912年5月18日。

② 例如,《盛京时报》,1912年1月11日,第5版。"学生"也可参阅《盛京时报》,1911年12月21日,第5版;PRO:FO 228/1837,济南府17/12。"商人"也可参见《盛京时报》,1911年12月26日,第7版;1912年3月6日,第5版。

③ 《盛京时报》,1912年2月1日,第7版。

④ 例如,《盛京时报》,1911年12月26日,第7版;1912年1月11日,第5版;PRO:FO 228/1837,济南府46/12,1。

⑤ 《盛京时报》,1912年4月23日,第5版。

⑥ David Strand, *Rickshaw Beijing*: *City People and Politics in the 1920s*(Berkeley: University of California Press, 1989)([美]史谦德:《北京的人力车夫:1920年代的市民与政治》,袁剑、周书垚译,南京:江苏人民出版社,2021年),65—97.

到一定影响。这也被视为事态失控的典型例子。在杭州，就有人抱怨道，剪辫运动甚至已经影响到了妇女和儿童。[1] 唯一详细的记载来自武昌，据记载，驻守武昌城门的士兵拦住了两名妇女，令其中一名留着辫子的妇女剪掉辫子，该妇女回绝道，"我们不是男人，对我们来说剪辫子很不方便"，但士兵强行剪掉了她的辫子，而后两名妇女哭着跑开。[2] 在剪辫运动中，尽管偶尔有女性受到波及，但是女性剪辫并没有男性剪辫那么重要；甚至在 20 世纪头十年末期，当女性宣称她们也有权利剪辫子时，这也往往被视为一种时尚追求而并非政治姿态。对于女性来说，她们成为共和国公民的象征是不缠足，而不是留短发；此外，不缠足也必然是在家里慢慢进行的，而不是像剪辫子那样在大街上贸然实施。[3]

剪辫是民国早期少数在全国范围颁布并对地方造成影响的政府政策之一。通过剪辫运动，男性被确立为新国家的公民。正如一位来自直隶的人士在其请求当地政府派军队执行这一政策的请愿书中说的那样：

> 有些人已剪辫，而有些人未剪。剪辫者其心民国之士者，未剪者其心必异……若建如磐石之固、如泰山之稳之民国，剪辫之事势在必行。为那时，无知民众才可知中国已建。若不如此，倘蒙昧之民众视我者为起义叛国之人。[4]

40

---

① 《申报》，1912 年 1 月 29 日，第 6 版。
② 《盛京时报》，1912 年 1 月 24 日，第 4 版。
③ 第二章论述了妇女放足及其与剪辫的关系。
④ 《王廷璋呈》(1912 年 7 月 11 日)，中国第二历史档案馆藏北洋政府内务部档案，档案号：一〇〇一/4815。

## 接续明朝

本章伊始,我们谈论了孙中山的就职仪式,并猜测除了革命党人士在寂静夜晚街道上跳舞之事,我们或许并不会获得更多的信息。本章结尾,我们将谈论孙中山在 1912 年 2 月 12 日举行的仪式,就在当天,袁世凯就任临时大总统。我认为,从一点我们可以更清晰地看到革命党派的仪式如何与本章主题交相呼应。

1912 年 2 月 12 日标志着华北地区正式加入革命事业中,这一天成为中华民国统一的纪念日,人们一直庆祝这个节日到 20 世纪 20 年代。孙中山借此机会向人们展示了中国的统一以及他在其中所扮演的角色。当天,他在南京城外明孝陵前举行了隆重的祭祀仪式。明太祖是一位传奇人物,他驱逐胡虏、恢复中华,建立了一代伟大王朝。祭祀当天又冷又湿,但早在祭祀开始前一个小时,孙中山住所周边就挤满了人。来自各省的士兵从总统府一直列队到墓地,彩旗飘舞,军乐队奏响国歌。骑兵经过南京城中明故宫时,"宫殿庄严的城墙回荡着军乐声和人们的叫喊声"。[①]明孝陵墓前的神道两侧排列着守卫石像,骑兵沿着神道前行,一直来到陵墓入口,入口处军队集结向大总统致敬。在音乐声、掌声和爆竹声中,孙中山走进陵墓的大门,沿途穿过庭院,一直走到设有祭台的主陵墓上方才停下。一幅古老的明太祖画像前摆放着各种祭祀古代帝王的供品。典礼的主持者郑重宣告,中华民国总统向伟大中国王朝的缔造者致敬。孙中山和所有到场者脱帽并向明太祖牌位三鞠躬。孙中山脸色略显苍白,似乎"与历史之

---

① 《北华捷报》,1912 年 2 月 24 日。

间的联系此刻给他的内心带来了巨大的冲击"①。祭祀仪式上，主持人朗读了一篇讲述明太祖与民国开国元勋之间联系的祭文。孙中山转向民众，宣布在经历 260 余年的沉浮之后，中国又重新获得自由，中国将成为一个统一、自由的国家，并将重获光辉和繁荣。士兵们高声欢呼，而后台下的民众也随之欢呼，这欢呼声夹杂着远处的枪声绵延数里。② 41

在民国领导人离开陵园的图中（图3），我们可以看到诸多新共和国的特征：孙中山留着短发，身着军装和大衣，穿过飘扬的旗帜，经过管乐队，在两旁身着西式军装士兵的护卫下，迎面向我们走来。在孙中山的身后，飘扬的五色旗下，矗立着这张图片的核心——明太祖的陵墓。孙中山像历朝历代的缔造者一样，向他的

图 3　孙中山离开明孝陵

图片来源：Frederick McCormick, *The Flowery Republic* (London: John Murray, 1913), facing 316.

---

① 《北华捷报》，1912 年 2 月 24 日。
② 我大量引用了林文庆在《北华捷报》上发表的一则长篇论述，1912 年 2 月 24 日。另见《民立报》，1912 年 2 月 16 日，第 1 页；《盛京时报》，1912 年 3 月 3 日，第 4 版。发表的文本见孙中山：《孙中山全集》第二卷，北京：中华书局，1982 年，第 94—97 页。

先辈们致敬;孙中山作为汉族的领导者向中国历史上最后一个由汉族统治的伟大王朝的缔造者致敬。所有参加祭祀仪式的人都留着短发,而且大部分人戴着军帽。我们只能依稀看到,远处有人穿着长袍和马褂。孙中山等人虽然祭奠明太祖,但是他们将中国引领向新的未来。这样看来,孙中山辞职转而支持袁世凯就任民国总统,似乎表示他在远离政治舞台,但实际上,他用这种标新立异的离职方式将自己推到了舞台中央。

# 第二章 共和国民

1912 年 1 月,孙中山正式启用阳历,此举对全国人民的日常生活具有潜在影响。多年来,中华民国的建立不仅影响了民众的时间观念,还对市民的衣着、问候方式,乃至走姿和站姿也产生了影响。这些革命时期有意识的选择性行为很快便灌输给了学龄儿童。在学习日常行为举止的单调过程中,个体会习得一系列特质,这些特质会显得某些行为和反应看起来很自然。民国时期形成的这些新特质体现出了一种全新的共和国意识形态,进而发展为"一种持久的站立、讲话、行走,乃至感受和思考的方式"。[①] 孩子和成人都学着以鞠躬代替叩头,学习新式走姿、站姿和坐姿,这都体现了他们全新的民国公民身份。

## 民国风潮

1912 年春夏之际,全国范围内掀起了一阵追捧民国象征符号的热潮。安徽女子金文贞在其回忆录中谈及当年她和丈夫(新式学生)所办婚礼的独特之处。在婚礼的主仪式上,她

---

① 引文摘自 Pierre Bourdieu, *The Logic of Practice* (Cambridge: Polity Press, 1990), 52-65.

的丈夫身着西式礼服,她身穿按照汉代朝服样式设计的礼服;二人以西式鞠躬礼代替叩首礼。这一极富现代特征的婚礼是在芜湖市一个极为保守和传统的小镇上举行的,镇上大多数民众仍旧穿着清代服饰参加婚礼——这种做法一直持续到20世纪30年代。① 尽管如此,在1912年,西式服饰和礼节才是真正的流行趋势。

这种着装时尚的主要元素为男士西服套装,以及与西服或长袍搭配的西式礼帽。晚清时期,人们的衣着服饰随着性别、阶级、政治地位、民族、地理位置和季节等因素的不同而变化。下文将为读者简要阐述这些新式服饰如何融入人们日常的穿着中。大多数汉人,不论是男性还是女性,都穿宽松的裤子,上身搭一件宽松的外套。衣服的材质一方面取决于季节气候,另一方面取决于消费能力。大多数人夏季穿轻薄的棉质上衣,北方人冬季穿厚棉衣,富人则穿用丝绸制成的衣服。女性和男性的衣服不同,女性的上衣外套稍长些,富裕阶层的已婚女性可能会穿一条百褶长裙。无需进行高强度体力劳动的精英阶层男性穿宽松的长袍,在非正式场合中会在长袍外面再穿上一件马褂,通常还会戴上一顶丝绸绣花帽。(图4)在正式场合中,官员们会额外穿着一件刺绣袍服,并佩戴一顶官帽,袍服和帽子的样式由官员的政治地位决定。② 官员的官服上绣有封建帝国的象征符号,这样的服饰被认为与中华民国不相适应便不足为奇了。③ 在黎元洪、孙中山和袁

① 程金文贞:《我的回忆》,第31—32页。
② Valery M. Garrett, *Chinese Clothing: An Illustrated Guide* (Hong Kong: Oxford University Press, 1994); A. C. Scott, *Chinese Costume in Transition* (Singapore: Donald Moore, 1958).
③ 官方服装见 Schuyler Camman, *China's Dragon Robes* (New York: The Ronald Press Company, 1952).

世凯的就职典礼上,西式服饰取代了官服。不仅如此,在1912
年,私人场合上也可以穿着西式服饰了——金文贞的丈夫在婚礼
上身穿西服套装。一位长者谈及浙江省某县城发生的革命性变
化时讽刺道,一夜之间所有男人都剪掉了辫子,青年男子全都买
了西服套装,这让他们看起来像一群猴子。①

图 4　清朝礼仪与服饰

上图:作揖。图中二人穿官服,戴官帽。

下图:拱手。图中二人穿长袍马褂,戴无檐帽。

图片来源: Simon Kiong, 'Quelques mots sur la politesse Chinoise', *Variétés
Sinologiques* 25(1906), 5(Bodleian Library, University of Oxford Chin. d. 73. ).

　　西式套装是人们作为改革者或一个"全新的人"的标志,但西
服对大多数人来说太过昂贵。② 作为替代,男士便买来西式礼

----

① 蒋梦麟:《民初之社会动态》,曹聚仁编:《现代中国报告文学选》第2卷,香港:三育
　图书文具公司,1968年,第165页。

②《大公报》(天津),1912年6月1日,第3、4版。

帽,配着新剪的短发戴,借此将自己与新政权联系起来。清朝的无檐帽和各式官帽突然之间便被西式毡帽、布帽和草帽取代了。1913年,山西省有个人在日记中写道,与前几年不同,新年到访的客人不再穿着正式的长袍马褂,其中一些客人甚至还戴着西式帽子。[1] 与旧式帽子一样,新式帽子主要与长袍搭配。因此,这一时尚主要受穿着长袍的精英阶层追捧。尽管如此,一家报纸却指出:甚至是快要吃不上饭的人也把旧草帽收起来,去买新式帽子了;这家报社的记者还讽刺道,人们购买进口草帽的热情可比购买政府债券高多了。[2] 与此同时,由于日本垄断了这项利市三倍的新贸易,西方国家的商人无法从中牟利,不禁扼腕痛惜。[3] 在浙江省,某一重要宗族中有一位成员相当开明,他在家族祭祀仪式前说道,既然清朝已经没落,大家参加祭祀仪式时便不能戴红帽,不能穿长袍马褂,他还给已剪辫子的家族成员发了西式帽子。[4]

这些西式服饰流行开来,一种新的礼仪也随之出现。头戴软呢帽或硬礼帽的男士在问候他人时会将帽子向上抬起,在同时期的欧洲和美国,男士见面问候的习惯也是如此。人们还把这一手势作为信件的结束语,由此可以看出当时它有多流行。1912年7月,一位地方政府的实习生在写给袁世凯总统的信件结尾处写道"脱帽并站直"。[5] 无独有偶,1913年出版的一本书信写作手册则给出这样的建议:以"您的弟弟某某某摘下帽子"作为信件的结束

---

① 刘大鹏遗著,乔志强标注:《退想斋日记》,第175页。
②《大公报》(天津),1912年6月1日,第4版。
③ Edwin J. Dingle, *China's Revolution, 1911—1912: A Historical and Political Record of the Civil War* (Shanghai: Commercial Press, 1912), 22.
④《申报》,1912年1月7日,第1张后幅第3版。
⑤《王正廷呈》(1912年7月2日),中国第二历史档案馆藏北洋政府内务部档案,档案号:一○○一/4815。

语。① 如果是在较为正式的场合中相互问候,男士通常手持帽子,双臂放在身体两侧,弯腰鞠躬。(图 5)1913 年,一位上海男生在过 16 岁生日时,他的朋友们给他送上了这样一份生日贺词:一同鞠躬,致以最真挚的祝福。② 这种鞠躬方式(下文称作"西式鞠躬")正是在金文贞的现代婚礼上用到的礼节。一位漫画家在画作中描绘了两位身穿西服的中国男性仍按照清朝的礼仪行礼(图 *51* 6),以此讽刺共和国的新市民们仅仅接受了民国的外在形式。从图中我们可以看到,一人双手抱拳,另一人轻抬眼镜,这两种都是清朝打招呼问候的姿势。这幅漫画题为"貌合神离"。③

图 5 一幅小学课本中的插图向人们展示了学生和
老师们在新学期开始时向"五色旗"鞠躬

图片来源:庄适、沈圻、刘儒:《新法国语教科书》第三册,上海:商务印书馆,1922 年,第 1 页。

────────────

① 《共和新尺牍》第 1 卷,上海:上海会文堂,1913 年,第 14 页。
② 李平书等:《李平书七十自叙·藕初五十自述·王晓籁述录》,上海:上海古籍出版社,1989 年,第 68 页。
③ 西式服装与礼仪的关联想象一直延续到今天。马丽思(Maris Gillette)在关于西安的现场笔记中记录了一位老人,他把 1949 年以前的长袍和马褂与鞠躬和点头联系在一起,而将最近的孙中山套装与握手联系在一起。

图6　貌合神离

图片来源:Frederick McCornick, *The Flowery Republic*, facing 442.

52　　按清朝礼仪,男性见面时应"鞠躬",即作揖。如图4所示,作揖时双手并非放在身体两侧,而应该合拢并随身体的运动下落。与当代西方礼仪一样,作揖并非是唯一常见的正式问候方式。①事实上,在中国有一套行礼方式,体现着行礼双方的社会地位或官职,而作揖仅仅是其中一种。(图7)这一套行礼方式涵盖了从拱手到叩头的各种姿势,其中拱手用于非正式场合,并且行礼双方社会地位平等,叩头礼的动作则更为复杂,向皇帝行叩头礼时要双脚并立、下跪、八叩首,向上级官员、教书先生、父母行礼,或

---

① 西方男性在见面时也会脱帽和握手,但都不太正式。Herman Roodenburg, 'The "hand of friendship": shaking hands and other gestures in the Dutch Republic', in Jan Bremmer and Herman Roodenburg, *A Cultural History of Gesture from Antiquity to the Present Day* (Cambridge: Polity Press, 1991), 152–189.

在婚礼上行礼时则采用较为普通的叩头礼,下跪、四叩首即可。女性则不行作揖礼,必要时以"敛衽"代之,即将双手合拢放在腰处并微微屈膝。① 与此相比,除女性不戴帽子、行礼时不用脱帽外,西式鞠躬礼平等地适用于男性和女性。

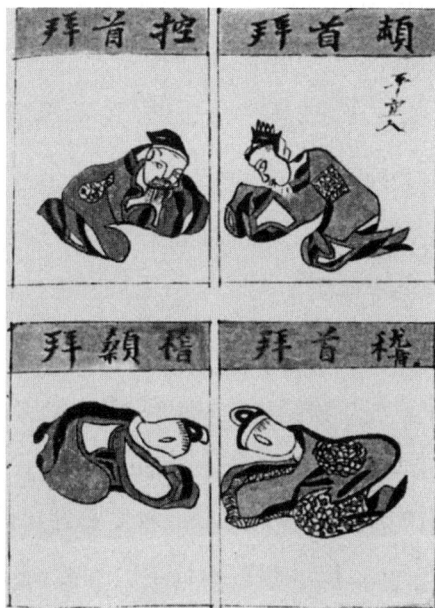

图7 清朝礼仪手册——这些不同的叩头方式精准地体现了不同的社会地位
图片来源:［Village manual］(Historical Literature of Sha Tin vol. 5;
Hong On To Memorial Collection, Hong Kong University Library).

当时中国突然掀起了一系列"民国"习俗的浪潮,而这些习俗在我们看来是完全西化的。那么,这股浪潮产生的原因是什么呢? 辛亥革命前,西式服饰通常与革命人士联系在一起。晚清时

---

① Simon Kiong(龚柴),'Quelques mots sur la politesse Chinoise', *Varietes Sinologiques* 25(1906), 5. 为了方便表达,我使用了术语"叩头"(kowtow);然而读者应该意识到,在 20 世纪初的中国,该行为并不具有英语中该词所具备的阿谀奉承的含义。

期,留学归国的学生依旧穿着西式服饰,他们并不是出于审美或实用考虑,而是因为这些服饰意义特殊。这一时期流行的西式服饰发硬、发紧,通常穿起来很不舒服。男士羊毛西服十分昂贵,轻易买不到,也不适合在炎热的天气穿。① 20 世纪 30 年代,林语堂写了一篇题为《西装的不合人性》的文章抨击当时的男士西服,因为当时的男士西服仅比 20 世纪初的稍微舒适一些;林语堂先生认为西装有着"令人窒息的硬领、马褂、腰带、臂箍、吊袜带",并写道:

> 西装的声望得以保存完全依赖于这样一个事实:它与巨大战舰和柴油引擎具有联系……它所占的高位,完全不过是出于政治的理由。②

如果说林语堂先生所说属实,即 20 世纪 30 年代西化之风盛行,那么这种西化之风在 20 世纪初则更甚。西式服饰的象征意义是人们选择它的原因。我们可以在日本看到这种潮流趋势,事实上,中国的很多元素很可能是从日本引入的;中日两国隔海相望,与遥远的欧洲和美国相比,中国人更容易从日本汲取潮流资讯,而且日本从 19 世纪 60 年代起就开始仿效西方潮流,如留短发、戴毡帽和穿西式制服。③ 但是,人们很少认为西式风格属于日本——正是欧洲和美国的强大势力才使得这种新风格名声大噪。

---

① Emma Tarlo, *Clothing Matters: Dress and Identity in India* (London: Hurstand Co., 1996), 44.

② Lin Yutang, *The Importance of Living* (London: William Heinemann, 1938)(林语堂:《生活的艺术》,北京:外语教学与研究出版社,2009 年), 281.

③ Shibusawa Keizo(涩泽敬三) and Charles S. Terry, *Japanese Life and Culture in the Meiji Era* (Tokyo: Obunsha, 1958), 21-37.

西式服饰和礼仪的价值主要在于其体现了自由和平等。革命党人从欧洲和美国对共和国的理解中借鉴来了自由和平等的概念,这也成为 20 世纪革命党人的集体呼声。在 1912 年以后的学术讨论中,人们反复强调自由和平等对奠定新国家基础的重要性。同时,学校课本也不断重复着自由平等的思想。清朝的礼仪对人们的等级和社会地位有着明确的划分,这一点我们从行礼的姿势中可以看出,因此,清朝礼仪显然不符合平等这一思想。① 民国初期,许多半虚构的故事都将民国的建立视为官民不平等关系的转折点。一则与孙中山有关的轶事讲到,有人前来拜见孙中山,孙中山则站起身告诉他,在民国人们无须向总统叩头。② 尽管这则故事听起来不太真实,但它反映出了当时的社会现实,这在袁世凯颁布的会议礼仪规定中也有着相同的体现。规定中写道,旧时会议礼仪按照社会地位和年龄划分与会人,而新共和国强调自由和平等,因此需要废除旧礼、制定新礼。③ 在这个例子中,人们的争论点主要在于会议行礼姿势,有时也会就参会着装展开讨论,因为在清朝,服饰同样象征着官员的地位和等级。④ 民国时,一些人看来,帽子、正式场合的西服、脱帽向朋友打招呼以及向总统鞠躬都具有象征性意义,都是代表中华民国国民平等的符号。

当然,一旦革命者掌权,他们本身具有的身份认同就会具有显著优势。当时的一份报道中写道,许多中华民国的主要领导人都

---

① Hattori Unokichi(服部宇之吉),*Shina kenkyu* (Researches on China;Tokyo:Meiji shuppansha,1916),179.

② 1994 年在南京有几个人给我讲过这个故事。印本:李联海:《孙中山轶事》,广州:广东人民出版社,1985 年,第 160—161 页。

③ 《相见礼》,政事堂礼制馆,1915 年,徐世昌上书。

④ 《服制议》,中国第二历史档案馆藏北洋政府档案,档案号:一〇〇八/7。

曾在国外居住过,因此,他们已经习惯了戴草帽、穿皮鞋和穿毛衣。该报道还指出,最热衷于使用外国产品的人通常是政府官员,他们希望以此与新政策联系起来,而普通民众则仿效引领潮流的政治家们。① 在一些革命者看来,革命与外来影响间的联系是不可接受的——章炳麟是激进派的代表人物,同时也是一位著名学者,他在一篇文章中将鞠躬和脱帽等新礼仪的起源追溯至汉朝。②

在时尚意识高度觉醒的社会中,服饰和礼仪的变化同样也是时尚的体现。"传统中国"的古老形象一成不变,加之近代历史学家往往强调社会结构变化缓慢,以至于人们无法想象,晚清时期飞速变化的时尚潮流会对人们的日常生活产生如此巨大的影响,但事实上似乎的确如此。与以往想法不同的是,这并不是一场由民国推动的变化。③ 在回顾 20 世纪 30 年代家乡山西省徐沟县的情况时,历史学家刘文炳描述了他儿时记忆中的女性发型:19世纪 60 年代,女性盘着大棚车式或扇式的发髻,到了 70 年代,女性开始将头发盘在脖颈后,而且发髻由小变大,而到 1894 年时,女性则将头发盘在头顶。此外,刘文炳还讲述了同一时期男士大衣剪裁上的变化。④ 在 20 世纪初,中国的时尚中心是北京、广州、苏州和杭州。⑤ 一段对 1909 年成都的描述写道,男性帽子潮

---

① 《大公报》(天津),1912 年 6 月 1 日,第 3 版。

② 章太炎:《章太炎全集》第 5 卷,上海:上海人民出版社,1985 年,第 52—54 页。

③ 见 John Fitzgerald, *Awakening China: Politics, Culture and Class in the Nationalist Revolution*(Stanford: Stanford University Press, 1996)([澳]费约翰:《唤醒中国:国民革命中的政治文化与阶级》,李恭忠、李里峰译,上海:生活・读书・新知三联书店,2004 年),24-55. 作者认为,在共和国建立之前,服装和发型随地点而变化,而非时间。

④ 刘文炳:《徐沟县志》,太原:山西人民出版社,1992 年,第 298—299 页。

⑤ 屈半农:《近数十年来中国各大都会男女装饰之异同》,李寓一等编:《清末民初中国各大都会男女装饰论集》,香港:中国政经研究所,1972 年,第 38 页;Scott, *Chinese Costume in Transition*, 61.

流每年的变化都紧随北京的变化,而女性服饰每年的变化则紧随
流行女星服饰的变化。① 生于江西省九江市的蒋彝在回忆录中
写道,其母不同意护士将他的头发盘成一种过时的发型,坚持自
己动手给他盘发。来自北京、上海、南京等地的流行服饰和发型
传播到了九江这个扬子江畔的重要港口。蒋彝的画描绘了他儿
时九江市各种流行发型中的几种。(图 8)若是赶上某些特殊场
合,富贵人家还会请专业发型师上门为家中女眷做时下最流行的
发型。② 贫苦人家的妇女则自己剪发,在脸周剪出一圈时尚的刘
海。③ 富裕阶层中潮流更迭最快,但是时尚并非富人的特权。一
位作家在描述西安、兰州等内陆地区的城市里不同阶级的人对于
不断变化的时尚潮流的看法时写道,中产阶级女性接受时尚潮流
的速度较为缓慢,因为她们认为时尚与富人或者妓女相关。但这
并不意味着她们完全不跟随潮流改变服饰,只是说她们会在某种
时尚在北京流行很久之后才会追随这种时尚。1914 年前后,中
产阶级女性都不再穿紧身服饰,转而开始穿极为宽松的短上衣,
然而这一潮流早在 20 世纪初的北京就已过时。西安和兰州社会
中层和底层的女性将头发盘成圆形发髻,这对她们来说是一种时
尚,但在北京,这种发型早已过时。④ 据报道,1914 年上海时尚潮
流更迭频繁,传播速度很快;在不到两年的时间里,上海兴起的潮

55

① 傅崇矩:《成都通览》第 2 卷,成都:巴蜀书社,1987 年,第 66、71、112—113 页。
② Chiang Yee, *A Chinese Childhood*(London:Methuen,1940)(蒋彝:《儿时琐忆》,
宋惕冰、宋景超、宋卉之译,北京:北京联合出版公司,2021 年),47,53.
③ Ida Pruitt(浦爱德),*A Daughter of Han:The Autobiography of a Chinese
Working Woman*(New Haven:Yale University Press,1945)([美]艾达·普乐特:
《汉家女》,廖中和、张凤珠译,台北:台湾学生书局,1993 年),195.
④ 权伯华:《近二十五年来中国西北各大都会之装饰》,李寓一等编:《清末明初中国各
大都会男女装饰论集》,第 20—21 页。

流便会传播到四川,而此时上海又会形成新的潮流。[1] 显然,时尚在快速更迭的过程中也在向其他地区传播。一些主要沿海城市的时尚潮流影响着其他地区的发型、发饰和服饰的剪裁。引领潮流的城市中,富人的圈子内潮流更迭速度最快、程度最大,但一般的时尚风格,如 20 世纪初流行的紧身衣和高领衣也可以传播到遥远的西北部城市的底层女性之中。

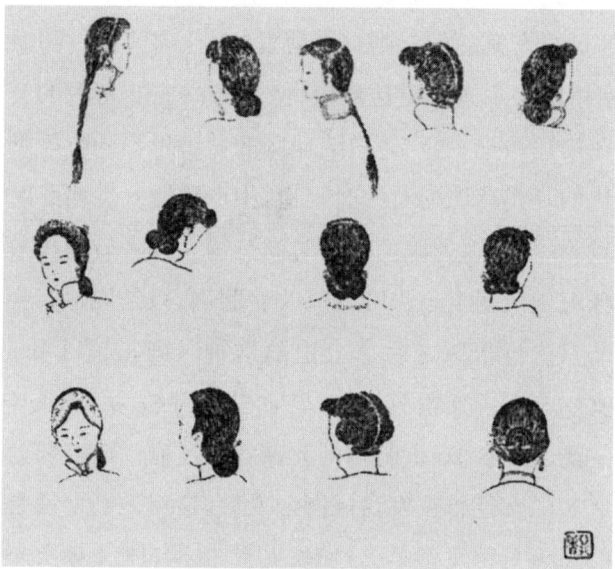

图 8　蒋彝记忆中九江妇女的发型

图片来源:Chiang Yee, *A Chinese Childhood*, London: Methuen, 1940, 53.

中华民国成立时,西式服饰已完全引领了男性服饰的潮流,而在此之前西式风格已对中国风尚产生了一定影响。1914 年的这副广告挂历向我们展示了 20 世纪初以来流行风格的主要特征。(图 9)高领和紧身衣都使人联想起 19 世纪 90 年代和 20 世

---

[1] 屈半农:《近数十年来中国各大都会男女装饰之异同》,李寓一等编:《清末民初中国各大都会男女装饰论集》,第 39 页。

纪初的西式风格,与此同时,男士的长袍已不再采用 19 世纪时色
彩明亮的布料与镶边,而采用更简单的风格、颜色更深的布料。①
民国时期西式服装的流行本应属于 20 世纪以来不断发展的西式
潮流的一部分,但由于辛亥革命为西式风格的支持者们赋予了政
治权力,这两股时尚潮流便区别开来了。

*57*

图 9　协和贸易公司宣传海报中女性的流行服饰

　　图片来源:Claire Roberts, *Evolution and Revolution*: *Chinese Dress
1700s-1990s*(Sydney: Powerhouse Publishing, 1997), 20. 复印版由澳大利亚
悉尼波尔豪斯博物馆提供。

---

① Antonia Finnane(安东篱), 'What should Chinese Women Wear: A National
Problem', *Modern China* 22. 2(1996), 107-108; Verity Wilson, *Chinese Dress*
(London: Victoria and Albert Museum, 1986), 49.

在西方服饰与礼仪达到时尚巅峰时,新成立的中华民国颁布了有关习俗的法律。人们认为由作为领导者的时尚精英们引领的西化潮流将会很快影响到普通民众,而事实证明这一想法是错的。正如推行阳历历法一样,数世纪以来,新政权掌权时会习惯性地颁布有关官方服饰和礼仪的法规。1912 年 8 月,民国政府颁布了礼制,法令规定,男性标准的礼仪是脱帽、鞠躬;日常会面时,脱帽即可,但在庆典、祭祀仪式、婚礼和葬礼上,男性应三鞠躬;女性也遵守同样的礼仪规范,只是不用行脱帽礼。① 该法令是在顺应潮流而非引领潮流,体现在该法令与四川此前颁布的一部政府官员礼仪法之间存在着相似性,后者同样规定了男性应脱帽、鞠躬,在特殊场合应三鞠躬以示敬意。② 颁布礼仪法规不久之后,国民政府又颁布了有关正装的法规,该法规指定了两种正装:一种为参加重大国家活动的正式礼服,另一种是参加一般政府活动的普通正装。(图 10)正式礼服包括早礼服和晚礼服。普通正装又分为两种:第一种是仿效西服的样子并配有常礼帽或毡帽;第二种则是长袍、马褂和常礼帽。官员在执行公务时不得穿第二种正装。女性服饰则延续清朝时期汉族富贵人家女性的正统服饰,即上身为镶边丝绸马褂,下身为百褶裙。③ 就像与礼仪相关的法规一样,与服饰相关的法规反映了人们对民国正式服饰的普遍看法。1912 年,甚至连慈利这个湖南偏远小镇上的政府官员的正式服装都完全符合以下特点,"文武礼服,冠用毡也,履

---

① 《法令大全》,上海:商务印书馆,1924 年,第 1501 页。
② 《四川都督府正保会编》,隗瀛涛、赵清编:《四川辛亥革命史料》,成都:四川人民出版社,1981 年,第 592—593 页。
③ 《大总统公布参议院议决中华民国服制图》,国会维持会,1912 年。

用革也，短服用呢也，完全欧式"。①

人们选择服装材质时，很大程度上受到了潮流和象征符号的影响，尽管丝绸行业对此反对强烈，但事实依旧如此。袁世凯建议政府官员的正装应完全效仿美国，但这项政策遭到了丝绸行业代表的抗议。② 西式正装为羊毛制品，而中国当时并不生产羊毛布料，只能完全依赖进口。新颁布的法令和人们对西式服装的追捧都被视为对丝绸行业的严重威胁。为了应对这一威胁，中华国货维持会（Chinese National Products Promotion Association）派遣代表前往北京，并向时任政府提出要求，即新颁布的法令必须明确规定正装的材质为丝绸。时任政府同意了这一要求。然而，<sub>58</sub>由于当时中国并不生产羊毛布料，而且丝绸无法用于生产西服，这一项法令便未得到严格执行。③

当时颁布的新法令中由有很多条款未被遵照执行。1912 年推行的西装没有得到普通民众的接纳，或许是因为西装穿起来不舒服、不便捷或很昂贵，或许是因为西装与当时人们对正装的理解不符。正装对政治精英而言不过是一种时尚，既然是时尚，便会过时。因此，当这种潮流过时后，1912 年法令所推崇的就是一个已过时的民国。20 世纪 20 年代，一份有关新的国家服饰的议案对 1912 年西式早礼服和晚礼服的盛行做出评论，并指出一年后几乎没人再穿它们了。到 20 年代，一百位官员中也找不到一

① 严昌洪：《中国近代社会风俗史》，杭州：浙江人民出版社，1992 年，第 92 页。
②《申报》，1912 年 4 月 27 日，第 2 版。
③ 中华国货维持会执行委员会：《江浙丝绸机织联合会呈》（1928 年 7 月），《江浙各机织合会电》（1928 年 8 月 17 日），中国第二历史档案馆藏国民政府总统府档案，档案号：一/1743。档案中，唯一一例外是来自袁世凯葬礼的一张照片，照片上有一个人，可能是个殡仪员，戴着礼帽，穿着黑色长外套和裤子，是用一种薄而有褶皱的布料做的。Eric Baschet, *China 1890-1938：From the Warlords to World War*（Zug: Swan Productions, 1989），152.

图 a　正式礼服　　　　　　　　　图 b　普通正装(一)

晚礼服　　　　　早礼服　　　　　晚礼服　　　　　早礼服

图 c

女性正装　　男士普通正装(二)

图 10　1912 年法令中规定的正装

图片来源:《大总统公布参议院已决中华民国服饰图》(国货维持会,1912),中国
第二历史档案馆,南京。

个拥有整套的正式礼服,差不多三十个人里才有一个拥有法令规定的普通正装所要求的西服和常礼帽。[1] 这些服饰仅存于学校教科书的插画中或者挂在学校墙上。与法规不同,政府官员穿长袍、马褂,戴常礼帽。新礼仪法对鞠躬礼也做了明确规定,但该法规在很多场合中未得到足够重视。[2] 王闿运是一位保守派学者,1914年他与70位议会成员共同参加一场葬礼,他注意到,在场所有人中只有两三位按照礼仪法的规定向逝者三鞠躬以示敬意。[3] 此外,子女依旧向父母行叩头礼,学生向孔子像行叩头礼,信奉神明者也会向神明叩头。[4] 在之前的章节,我介绍过,安徽妇女金文贞在1912年举办了现代婚礼,而其女程仁兰的婚礼或许是最典型的例子。金文贞举办婚礼时,她根据当时的风尚,在婚礼上以鞠躬礼代替叩头;而在30年代程仁兰举行婚礼时,她表示希望行鞠躬礼代替叩头,却遭到丈夫及其家人的反对。[5]

## 共和国民

1912年的民国象征符号是当时风尚的一部分,而这种风尚已成为过去时,这并不意味着这些符号也随之消失。20世纪80年代,我曾采访过一位名叫程仁兰的女士,她告诉我,她曾拒绝在婚礼上行叩头礼,这是她一生中十分重要的事情之一。而这也暗

---

[1]《服制议》,中国第二历史档案馆藏北洋政府档案,档案号:一〇〇八/7。

[2]《申报》,1925年3月3日,第12版。

[3] 王闿运:《湘绮楼日记》第三十一册,上海:商务印书馆,1927年,30b。

[4] Léon Wieger(戴遂良),*Chine Moderne*,Hsienhsien,1922,vol.3,295;胡景翼:《胡景翼日记》,南京:江苏古籍出版社,1993年,第107页。

[5] 程仁兰,1994年5月20日南京采访。

示着,在接下来的几年中,这些新符号逐渐具有了不同的含义。
这些符号不再是新与旧、民国与清朝之间转变的标志,而是定义
共和国国民身份的标志。

欧洲社会礼仪的相关研究表明,"礼仪"可以作为人适应并融
入某一特定共同体的方式。① 礼仪之所以能发挥这样的作用,部
分原因在于,在这样的共同体中内在道德与外在行为之间通常会
建立起某种联系。这样的联系对中国传统的"礼"无疑十分重要;
中国传统的"礼"包含礼仪、服饰及各种仪式,被视为人性中内在
美德的外在表现。周启荣指出,清朝学者们强调将礼仪作为道德
和社会秩序实现的重要方式,礼仪因此成为各社会群体争夺公共
符号控制权的重要方式之一。② 人们接触礼仪传统的途径是儒
家经典,这就要求人们需要具有较高的文化水平。鉴于此,传统
科举教育制度为人们赋予了社会地位:一是,通过科举考试,进入
朝廷做官,走仕途;二是,通过教授典礼、礼仪及服饰的相关知识,
将自身划为精英阶层的一员。③ 科举制度被废除后,人们开始仿
效"当代"西式教育,由此,作为社会地位标志的传统教育便逐渐被
展示个人现代性所取代。新式服饰、礼仪和习俗都是展示自己是
现代公民的方式,这些元素也因此成为彰显个人社会地位的手段。

---

① Norbert Elias, *The Civilising Process*(New York: Urizen Books, 1978)([德]诺贝
特·埃利亚斯:《文明的进程:文明的社会发生和心理发生的研究》,王佩莉、袁志英
译,上海:上海译文出版社,2013 年);Anna Clare Bryson, 'Concepts of Civility in
England c. 1560 - 1685', Oxford D. Phil. , 1984.

② Chow Kai-wing, *The Rise of Confucian Ritualism in Late Imperial China:
Ethics, Classics and Lineage Discourse* (Stanford: Stanford University Press,
1994).

③ Arthur H. Smith, *Village Life in China: A Study in Sociology*(New York:
Fleming H. Revell, 1899)([美]明恩溥:《中国乡村生活:社会学的研究》,陈午晴、
唐军译,北京:电子工业出版社,2016 年),92–45, 132–133.

学校不仅教授儒家经典,还教授现代性符号的相关知识。在某种程度上,如人们所期,这种教育模式是科举制度与学生们实际接受的现代教育相结合的产物,能够赋予公民社会地位。除了学习基础知识,学生们还要具备当代中国国民所需的素质,而且学习过程有明确指导。一所小学德育课程课本的第一课就讲述了如何向老师鞠躬。(图 11)老师穿着西服站在讲台前,学生脱帽。根据课本,每学期开学时,学校都会在礼堂举行开学典礼,典礼上学生和老师会向国旗鞠躬,向彼此鞠躬。(图 5)课本中也讲述了学生应如何向国旗鞠躬,即鞠躬的正确姿势和指示:"一鞠躬、二鞠躬、三鞠躬"。(图 11)根据课本内容,老师应告诉学生在室外时可以戴帽,但是在室内不能戴帽,在与人打招呼时应脱帽以示礼貌。[1] 小学教育向学生传授当代礼仪这一事实是一位男 61 士告知我的,他回忆道,1927 年在南京上小学时,老师教他问候他人时要握手。[2] 除老师面授以外,小学课本中的插图和课文也向学生展示了恰当行为的准则。课本中的一章向学生展示了如何在自己家中招待客人:图片中有两位客人,一位穿着长袍和马褂,另一位穿着西服,两位客人已将毡帽挂到墙上的挂衣钩上并落座,而一位得体的小学生正在上茶。(图 11)课本中的另一幅插图则描绘了学生们上学的情境:我们可以看到,学生们穿着长裤和夹克,男学生还戴着类似军人戴的帽子;学生父母身穿长袍马褂,头戴软呢帽。(图 11)通过传授服饰和礼仪准则,学校为师生们创造了一种对当代符号的认知感。

---

[1] 秦同培:《共和国教科书新国文教授法》第三册,上海:商务印书馆,1916 年,12b。
[2] 基督教青年会礼仪研讨会(礼仪研讨会),1994 年 5 月 12 日,南京。

图 a　学生向老师鞠躬

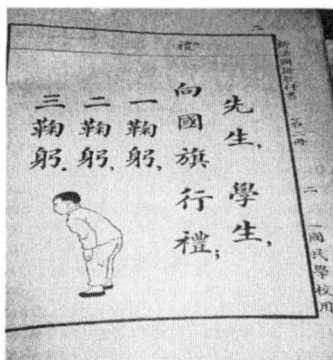

图 b　"先生,学生,向国旗行礼;
　　　　一鞠躬、二鞠躬、三鞠躬。"

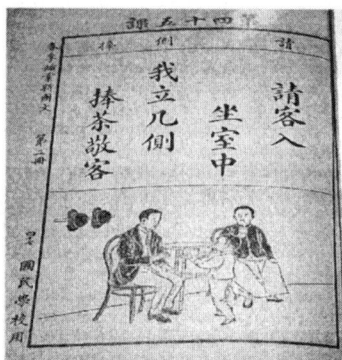

图 c　"请客人坐室中,我立几侧,捧茶敬客"

图 d　学生上学

图 11　小学课本插图

图片来源:沈颐、戴克敦编:《共和国民教科书新修身》第一册,上海:商务印书馆,1922 年,第 3 页;庄适、沈圻、刘儒编:《新法国语教科书》第二册,上海:商务印书馆,1922 年,第 1、2 页;庄俞、沈颐编:《共和国教科书新国文》第二册,上海:商务印书馆,1922 年,第 47 页;董文编:《新小学教科书公民课本》第 1 册,上海:中华书局,1923 年,第 2 页。

　　这些新准则与大部分学生在自己家中习得的准则不同,因为学生们在家习得的行为准则是由家族长辈树立的。1925 年 3 月 3 日发行的《申报》第 12 版上有这样一段描述:"西式的鞠躬礼只存在于学校与政府机构内以及具有强烈现代意识的群体中,许多人依旧认为鞠躬礼不够尊敬。"①关于西式服饰的选择,也有类似的叙述:人们仅在某些特定场合穿西服,如拜访上级官员或是进入政府大楼。② 在一些具有传统中国特色的场合,如新年、婚礼或葬礼上,许多人依然行各式叩头礼。作家萧乾长于北京,他回忆道,自己儿时过生日时,需要向家中长辈叩头,在学校时则需向孔子像鞠躬。③ 人们在家中和公共场合中行为举止的差异,进一步强化了现代行为与民国之间的联系。

　　个人服饰和礼仪准则可以反映出其所属的社会群体,也可以借此确定同一群体的成员。叶圣陶在长篇小说《倪焕之》中提到,这一时期,引荐和问候的方式使人们能立刻判断出对方的现代性。倪焕之是一位热情洋溢、具有当代思想的青年教师,当蒋冰如向其他同事引荐倪焕之时,国语教师任先生用三个指头撮着眼镜脚点头(图 6 中讽刺的姿势),而从日本留学归来的体操老师则深深地鞠了个躬,"犹如在操场上给学生们示范"。④ 叶圣陶在小说中详细描写了蒋冰如向另外三位老师引荐倪焕之的情境,因为正是这些问候仪态展现了小说中人物对先进思想和风俗的态度,<sup>63</sup>同时也体现了他们参与当代国民群体的程度。握手可能是新式

---

① 《申报》,1925 年 3 月 3 日,第 12 版。
② 《服制议》,中国第二历史档案馆藏北洋政府档案,档案号:一〇〇八/7。
③ Hsiao Ch'ien, *Traveller Without a Map* (London: Hutchinson, 1990)(萧乾:《未带地图的旅人:萧乾回忆录》,江苏文艺出版社,2010 年),2, 13.
④ 叶圣陶:《倪焕之》,北京:人民文学出版社,1954 年,第 21 页。

礼仪中体现群体感的基本方式。西方习俗引入中国前,握手是表示双方亲密程度的问候方式。荣庆是一位保守的蒙古长者,他在1913年的日记中记载了对握手这一问候方式的好感,日记中写到,当遇到一位久别的老友时,他"握手欣然"。① 与传统观点不同的是,1914年出版的学校教材《新教育唱歌集》教导学生在问候客人时应当与对方握手,因为公民之间互相握手是得体的。② 叶圣陶的小说《倪焕之》中描绘了倪焕之与一位具有现代思想的朋友握手时的情景,由此我们可以看出,这些元素融合到一起,在年轻人和受过当代教育的人之间创建了一种同志情谊。③ 握手这一行为既标志着两人均隶属于采纳西式风俗的群体,同时也在两人间建立了亲密情谊。

然而,我们应该注意到,不同于鞠躬,并不是所有自认为是民国国民的人都会采用握手礼。一直以来,握手礼给女性造成了很多困扰。握手礼在当代进步国民中打造了一个内部群体。当我们观察人们对男士着装的态度时,我们便会理解这种在群体之中构建小群体的含义了。20世纪20年代早期的一段描述称,人们可以通过他人的服饰对其进行划分。该文作者对两种当代男性服饰进行了区分:一种是"组织风格",另一种是"学生风格"。穿着第一种服饰的人主要是20世纪初形成的各种组织和协会的成员、政治家、政府官员和乡绅,他们或穿西服,或穿长袍马褂。到了20年代,这两种服饰都已不再流行,但这些人依旧穿着此类衣服,从某种程度上来说,是因为他们年纪已大,或是他们所在职位

---

① [清]荣庆著,谢兴尧整理、点校、注释:《荣庆日记》,西安:西北大学出版社,1986年,第206页;《相见礼》,政事堂礼制馆,1915年。
② 华航琛编:《新教育唱歌集》,上海:商务印书馆,1914年,第16页。
③ 叶圣陶:《倪焕之》,北京:人民文学出版社,1954年,第153页。

要求他们必须看起来老成。而"学生风格"则包括西装、皮鞋和西式帽子。这些人虽然也穿长袍,但他们不穿马褂。① 马褂、长袍和毡帽以及"学生风格"的存在和流行表明了两件事:第一,马褂、长袍和毡帽在民国早期成为民国国民(以及官员)的服饰;第二,民国国民群体中有着一群人通过穿着更西化的服饰将自身塑造为激进的革命派。与礼仪一样,民国时期的服饰本身会将群体划分为不同的小群体。

如果群体分化了,那么个体也会分化。借助民国的符号语言,人们可以在不同场合将自己归于不同的群体。一位 20 世纪初出生于富裕家庭、长于北京的蒙古族女孩回忆道,父母曾教她在不同场合应该使用不同的问候方式。问候思想保守的客人时,她会行万福礼;对于拥有当代思想的人,她会行鞠躬礼。同时她还学习了问候蒙古族和满族客人的特殊方式。② 白坚武是 20 世纪初北京的一位官员,他习惯于用鞠躬来表达敬意。1919 年,他回乡参加父亲葬礼时,却与家人一起整天跪着并行叩头礼。几天后,他在日记中抱怨道,因不适应长时间跪着叩头,他的腿非常疼。③

人们通过当代习俗将自己归于某一特定群体;但是,大多数人在积极融入各种不同的群体,而每一个群体对习俗有着不同的要求。这一时期,是否使用阳历是习俗和身份分化的最好体现。1912 年 2 月,袁世凯政府将孙中山采用的阳历视为民国政府体

---

① 屈半农:《近数十年来中国各大都会男女装饰之异同》,第 41—42 页。
② Liang Yen(pseud. for Margaret Briggs),*The House of the Golden Dragons*(London:Souvenir Press,1961),27.
③ 白坚武:《白坚武日记》,南京:江苏古籍出版社,1992 年,第 218 页。

制的自然附属品。① 政府颁布的官方日历包含天数和日月食预
测(标有表格和科学解释),但不包括阴历习俗以及任何与阴历相
关的信息。这对于已经习惯阴历的人们而言很不方便。在编纂
1915年的日历时,政府决定编纂一部阴历与阳历结合的日历;编
纂该日历的政府备忘录中写道,对于保持传统习俗的普通人而
言,阳历十分不便,因而使用旧日历成了他们唯一的选择,在这样
的环境下私自印制日历的状况十分泛滥。② 某种程度上来说,清
政府垄断了日历印发,而民国政府失去了这种垄断地位;为方便
大家使用,个体印刷商便印发了包含有与阳历相对应的阴历信息
等其他有用信息的日历。③ 有趣的是,未经政府允许私印日历后
却自称由官方授权是当时的普遍现象。④ 为了与这些私印日历
65 竞争,地方政府不得不做出让步,并发行印有新政府象征符号以
及阴历和阳历日期的日历。绍兴发布的日历封面上印有总统画
像和国旗;成都发布的日历上印有交叉旗帜和象征四川独立纪念
日的标志。绍兴发布的日历上包括革命政府周年纪念日的日期
以及星期,但不包括各种吉日、凶日及神灵纪念日的信息。⑤
1914年,中央政府意识到,让每个人都只使用阳历是不现实的,
因此颁布了既包含阳历日期也包含阴历日期的日历。⑥

---

① 中国国民党福建省执行委员会文化事业委员会主编,福建私立光复中学编辑委员
会编:《福建辛亥光复史料》,第258页。
②⑥《呈大总统》(1914年12月28日),中国第二历史档案馆藏北洋政府档案,档案
号:一〇〇一/5523。
③《拟定监察历书条例》(1914年11月28日),中国第二历史档案馆藏北洋政府档
案,档案号:一〇〇一/5523;Richard J. Smith, 'A note on Qing dynasty
calendars', *Late Imperial China*, 9.1(1988).
④ 例如,《教育部自请查禁发卖阴历二书》(1912年10月12日),中国第二历史档案
馆藏北洋政府档案,档案号:一〇〇一/4827。
⑤《申报》,1912年2月12日,第7版;PRO;FO 228/1838,1912年2月26日威尔金
森(Wilkinson)致乔丹(Jordan)。

发行仅含有阳历日期的日历表明,政府最初以为,阳历能涵盖所有的日子。因此,如今根据阳历日期发放工资,而且人们希望商界能够在季末清算账务,而不是在新年、端午节和中秋节进行账务清算。在实施这种清算制度的地区,人们不得不遵照阳历日期,自然而然便与政府的新日历保持一致了。政府通常会劝诚商人采用阳历,偶尔地方商会也会劝诚商人。杭州市商会对是否采用阳历展开了辩论,一方认为,作为国民,商会成员有义务尊重政府的决定,另一方认为,传统商业模式,尤其是账务清算等制度,使他们很难采用阳历。①

配合政府引导而使用阳历的案例有限,只找到了几则使用阳历的声明,声明称,某组织或者是出于某种目的即日起将采用阳历。1912 年 1 月,上海海军军官宣布军队将根据阳历日期发军饷。② 2 月,苏州典当铺和上海银行都开始使用阳历。③ 3 月,长春地方政府命令人们根据阳历偿还债务,发放政府官员工资;在奉天,政府员工的工资根据阳历日期发放,而军队的军饷依旧按阴历日期发放。④ 4 月,上海市确定了银行采用阳历的具体日期。⑤ 或许是因为国外势力的介入,银行看上去的确开始采用阳历了,但是直到 1927 年,仍有人请愿要求政府加强阳历的使用以便人们按月收支并进行年度决算。⑥ 正如一位作家写道,"阴历的使用仍深入人心"。⑦ 66

---

① 《申报》,1912 年 3 月 5 日,第 6 版。

② 《申报》,1912 年 1 月 25 日,第 7 版。

③ 《申报》,1912 年 2 月 23 日,第 7 版。

④ 《盛京时报》,1912 年 3 月 8 日,第 5 版;1912 年 3 月 21 日,第 6 版。

⑤ 《申报》,1912 年 4 月 29 日,第 7 版。

⑥ 《林大奎呈》(1927 年 7 月 18 日),中国第二历史档案馆藏国民政府总统府档案,档案号:一/1796。

⑦ 包天笑:《上海春秋》,桂林:漓江出版社,1987 年,第 1 页。

这种情况下,很多人同时使用两种历法。一位呼吁使用阳历的宣传册作者指出,人们不应因此而分裂,但

> 现在人们同时使用国历与阴历:有些人以阳历为准,有些人以阴历为准。也有一些人想同时使用国历与阴历,并庆祝两次新年。①

这不仅仅是有关历法使用的争议:从日记中我们可以看到,很多人都庆祝两次新年——阳历一次、阴历一次。乍看之下,这似乎是自相矛盾的,令人感到迷惑,但是如果我们将日历看作是人们将自己划分到特定社会群体的手段,那么就不难理解了。

孙中山、袁世凯等人在中国推行阳历历法时,他们发现,欧洲和美国使用的日历是一个统一整体。然而,当时对早期现代英语国家所用日历的一则研究表明,如果将日历划分为不同层次的日历会更加有益:季节自然变换、农耕日历、基督教日历、圣人纪念日、法定日历、民众日历、政治和宗教周年日纪念日。② 根据调查,民国时期所用日历也呈现出了与之类似的分层。

刘大鹏在描绘山西乡下生活的日记中记录了他们村子的节假日。该村采用阴历历法,其中三个主要节日是新年、端午节和中秋节,此外还有一些小节日,如祭祀祖先的中元节以及许多人去户外登高的重阳节。该村采用阴历,与当地的商贸密切相关,因为三个主要假日同时也是账务清算日。与阴历相联系的还有传统节气——农民根据节气进行农耕,根据该历法,一年分为二

---

① 教育部通俗教育研究会编:《国民应当遵用国历浅说》,无日期(可能在 1915—1922 年之间),5b。

② David Cressy, *Bonfires and Bells: National Memory and the Protestant Calendar in Elizabethan and Stuart England* (London: Weidenfeld and Nicolson, 1989), 1.

十四节气。这些节气中有些是重要的节日,如清明节(每年这个时候去扫墓)和冬至,但所有的节气都是进行特定农耕活动的时刻。除此之外,该村还有一些祭祀地方神明的节日,如吕洞宾诞辰日(吕洞宾出生在江西,是"八仙"之一)以及圣母日(圣母是掌控地方灌溉系统的女神),这些都是当地一年一度的大事件。最后,人们还有各自的纪念日,尤其是他们自己的生日、父母的生日或忌日。因此,每一年都是由这些不同日历相互影响而形成的。民国时期,人们开始庆祝阳历新年和国庆节,它们由此成为每年节日的一部分,而这与宗教、农耕与商业都无关,而是与民国本身相关。①

　　刘大鹏居住在乡村,他遵守并记录下了包括宗教和农耕节日的复杂历法。然而,如果我们审视居住在城市的日记作家们所记录的少数节日,不难发现,城市中也有阳历与阴历的区分。身居北京的白坚武记录了阴历新年中的三个主要节日(春节、端午节和中秋节)以及一些其他节日,如重阳节。白坚武参加的节日活动具有城市化和世俗化的特征:他参观公园、到城外爬山、看戏并宴请宾友。此外,参加群体活动并不是白坚武的重点,家人和朋友才是重点;过节时,白坚武十分思念家乡,而他的朋友也会在这时前来拜访他。除此之外,白坚武还记录了由中华民国设立的主要节日:阳历新年和国庆节。在过这些节日时,白坚武有时会参加一些与民国紧密相关的活动,例如,1920 年 1 月 1 日,白坚武与其他官员一同参观了总督办公室。有时,白坚武庆祝新节日的方式与庆祝传统节日的方式很相似:参观公园或者到市郊爬

----

① 刘大鹏遗著,乔志强标注:《退想斋日记》。

山。[1] 一位日记作家即使不参加任何正式活动,某些特定日期也会让他情绪起伏。胡景翼也是一位华北地区的日记作者,他借冬至日和阳历新年这两个节日来记录当时发生的事情。[2] 使用农耕日历标志着人们隶属于农耕群体,庆祝传统阴历的主要节日则符合商业群体的需求,庆祝中华民国节日,尤其是阳历新年和国庆节,说明庆祝者是中华民国的国民。人们会庆祝以上多个历法的节假日,因为每个人都属于不同的社会群体。

有关阳历历法的争论不断,很多人意识到他们的选择具有一定的政治倾向。1919 年,胡景翼选择根据阳历历法记日记,因为当时的法律规定必须使用阳历历法。[3] 然而,很少有关于星期制的争论,这标志着阳历历法对人们日常生活的影响力越来越大。将一周划分为七天,并将周日作为休息日是基督教的特征之一。这一习俗源自欧洲和美洲,出过国的人或者与外国人交往过的人对该习俗并不陌生。一则政府公告显示,1912 年时学校便已采用了周日休息这一模式。[4] 这一模式引入前,人们工作和休息的周期依据定期组织的集市而定。据记载,1930 年,一所乡村小学在春节、春秋收假期外,每年还给学生放 11 天假,让学生们去参加附近的集市。在使用阳历历法前,很多学校都采用这种假期模式,而采用阳历历法后,学生便利用周日复习功课。[5] 学校并不是唯一采用星期制的机构。白坚武和吴虞(另一位来自四川的日

---

① 白坚武:《白坚武日记》,第 40、386 页。
② 胡景翼:《胡景翼日记》,第 80、89 页。
③ 胡景翼:《胡景翼日记》,第 36 页。
④《申报》,1912 年 4 月 23 日,第 2 版。
⑤ Sidney D. Gamble, *North China Villages: Social, Political, and Economic Activities before 1933* (Berkeley: University of California Press, 1963), 180.

记作者)都在日记中提到,周日放假是工作日程表的一个重要特征。① 白坚武根据这种新引入的星期制来规划他的个人生活,如每周沐浴两次。②

就像穿西装和鞠躬一样,人们愿意,有时甚至是急切地想采用阳历,以此证明自己是新国家群体的一员。这种新国家群体是众多个人所属群体当中的一个,尽管一些激进的人或许认为,它应该取代其他所有群体和身份,但是大多数人仍认为,应该将那些标志着其他群体的习俗和行为保留下来。新的习俗随之构建了中华民国国民这一身份,使其成为中国人可选择的众多身份之一,与此同时,许多其他的社会身份也依旧深受人们欢迎。

然而,那些作为民国国民身份标志的西方习俗同时也是社会内部某一群体的标志。这一群体的成员依旧履行着他们对其他群体的职责,并意识到自己具有多重身份,但是,在该群体外那些思想传统的中国人或者西方人看来,这一群体有着明确的界定,他们认为拥有多重身份是一种伪君子的行为。1913 年,刘大鹏依旧自视为清朝人,他在日记中写道,"自变乱以来,一切新党竞袭洋夷之皮毛,不但遵行外洋之政治,改阴历为阳历,即服色亦效洋式"。③ 刘大鹏将他遇到的人分为两类:一类是因循守旧的 <sup>69</sup>"民",另一类是"新党""有叛逆之心者"及"在官之人",这些人依据阳历庆祝各种节日并沿袭其他民国身份的标志。有一次,刘大鹏在日记中写道,"上年十一月三十日所过阳历之新年,百姓皆不以为然,惟官厅庆贺,民皆睨而视之,且谓是彼等之年,非吾之新

---

① 例如,白坚武:《白坚武日记》,第 38 页;吴虞:《吴虞日记》,成都:四川人民出版社,1984 年,第 252 页。
② 白坚武:《白坚武日记》,第 389 页。
③ 刘大鹏遗著,乔志强标注:《退想斋日记》,第 175 页。

年耳"。① 一位西方记者在描述 20 世纪 20 年代发生在四川的相同情形时写道：

> 1911 年以来,民国政府的官员有了两个新物件儿:新式帽子与新式大衣。这使官员们对于生活这一概念又有了新的理解,而这又逐渐形成了"新社会"这一概念。②

从这位记者的文字中,我们可以看出,在四川,"社会"是一个相对较新的概念。通常来说,只有少数人关注国家时政;而在上文情况中,关注国家时政的人是少数受过良好教育的年轻人。为了进入"社会",年轻人"身着与过去风格不同的服饰——通常是一顶毡帽与西式风格的大衣,而这样他们就一只脚踏入新社会了"。③ 尽管就像这位记者指出的,"社会"——一个由共和国民形成的群体,由少数人构成,但是这一群体却自视为一个国家。因此,群体内成员所写的文章很少承认这是一个相对独立的群体。从这一点来看,游记是十分有趣的,因为游记可以向人们展示其作者与哪些人为伍。

广东人欧振华是一名国民党军官,北伐战争期间,他徒步走遍全国,他写的日记是最吸引人的游记之一。除军事数据外,日记中还穿插了一路上的所见所闻,包括人们的悲惨生活以及地方习俗。读这本日记时,我们不难发现,欧振华对他见到的每一个人都报有同情之心;欧振华将他所见的人和地分为两类:一类是"开通的",另一类是"不开通的"。后者的标志是男性留辫子、女性裹脚、穿长袍和马褂,而缺少知识或对"国家"缺乏兴趣也是他

---

① 刘大鹏遗著,乔志强标注:《退想斋日记》,第 175、190、201—202、270 页。
②《北华捷报》,1928 年 7 月 21 日。
③《北华捷报》,1928 年 7 月 21 日。

们的特征之一。因此,在山东省行军一日之后,他写道:

> 沿途居民均不开通,不知国家为何物,且不剪辫子,不识
> 字,房屋狭窄,不讲卫生。[1]

70

欧振华在日记中写道,江苏北部的一座小镇中,人们"不甚开
通,因余阅公事或写作时,他必低头探视不知迴避;与之谈国事,
则不知国家为何物;与之谈党务,亦不知党务为何事"。[2] 相反,
在江苏南部的溧阳县,人们"甚为开通,妇女多剪发"。[3] 欧振华
离开溧阳县时的记录暗示出,这些区别强调了一种群体感。欧振
华准备离开溧阳县时,"朱县长叙蕃亲来送行,余舆作握手礼,而
朱县长即向余拱手、深深揖别"。[4] 这一描述生动形象。欧振华
与朱县长关系密切,而作揖和握手两种礼仪都象征着平等和友
谊。两人未能通过同一方式表达友谊,这令人感伤的一幕,刚好
可以体现出新国民群体及其礼仪和习俗的排他性。

## 性别与国民身份

女性在民国国民群体中占何种地位呢? 金文贞在婚礼上行
鞠躬礼、欧振华在日记中提到溧阳县的女性剪短发,以上两点表
明,女性可以接触到一些象征国民身份的特征。这与女性在清朝
时的角色不同,从本质上来说,清朝的政治活动并未完全将女性
排除在外,但是女性从未被赋予参与这些政治活动的合法符号。

---

[1] 欧振华:《北伐行军日记》,广州:广东印务局,1931 年,第 127 页。
[2] 欧振华:《北伐行军日记》,广州:广东印务局,1931 年,第 352 页。
[3] 欧振华:《北伐行军日记》,广州:广东印务局,1931 年,第 385 页。
[4] 欧振华:《北伐行军日记》,广州:广东印务局,1931 年,第 419 页。

慈禧太后虽然身为清朝的实际操控者,但是她依旧采用垂帘听政的方式管理朝政。清朝统治体系中,皇帝是最高统治者,皇帝之下设有文武百官,但这些朝中职位并未对女性开放。有的时候,女性可以像慈禧太后一样积极参与朝政;但是这样做会违反国家和社会的准则。然而,1912年以后,中国由封建国家转变为民主共和国,国民身份的概念焕然一新。清朝时,社会结构为男性官员统治着普通百姓,而民国时,社会变成了个人的集合体。但是国民身份这一概念的定义依旧不明确。女性没有参加地方和国家大会选举的权利,但是女性并未完全被排除在政治活动之外,这一点可以从辛亥革命时期女性剪短发和举行集会看出。从某种程度上来说,女性未被立即排除在政治活动外的部分原因在于,晚清时期女性受到了新意识形态与社会变革的影响。尤其是女性受教育已不再是新鲜事,西方传教士创建的女子学校培育了一批习惯于参加公众活动的女性。尽管新的民主共和国的意识形态为女性的国民身份留有一定空间,但是男性与女性对国民身份的体验是不同的。

男性与女性对民国身份体验不同的原因之一体现在,国民身份的象征符号上有着男女之间的区分。女性表达国民身份和对民国认同的方式是解开自己的裹脚布,以及允许她们的女儿在成长的过程中不再缠足。自武昌起义爆发,仅仅数日之后,一则法令在宣布男性剪辫子的同时也宣布了女性禁止缠足。[①] 1912年,浙江省政府颁布了一条禁止缠足的法令;法令中严厉批判了缠足这一行为,并指出在过去百年间,缠足是对中国造成伤害最大的一种习俗。首先,该法令认为女性因缠足而导致身体孱弱,进而

---

① 严昌洪:《中国近代社会风俗史》,第229页。

会将其遗传给下一代,这一观点在当时十分普遍。因此,缠足这一习俗被认为是中国军事力量薄弱的直接原因。① 子女遗传父母的体质与基因,以及母亲应具有强健体魄的思想在晚清时期的中国十分流行,因此,法令的这一部分反应了当时的思想。② 其次,这也是一份十分激进的声明——浙江政府批判女性缠足行为的原因还在于:

> 女性因裹脚导致步履蹒跚,因此她们很少外出,很难接受教育并且对外界知之甚少,最终导致女性无法独自生活,或为社会做出贡献。③

这一声明将女性放足与女性形象联系起来,女性不仅是广大国民的母亲,自身也是共和国国民,女性应接受教育并了解时政。呼吁女性不再缠足成为一个改革问题,这在很大程度上是受晚清时期传教士的影响,而且这一问题也与民国的秩序联系到一起。

女性不再缠足与民国联系到一起的一种方式就是将缠足与男性留辫子联系到一起。20 世纪前 20 年中,反对女性缠足的运动总是包含着针对男性留辫子的批判元素。在山西,阎锡山通过禁止女性缠足、男性留辫子和吸食鸦片等方式发起了抵制不良习俗的活动。④ 一首 20 世纪 60 年代的山西民歌中唱道:

> 民国(这)坐了五六年,

---

① 浙江省辛亥革命史研究会、浙江省图书馆编:《辛亥革命浙江史料选辑》,杭州:浙江人民出版社,1981 年,第 547—548 页。
② 吕美颐、郑永福:《中国妇女运动(1840—1921)》,郑州:河南人民出版社,1990 年,第 164—165 页。
③ 浙江省辛亥革命史研究会、浙江省图书馆编:《辛亥革命浙江史料选辑》,第 547 页。
④ 山西省政协文史资料研究委员会编:《阎锡山统治山西史实》,太原:山西人民出版社,1981 年,第 70—71 页。

> 省里下来了两委员,
>
> 一个不叫留辫子,
>
> 一个不叫小脚缠,
>
> (哎咳)一张(这)告示贴街前。①

缠足与留辫子这一对陋习很快就为人们所知,并且被视为落后的象征。例如,一位旅行者游至甘肃时见到"甘肃土人,男多结辫,虱积如蚁,污秽不堪。女皆缠足,膝行操作",故而批评当地政府的不作为:"执政者不闻晓谕绅民,教民剪辫,令女放足,听其自生自灭,下堕劣等民族,又奚贵有此牧民者耶!"②欧振华在其日记中也描述了类似的情形:

> 余自入直省以来,沿途行军往返千余里,未曾见过一天足女子,而男子未经剪发者居半。③

短发和天足被视为顺从民国的外在标志。武灵初在其回忆录中写道,老家山西偏保守,而他家中有三位男性剪了辫子、四位女性不再缠足,因此,邻居称他们一家人为"新民"。④

短发和天足分别成为男性和女性民国身份的标志,这让人们产生了一种错觉,即二者中蕴含的象征性问题是类似的。但事实上并非如此。男性留辫子最初是满族人的习俗,清朝将这一习俗强加于普通百姓,作为其统治的象征;而女性缠足这一习俗最初起源于汉族。据说,缠足这一习俗甚至演变为区别汉族与满族等

---

① 《中国民间歌曲集成 山西卷》,北京:人民音乐出版社,1990年,第787页。

② 例如,谢彬:《新疆游记》,上海:中华书局,1923年,第58页。

③ 欧振华:《北伐行军日记》,第358页。

④ 武灵初:《我在辛亥年的所见》,中国人民政治协商会议山西省委员会文史资料研究委员会编:《山西文史资料》第十九辑,太原:山西人民出版社,1981年,第68页。

中亚地区游牧民族的方式。① 尽管许多满族女性后来接受了小脚这种审美观点并且设计了特殊的鞋子来仿效这种行为,但是满族女性的天足是她们身为满族人的重要特征之一。在山西的某些地方,"满族人"特指富人家中留有天足的丫鬟。② 此外,清朝政府曾颁布法令禁止汉、满两族女性缠足。③ 剪辫是受反满情绪和洋务运动的影响,而晚清和民初时期允许家中女孩不再缠足的行为则主要是受现代化进程中西化思想的影响。然而,总是把剪辫与放足联系在一起反而表明,人们通常并不是这么看这一问题的。武灵初在其日记中写道,他家中那些不再缠足的女性称,尽管女性缠足并非满族习俗,但是满族人却鼓励汉族女性缠足,这是为了削弱汉族女性的体魄。④ 这一回忆录虽写于 20 世纪 80 年代,但其中混合着遗传学观点和反满情绪的稀奇思想却是民国早期的特征。

　　缠足和留辫子这一问题反映出,男性和女性的国民身份象征不同,对国民身份的体验也因此而不同。然而,即使是面对男女都适用的象征符号,二者对其身份的体验也并不一样,因为这种不同古来已有。例如,女性留短发的时尚始于 20 世纪初,这一风尚似乎可以与男性剪辫子相提并论。丁玲是一位作家,五四运动期间,身为学生的她剪了短发,回家后,她舅父舅母对此感到十分愤怒,丁玲的舅父哼了一声,说道:"哼! 你真会玩,连个尾巴都玩

① Patricia Ebrey, 'Women, Marriage and the Family in Chinese History', in Paul S. Ropp (ed.), *Heritage of China: Contemporary Perspectives on Chinese Civilisation* (Berkeley: University of California Press, 1990), 220-221.
② 刘文炳:《徐沟县志》,太原:山西人民出版社,1992 年,第 298 页。
③ 吕美颐、郑永福:《中国妇女运动》,第 73、162 页;Howard S. Levy, *Chinese Footbinding: The History of a Curious Erotic Custom* (London: Neville Spearman, 1972),66-7.
④ 武灵初:《我在辛亥年的所见》,第 68 页。

掉了！"面对舅父的批评，丁玲不仅痛斥舅母缠足，还将自己剪发的行为与革命时期男性剪辫的行为相比，反驳道："你的尾巴不是早已玩掉了吗？你既然能剪发在前，我为什么不能剪发在后？"①女性剪辫的第二次高潮与 20 世纪 20 年代中期的国民革命运动有着密切联系。1926 年，周作人写道，报纸报道中将剪短发的女性视为女革命者。周作人回忆道，晚清时期所有剪辫子的男性都被称为革命者，他注意到，如今人们在以同样的方式对待那些剪掉长发的女性。周作人就女性剪发能否与晚清时期男性剪辫相提并论提出了质疑，在他看来，二者的不同之处在于，女性的长辫并非满族人的象征。②

  但这并不是女性留短发与男性剪辫子不完全对等的唯一原因。也许更重要的原因是，对于女性来说，她们以共和国国民的身份融入现代社会的标志不是剪短而是将头发盘起来。小孩子通常会将部分头发剃去，余下的头发梳成两个或多个小辫子。女孩长到 13 岁左右的时候，她们开始留长发并梳成一个辫子，也就是从这时开始，女孩的外出受到严格限制，她们只能待在家中为订婚和结婚做准备。婚后，女性会将头发盘起来，这样，人们便能够接受她们上街或出现在公众场合。因此，尽管剪短发代表着具有革命精神，但是对于多数女生而言，像已婚女性一样将头发盘起来是自由行为，同时也是自由参与国家事务的象征。因此在该时期，大多数女学生将头发盘了起来。1919 年，一个女孩儿在阅读了一本具有激进思想的杂志后离家出走了，据她回忆，她离家出走后做的第一件事就是换下裤子和长袍，换上时下女学生常穿

74

---

① 丁玲：《丁玲文集》第五卷，长沙：湖南人民出版社，1984 年，第 321—322 页。
② 周作人：《周作人散文集》第一集，北京：中国广播电视出版社，1992 年，第 270 页。

的黑色短上衣和裙子。当她这样做的时候,她觉得就像"士兵上战场前匆忙穿上军装"。随后,她的朋友帮她把头发盘起来,对她来说,这一切"象征着她对传统的抗争"。① 当丁玲等激进派女性尝试用与男性一样的象征符号来表示她们的国民身份时,大多数女性体会的却是性别差异下的国民身份。

一些女性认定自己为民国国民,并参与到了原本属于男性的政治世界中,她们所经历的变化与男生成长并进入成年男性世界的经历相似。这些女生像她们的哥哥或者弟弟一样不再困在家中,她们上街、逛公园、上学或者参加一些组织。曹刍在回忆录中写道,辛亥革命后的一个特征就是女性可以进入政府机关工作,女子学校的女校长也可以拜访当地县长。② 在高层政治方面,一位前北洋政府官员写道,1912 年参加北洋政府举办的欢迎孙中山到访北京的公宴时,他的夫人陪同他一起出席了。③ 在家中,人们用阴历、向亲戚和神明叩头,多数人在家中穿长裤和长袍;在外时,为体现自己的国民身份,人们会使用阳历、行西式鞠躬礼、穿西式服装。

然而,对男性而言,这些标志着精英身份的变化源于早期社会地位标志系统,对女性而言,这些新符号有着颠覆早期社会地位标志的作用。清朝时,家中女性对于展示家庭社会地位具有重要意义。一些家境殷实的大家族遵循儒家经典所描绘的理想家庭状态,要求女性从青春期起便待在家中,她们只能接触家族中 *75*

① Chow Chung-cheng(周仲铮), *The Lotus-pool of Memory*(London: Michael Joseph, 1961), 149–150.

② 曹刍:《扬州光复前后的回忆片段》,中国人民政治协商会议江苏省委员会文史资料研究委员会编:《江苏文史资料选辑》第七辑,第 23 页。

③ 唐在礼:《辛亥以后的袁世凯》,杜春和等编:《北洋军阀史料选辑》第 1 辑,北京:中国社会科学出版社,1981 年,第 87 页。

的男性,而不能接触外面的世界。① 宋朝起女性才开始缠足,这就是为什么典籍中并未提及缠足,缠足却是这种传统家庭观念的象征,因为缠足之后,女性行动不便,也就无法与外界进行接触。高彦颐(Dorothy Ko)指出,女性身体上的这种限制就好像是晚清时期女性生活的现状。② 事实上,起码在清朝末年,遵循这些准则的能力和意愿与家族的财富、背景、种族,甚至是信仰有关。1909 年,成都贫家妇女通常会给大户人家做奶妈、女佣,或者通过提筐沿街补衣、贴火柴纸匣、提篮入公馆售首饰、算命、取虫牙赚钱。③ 1909 年左右,一位出身富贵人家的女性前往香港,令她惊讶的不是妇女能够上街,而是街上的很多妇女都出身于富贵人家;在她的故乡,只有女仆和女工才能在街上自由行走。④ 工人家庭的女儿注定一生都要从事体力劳动,一些人可能就不缠足了,另一些人会在辛苦劳作一天后摘掉脚上的绷带再睡觉,这样也能使她们的脚慢慢恢复到原本的状态。⑤ 在当代西方,很多女性会参加艰苦的体力劳动,人们认为女性不应该参加这样的劳动。⑥ 女性应该被严格限制在家中的观念被强加给了中国适婚年龄的青年女性以及精英家庭的妻子和女儿。

我们看到,戴帽子、鞠躬、使用阳历等民国习俗标志着国家群

① Hattori Unokichi, *Shina kenkyu*, 564–565.

② Dorothy Ko, *Teachers of the Inner Chambers: Women and Culture in Seventeenth-Century China* (Stanford: Stanford University Press, 1994)([美]高彦颐:《闺塾师:明末清初江南的才女文化》,李志生译,南京:江苏人民出版社,2005 年).

③ 傅崇矩:《成都通览》第 1 卷,第 112—113 页.

④ Wong Su-ling(黄素铃)and Earl Herbert Cressey(葛德基), *Daughter of Confucius: A Personal History*(London: Victor Gollancz, 1953), 92.

⑤ Pruitt, *A Daughter of Han*, 22.

⑥ Stephanie L. Twin, 'Women and Sport', in Donald Spivey(ed.), *Sport in America: New Historical Perspectives*(Westport: Greenwood Press, 1985), 193–217.

体,因此也成为展示个人地位的一种方式。女性和男性一样上西式学校,学习新习俗和新礼仪。而事实上一位作家曾抱怨道,她们所学的全部内容通常是:

> 通常情况下在其他地方我们会看到有许多女学生尚未学会多少知识,但已经在穿着配饰方面显得与大多数人不同。她们是如此的高调以至于常常看不起别人。与其说她们是去上学的,倒不如说她们是去学做女学生的![1]

女性接受民国的新习俗比男性慢,这在某些程度上来说是因为,女性接受现代教育的机会远少于男性。1916 年,在国人自办的学校中,仅有 4％的女学生。直到 1932 年,小学中也仅有 15％的女学生;与此同时,中学有 18％的女学生,这表明,接受教育的女性基本上来自家境殷实的家庭,只有这样的家庭才能有足够的财力供她们接受现代教育。[2] 女性国民身份的象征主要是这一小群女性的特权,因此象征国民身份的符号便成为精英阶层的女性及其家庭的标志。

许多习俗已经成为现代国民身份的标志,如今精英阶层女性的象征与过去截然不同。例如,过去女性缠足象征着一个家庭有能力抚养自家女儿,她不需要参与体力劳动。[3] 如今,天足已不再是劳动阶层的象征,而是那些有能力将自家女儿送去现代学校上学的大家族的象征。从对空间场所的使用机会和衣着的变化

---

① 1921 年在淮阴一所女子高级小学成立典礼上的讲话。李更生:《李更生先生言行录》,扬州:板井巷胜业印书社,1928 年,24b。

② Helen Foster Snow, *Women in Modern China* (The Hague: Mouton, 1967)(［美］海伦·福斯特·斯诺:《中国新女性》,康敬贻译,北京:中国新闻出版社,1985 年),176.

③ 关于稍早的时期,见 Dorothy Ko, *Teachers of the Inner Chambers*, 171.

上也可以看出原有阶级标志的转变。如今,上层社会的女性可以自由出入公共场所,而以前这只是劳动阶层的女性或女佣的"特权"。袁世凯政府的礼制馆修订了礼仪规范;该规范明确了女性鞠躬礼仪,因为封建礼教下男女有别,女性不能出门,也不与家族外的其他男性接触。但如今,礼制馆解释道,一切都发生了变化:各地都在建设女子学校,女性出门上学、会友,因此需要为她们制定会面时的礼仪。① 其他材料显示,女性过去接受的教育是:作为淑女,女性不得将除头和手以外的任何身体部位露出让外人看见;如今,女学生们穿着长及小腿的裙子和袖长到肘部的短衫。② 一位上流社会的女孩在天津的游乐园游玩时看到一些女孩穿着裙子、短衫,辫子上系着丝带,而她母亲说道,"家世好的女孩是不会穿成这样的"。③ 在母亲看来,这些女孩穿得太不庄重,说明她们来自社会底层;在女儿看来,她母亲思想落后,短衫、短裙和皮鞋正是民国国民身份的标志。

　　通过影响和改变曾经用来定义精英阶层的准则,这种新的国民身份典范开始影响女性群体的定义,进而影响性别的构建。过去,女性的优雅和柔弱是她们的显著特征。青年男性为柔弱而病态的女性形象(如《红楼梦》的女主人公林黛玉)感到惋惜,缠足强化并诱发了女性的柔弱感。缠足的女性只要站起身便会感到疼痛,她们最典型的仪态就是坐姿。④ 缠足的女性行走时身体会轻微摇摆。19 世纪末,一位居住在山东、由传教士父母抚养长大的

---

① 《相见礼》,政事堂礼制馆,1915 年。
② Liang Yen, *The House of the Golden Dragons*, 27;广东省妇女联合会、广东省档案馆:《广东妇女运动历史资料》,1991 年,第 2 页。
③ Chow Chung-cheng, *The Lotus-pool of Memory*, 130–131.
④ 陆仁渊:《形山北游记》,泰县形山书舍出版,1925 年,10a–b。

美国女孩在她的回忆录中描述了一个中国女孩走路的方式——
这女孩的父母与教会来往密切，因此她并未缠足，她当时在练习
走路：

> （她）试着学裹脚女孩走路的样子，试着像女人一样走
> 路……但她无法像那些小脚女性一样小碎步走路，一扭一扭
> 地摇摆着。①

由此可以看出，未缠足的女性不可能成功模仿缠足女性的姿态和
走路方式。

接受了民国国民身份习俗的年轻女性并未缠足，因此她们走
起路来十分稳健。男性作家常常将女性穿高跟皮鞋走路时发出
的哒哒声描述为"当代年轻女性的呼声"。② 此外，现在的女性已
不再大门不出、二门不迈，人们可以看到女性上学或者逛街，甚至
可以在运动场上看到女性的身影。在当时有些人认为女性不应
该出现在运动场上，作家包天笑在他的作品《上海春秋》中对这种
想法进行了讽刺。故事中一个人物将她的女儿送到教会女子学
校上学，她问学校的老师她女儿是否可以不上体育课：

> 我真的不喜欢体育课。女孩不必像士兵一样战斗，那么
> 为什么女孩还需要像女强盗一样进行体育锻炼呢？③

这位老师是一位典型的现代女性，她回答道：运动在于强身健体，
这样女孩就不易生病。这样解释是为了打动这位思想保守的母
亲，因为她会为女儿体质虚弱感到担心，同时这也符合现代国家

---

① Ida Pruitt, *A China Childhood* (San Francisco: Chinese Materials Center, 1978),
89.
② 蒋梦麟：《民初之社会动态》，第 171 页。
③ 包天笑：《上海春秋》，第 85 页。

将发展体育运动提上议程,加强国民体质的要求。正是这一议程
使重新定义女性气质成为国家复兴之必要,这一议程同时也是对
不断变化的社会格局的回应。中华民国早期,尤其是五四运动时
期,"传统的"柔弱依赖型的女性形象逐渐成为中国落后与羸弱的
象征。① 因此,当代女性体质的不断增强便与整个国家的强盛联
系到了一起。《北华捷报》上刊登了一张照片,照片中,女学生们
参加了 1925 年"五卅运动"的抗议游行——她们目视前方,大步
向前。②

女性气质建构的转变促使了男性气质建构的转变,并与之相
呼应。伊沛霞(Patricia Ebrey)指出,14 世纪女性缠足习俗的广
泛流传很可能与宋朝时期性别构建的转变有着一定联系。中国
男性为彰显他们与中亚各民族男性间的差异,便将自己塑造为
"优雅、好学、善于思考、具有艺术才能",因此女性不得不变得更
加"纤弱、少语、好静"。③ 20 世纪,民族主义象征符号和民族主义
意识形态要求女性不断加强身体素质,这也就要求男性气质的观
念发生相应变化。如果我们仔细观察那些伴随着新国民身份的
男性自我表现中的变化,很容易发现这种观念的变化。

汉族的男性精英们会习惯性地做出微微弯腰弓背的姿态。
一张拍摄于 19 世纪末的照片中,一群老年绅士们生动地表现了
这一姿态。(图 12)毫无疑问,图中男性正在展示他们学术精英
的身份——他们穿着长袍、手握扇子,背靠大户人家精致的大花
园。长袍肩膀处坠下的褶皱强化了他们弯腰弓背的姿态,这种姿
态也是他们学术精英身份的展现。绅士走路时会目视地面,身体

---

① Dorothy Ko, *Teachers of the Inner Chambers*, 1-2.
②《北华捷报》,1925 年 6 月 20 日。
③ Ebrey, 'Women, Marriage and the Family in Chinese History', 220-221.

微微前倾,这一姿态源于中国古籍中对绅士规范举止的建议。民
国时期出版的一本经典教材提醒学生,摇头晃脑,将视线或头转
到说话者的另一方向都是不恰当的行为。[1] 然而,姿势和步态对
中国男性展现自己的"文雅、好学"而言很重要,这同时也是社会
地位和男性气质的体现,而男性之所以追求"文雅、好学",是因为
古代科举考试是入仕做官最正规的途径。一位女工给出了体现
她雇主"正直与教养"的例子,"他走路时低着头,既不向左看也不
向右看"。[2] 对于中国男性来说,弯腰弓背只是众多传统姿态当
中的一个——在一些宫廷绘画中,我们可以看到,古代官员目视
前方,两腿分开,双手撑在膝盖上,露出长袍袖口处的精致刺绣,
掌控着他们前面的空间。[3] 一群成年男性和男孩站在一家乡村
剧院前,气势汹汹地看着一位西方摄影师,他们撅着下巴,双手放

图 12　19 世纪末的士绅学者
图片来源:马萨诸塞州塞勒姆皮博迪·埃塞克博物馆藏。

---

① Wieger, *Chine Moderne*, vol. 1, 271.

② Pruitt, *A Daughter of Han*, 115.

③ 林宗毅:《林家祖先的盘子》("plates of Lin ancestors"),林宗毅:《台湾林本源家文
物及资料》,台湾:定静堂丛书,1976 年。

在臀部,双腿劈开。① 很明显,中国男性也会表现出具有攻击性和控制性的姿态。然而,弯腰弓背是中国学术精英们在大多数情况下应采用的恰当姿态,它很大程度上是一种社会地位的体现。

此外,所有中式姿态都迥异于当代西方的姿态。1860 年,香港执行委员会成员拍摄的一组照片向我们展示了当时西方人常用的姿态。(图 13)从图中我们可以看出,每个人都直背、挺胸、收肩。他们的服饰使挺胸的姿态更加明显,因为衬衫的前襟、领带和翻领都成了人们目光的焦点。这种挺直的姿态是当时西方男性自我表现的典型特征。美国人认为,体育运动是形成良好性格的基本要素,因此,他们直接将男性气质与男性强健体魄联系起来了。② 正是由于他们对男性气质的看法和对体育锻炼、服兵

图 13　1860 年香港执行委员会成员
图片来源:伦敦英国皇家亚洲协会藏。

---

① J. Dyer Ball(波乃耶), *The Chinese at Home or the Man of Tong and his Land* (London: The Religious Tract Society, 1911), 281.
② Michael Hatt, 'Muscles, Morals, Mind: The Male Body in Thomas Eakins' Salutat', in Kathleen Adler and Marcia Pointon(eds.), *The Body Imaged: The Human Form and Visual Culture Since the Renaissance* (Cambridge: Cambridge University Press, 1993), 57-69; Joe L. Dubbert, *A Man's Place: Masculinity in Transition*(Englewood Cliffs: Prentice-Hall, 1979).

役的重视,才有了这种挺直的姿态,一种与当代中国知识分子完全不同的姿态。中国的教育家们致力于加强国民的身体素质,便将这种西方姿态写入了民国教材中,旨在教导学生应该站直,并写道,好学生应该身体挺直,目视前方,手臂放于身体两侧。[1] 这种挺直的姿态与西式直着背鞠躬是相关联的,而中式鞠躬是可以弓背的。更重要的是,对于中国男性而言,这种挺直的姿态与体育运动和军事训练有着密切联系。中国当时掌握的军事训练技巧是从西方学来的,要求参加军事训练的成员务必保持准确的身体姿态。这种笔直的

图 14 青年时代的蒋介石
图片来源:中国南京中国第二历史档案馆藏。

站姿也由此与民族主义者对加强国民体质的号召相呼应。蒋介石年轻时的照片表明,中国男性已经开始接受了这种姿态。(图14)照片上,蒋介石站得笔直,双肩收拢,双手背于身后。事实上,蒋介石笔直的站姿是他的标志之一,也反映出了他的精神面貌。[2]

很多人一看姿态便知其所代表的道德意义和社会意义,因此,小说家便用人物姿态暗示其性格和政治理念。在叶圣陶撰写的一部有关乡村教师生活的小说中,思想守旧的人盯着路面走

---

[1] 例如,《共和国教科书新国文》,第二、三册。

[2] Julia C. Strauss, 'Wartime Stress and Guomindang Response:Xunlian as a means of state building', American Association of Asian Studies Annual Meeting, 1996.

路,而激进主义者则站得笔直。小说伊始,故事的主人公倪焕之"只低垂着眼光看前面的路",而另一位老师"反剪着手独个儿走,眼光垂注在脚下的泥路"。倪焕之参加五四运动时,他用"每个人都挺胸抬头"来描述国民们的义愤填膺。而当他幻想美好的未来时,他说道,"我们昂首挺胸,共赴美好未来"。[①] 这些富有戏剧性的、挺胸抬头的人都是民国的国民。当女性开始拥有、分享,甚至是操纵象征国民身份的符号时,男性也有必要做出相应的改变。民国国民身份逐渐形成,标志着性别构建也将出现重要的变化。

## 民族主义与民族转型

政府对民国新习俗表示肯定,这意味着政府希望对种族和国家主义的构成元素进行调整。中国人不再由其独特的服饰、礼仪、习俗以及每年的节日日历(根据阴历历法及政府规定设立)等定义。相反,中国将被定义为一个现代国家,民族身份将由象征着中华民国公民身份的现代习俗来定义。尽管各地方政府在其他方面的做法可能不同,但是它们在这一方面的观点相同。尽管民国政府在强制推行阳历历法等其他现代习俗方面时常受挫,但是这些举措无疑彰显了民国政府的雄心。

引入并采用诸如毡帽等西式服饰、阳历历法、新姿态及其对应含义等象征性符号后,这种全新的国民身份才得以逐渐形成。为适应新国民身份,人们需要对过去的民族身份进行调整。例如,过去国民或地方群体的身份构建与是否参加阴历节日和政府对这些阴历节日是否认可息息相关。在设法改变这些节日的性

---

① 叶圣陶:《倪焕之》,第 33、36、73、147 页。

质、庆祝日期以及日期计算方式的过程中，民国政府也在试图改变构成中国国民身份的主要因素。然而，这并不是要一并废除阴历历法中的节日（人们依旧会庆祝新年，只不过不再是根据阴历历法而是根据阳历历法庆祝），其目的在于重塑这些节日，使其符合现代的民族主义。同样地，汉族女性缠足已有几百年的历史，这一习俗已经成为汉族的标志。[1]　在苗族等未被汉族同化的少数民族中，女性并不缠足；满族统治阶层中的女性也是如此。[2]甚至中国人的弓背姿态也与满族人那种所谓的挺胸抬头的姿态形成了对比。[3]　所有这些汉族长久以来形成的民族标志受新国民身份象征的冲击而最终被改变了，民族身份也由此发生转变。有时，这种转变是通过将习俗（如女性缠足）归咎于满族而实现的，如此一来，民国的国民身份便可以与传统的民族身份相兼容。其他改变，如节日历法的改变，则引起了人们的不满。但无论如何，新的国民身份和新的民族身份对一个同时具备"国家"和"民族"的现代国家而言是必不可少的。

　　然而，正如我们所看到的，这种共和国的国民身份已经成为一个特定人群的标志。这些人希望被视为全心全意致力于现代化的人，这是一种社会地位的象征。此类群体发展壮大，意味着他们在特定情形下会将自己定义为圈内人或圈外人。我们一直在探讨现代国民身份的发展，因此我们目前主要关注的是圈内人。然而，基于对传统中国的新看法构建出作为圈内人身份对立

[1] Myron L. Cohen, 'Being Chinese: The Peripheralization of Traditional Identity', *Daedalus: Journal of the American Academy of Arts and Sciences* 120. 2(1991).

[2] Harry A. Franck, *Roving through Southern China* (London: T. Fisher Unwin, 1926)（[美] 哈利·弗兰克：《百年前的中国：美国作家笔下的南国纪行》，符金宇译，成都：四川人民出版社，2018 年），494-495.

[3] Liang Yen, *The House of the Golden Dragons*.

面的圈外人身份是十分必要的。"统一的传统中国"的概念是 20
世纪新政治文化的产物。[①] 正如杜兰斯在讨论印度时所说,"只有
作为抽象概念时,'传统'才是一个统一的要素;具体来说,大部分'传
统'都是独特的、区域性的或地区性的"。[②] 列文森(Joseph Levenson)
记录了知识分子对于传统中国看法的变化,然而,它的影响已不再局
限于知识分子圈层内,已经触及到了普通人的日常生活和观念。

　　体现这种变化的一个例子是中国传统服饰概念的形成。当时,
人们并不认为清朝服饰是中国人的服饰,更不用说是中国传统服饰。
人们仅仅将裁剪和式样上的相似视为平常,反而关注服饰风格、颜色
和装饰上的变化,他们认为自己穿着时下最流行的服饰,或是穿着符
合他们阶级、职业、区域或民族特征的服饰。后来,通过与剪裁和式
样大不相同的西式服饰相比,人们才逐渐定义了中国人对服饰的概
念,也正是中西方服饰的融合定义了中国传统服饰的概念。这种转
变可以追溯到 20 世纪初十分流行的高领衣服,人们将其视为中国传
统服饰的典型特征而保留了下来。硬领并不是早期中国服饰的特
征,20 世纪初人们在衣服上加硬领可能是受到了当时西式服饰的影
响。[③] 到了 20 世纪 30 年代,高领已经成为中国女性民族服饰——
旗袍上典型的"中国"特征。正是 1912 年全面采纳西方服饰,才使得
当时的一种潮流转变为一种国家传统。

　　我们谈论"传统中国"时,就像是在谈论"传统法国乡村"一样,似
乎在描绘一种非历史的、无变化的过去,事实上,我们通常忽略了社

84

---

① Dorothy Ko 在 *Teachers of the Inner Chambers* 一书中探讨了中国传统观念对女性
社会地位理解的影响。

② Brian Durrans, 'Handicrafts, Ideology and the Festival of India', *South Asia Research* 2.1
(1982), 16.

③ Wilson, *Chinese Dress*, 49.

会中缓慢的或微小的变化,而只关注随之而来的社会巨变。"传统中国"这一术语充分展现了现代性的构建,却倾向于模糊掉过去具体的历史情形。① 在民国评论家眼中,"传统"方式的概念与现代民国方式的概念几乎是一样的,二者同时出现、相互定义。因此,民国时期产生了一种与现代民国方式相对应的国民身份,以及一种与传统方式相对应的民族身份。在塑造现代中国文化核心中,二者形成了互补。

人类学家查尔斯·凯斯(Charles Keyes)指出,泰国农村学校教给学生们的不是日常生活所需知识,而是适用于"理想泰国"的知识。这个"理想世界"并不是这些从未离开村庄的学生亲身体会到的,而是通过一系列能够开启未来关系可能性的连续信息来被了解到的。② 我们可以用同样的方式来理解 1912 年以后中华民国公民所习得的习俗。乡村教师向学生展示新的国民服饰的照片,教学生行西式鞠躬礼,就是在建立一个"理想国家",按照阳历日期发行报纸或发行国庆节特刊同理。然而,在中华民国早期,这个由新的象征符号形成的,由民国政府根据自由、平等原则实行统治的中华民族的世界,更多的是一种理想而非现实。教师们是在帮助学生们为一个他们从未经历的,甚至在现实中几乎不存在的世界做准备。在这种情况下,创建一个"理想世界"也就是在创建一个现实世界;人们习得的行为举止不仅影响了他们对国家的看法,同时也影响了对国家的构建。

85

---

① 在讨论"受害的中国女性"形象时,Dorothy Ko 也提出了非常相似的观点。

② Charles F. Keyes, 'The Proposed World of the School: Thai Villagers' Entry into a Bureaucratic State System', in *Reshaping Local Worlds: Formal Education and Cultural Change in Rural Southeast Asia* (New Haven: Yale University Southeast Asia Studies, 1991).

# 第三章 共和国与国家共同体

如果说辛亥革命创建了一种新的民国国民形象,那么它同时也创建了一种新的国家模式。从理论层面来说,这种国家模式体现在新的民国政府体系上。然而,那些通过选举产生的地方、省级和国家议会显然没有足够的政治权力来统治国家。早在袁世凯投身革命事业之前便邀请他就任民国大总统,这使得共和国政治体系的弱点显露无疑。[1] 政府官员间公开的暗箱操作导致行贿受贿风气盛行,而曹锟正是通过贿赂议员才得以当选民国第五任大总统,这进一步破坏了中华民国民主体系的合法性。[2] 各阶层中,要求政治权力的人背离了作为合法性源泉的民主体系,试图通过操纵国家象征赋予自己合法地位。与卡罗尔·格鲁克描绘的日本明治时期的情况相似,政治演员们创造了一套脱离于,且高于政治的国家象征符号。[3] 赋予中华民国合法地位的核心符号就是普通民众的参与。普通民众参与到国家的各种仪式当

[1] Joseph W. Esherick, 'Founding a Republic, Electing a President: How Sun Yatsen Became Guofu', in Eto Shinkichi and Harold Z. Schiffrin (eds.), *China's Republican Revolution* (University of Tokyo Press, 1994), 129–152.

[2] Andrew J. Nathan(黎安友), *Peking Politics, 1918–1923: Factionalism and the Failure of Constitutionalism* (Berkeley: University of California Press, 1976).

[3] Carol Gluck, *Japan's Modern Myths: Ideology in the Late Meiji Period* (Princeton: Princeton University Press, 1985).

中，他们使用新的象征符号赋予阅兵仪式或反政府游行等事件以合法地位。当普通民众这样做的时候，他们便将自身视为民国国民，使得他们所用的象征符号和他们所要展现的国家共同体都合法化了。

## 国庆节

1912 年国会和议会同时提议将武昌起义之日定为国庆节。议会通过此项提议，将 10 月 10 日定为国庆节，并将南京民国政府成立之日（1 月 1 日）和南北统一之日（2 月 12 日）定为纪念日。事实上，这份提议是打算分别庆祝武昌起义、孙中山就职典礼和袁世凯的就职典礼这三件事的。除此之外，关于是否将诸如 1911 年广州起义纪念日和革命烈士纪念日（如徐锡麟和吴樾）等定为国家纪念日，相关人士也进行了广泛讨论，这是因为采用新历法进行的历史叙事依旧没有得到民众的广泛认可。[1]

起初，人们认为随着时间推移，新的节日会逐渐取代旧的阴历传统节日。政府推行了一系列他们认为恰当的节日庆祝活动，如阅兵、授勋、张灯结彩和赦免罪犯等。[2] 一位议会发言人呼吁将广州起义之日也作为国家纪念日，他还认为既然已经采用了阳历，那么像端午节（龙舟节）和中秋节这样的传统节日就应当废弃，以便为更多革命纪念日预留空间。激进思想家吴稚晖创作的文章思想与那位议会发言人如出一辙，呼吁人们将新节日与传统节日同等看待。他建议新节日应该采用与传统节日类似的命名

_93_

---

[1] 周开庆：《行知集》，台北：畅流半月刊社，1975 年，第 59—64 页。
[2]《中华民国第一届国庆记事》，《东方杂志》，1912 年 12 月 1 日，第 5 页。

方式。如 10 月 10 日国庆节可以称为"双十节",与传统的阴历九月初九重九节相似。除悬挂国旗、学校放假以及举办升旗典礼外,吴稚晖认为,人们还应该在家中悬挂红色装饰物、举行花灯游行、举办京剧表演、喝酒和跳舞,这些都会使人们养成尊重国庆节的习惯。与此同时,现代戏剧还会向人们传播新事物,因此传统习俗最终会消亡。①

虽然阳历节日并未取代传统节日,但是新的国庆节却广受欢迎。首次国庆节庆典举行于 1912 年,距离武昌起义仅一年之隔。民众们自发投入到典礼活动中,气氛热烈。从江苏省无锡小镇上一位典礼亲历者的描述中,我们对典礼的状况可见一斑。作者讲述了他与几位朋友一同参加在城市公园举行的庆祝仪式,公园中人山人海,四处悬挂着五色国旗和数千只灯笼,公园中还悬挂着印有"中华民国万岁"字样的霓虹灯,以及孙中山和袁世凯的画像。公园里还摆放着用以铭记在革命中牺牲烈士的木质灵牌,尽管这些让该作者感到莫名的害怕,但他对庆典的总体印象依旧是人们热情高涨地参与其中:

> 人们或坐、或站、或行走、或半蹲,他们高声歌唱、欢呼,他们三五成群、呼朋引伴,他们哀悼烈士并向孙中山和袁世凯鞠躬。②

上述庆典中的诸多元素贯穿着 20 世纪 一二十年代的国庆节庆典,1916 年杭州的国庆节庆典就是一个典型例子。庆典于国庆当日上午 9 时开始,杭州市各级高官以及来自商会、媒体和

---

① 周开庆:《行知集》,第 63 页。
② 唐忍庵、王恂盦编:《国庆纪念特刊·国庆之花》,无锡市商团公会、无锡救火联合会,1921 年,第 22 页。

学校的代表到场参加。会上,他们行了三鞠躬礼并高呼"中华民国万岁"。而后,官员们来到位于西湖湖畔的烈士陵园向革命中牺牲的烈士表示敬意,学生们则列队返回学校。当日下午,军队将领举行了茶话会,与会者有士兵、政治家、商人、教师、学生、记者和外国领事,甚至还有一些外国女性,她们与军队将领夫人相谈甚欢。这些庆祝典礼也并非仅限社会名流参与——整座城市都装饰着竹制拱廊,挂着五彩灯,表演台上覆盖着万年青和鲜花。宽敞的街道两旁悬挂着数千盏五颜六色的灯笼,而且几乎家家户户的门窗上都悬挂着旗子。傍晚,人们涌上街头观看花灯游行,绚丽的烟花使人们喜出望外,其中一组烟花还仿效了五色国旗的样子。花灯游行在傍晚开始,游行队伍的最前排是来自县城小学的小学生,他们一边游行一边唱着校歌,紧随其后的是中学生、师范院校的学生以及各种商业学院的学生,再往后是消防人员,他们的肩上扛着挂有小旗子的枪,游行队伍的最后面是当地慈善机构的人员。据《申报》报道,参与各种游行活动的人数总计约 2 万人,而据《北华捷报》报道,各种游行活动吸引了大量群众参与,并且这些活动深受人们喜爱。事实上,该名记者深受感染,并评论道,"这是极其美好的一天。整个杭州城以及该名记者的妻子都沉浸在民国庆典的愉悦氛围之中"。①

　　随着时间推移,国庆节已变成一个真正受人们喜爱的节日。国庆节当天,公园通常免费对外开放。② 普通民众充分利用这个机会进公园游玩,他们还会参加各种伴随着正式仪式和演讲的娱乐活动。1919 年,北京中央公园(今中山公园)举办的活动邀请

---

① 《北华捷报》,1916 年 10 月 14 日;《申报》,1916 年 10 月 12 日,第 7 版。我从其他类似的典礼中推断出呼喊"万岁"是为了表达对共和国的尊敬。
② 例如,《晨报》,1923 年 10 月 15 日,第 5 版。

95　　了画着脸谱的京剧演员、赤裸上身的舞剑者和锣鼓队。[①] 茶馆和
饭馆从早忙到晚,店里的利润是平时的两倍甚至三倍。[②] 1916
年,一位驻上海的外国记者在报道中指出,节日期间,在拱廊处一
盏茶从平日的 10 分钱涨到 50 分。[③] 甚至在地方政府并不支持
举行庆祝活动时,一些深受人们喜爱的活动照旧举办着。1917
年,江苏省省长取消了南京的阅兵和庆祝活动,并出动警察阻止
学生们举行花灯游行;但是,夫子庙附近的剧院、茶馆、饭馆,流行
的购物和娱乐区域依旧熙熙攘攘,许多商店在节日当天一直营业
到深夜。[④] 由于国庆节的庆祝时间或多或少与中秋节的庆祝时
间相互重叠了,所以国庆节也吸收了一些中秋节的传统元素。例
如,月饼通常是中秋节时才有售卖,但偶尔也会在国庆节期间开
始售卖,并融入一些民国元素。[⑤] 此外,花灯游行和京剧表演也
成为国庆节期间的固定表演活动,尽管这两项活动并未出现在
1912 年的国庆节庆祝活动中。[⑥] 人们通过各种各样的方式将传
统活动的元素注入到了新的节日当中。

　　花灯游行同样吸引了大量人群,报纸也对展出的各种精美花
灯进行了详细的报道。1916 年,上海的花灯游行中有一辆载着
钢琴的花车,钢琴师随着游行队伍前行演奏着各种乐曲,同时游
行队伍中还有一幅已故袁世凯的画像、一个用纸龙装饰的电动消
防车和一幅 1911 年辛亥革命中烧毁上海衙门的画。有趣的是,
《北华捷报》的记者碰巧和大多数看不懂游船说明文字的普通民

---

① 《晨报》,1919 年 10 月 12 日,第 7 版。
② 《申报》,1919 年 10 月 10 日,第 6 版。
③ 《北华捷报》,1916 年 10 月 14 日。
④ 《申报》,1917 年 10 月 12 日,第 7 版。
⑤ 《申报》,1919 年 10 月 10 日,第 6 版;《盛京时报》,1921 年 10 月 19 日,第 7 版。
⑥ 例如,刘大鹏:《退想斋日记》,太原:山西人民出版社,1990 年,第 302 页。

众看法一致,他将花车描述成"一辆卡车,上面有一所着火的房子,而消防员正在奋力救火;这一切都惟妙惟肖的跃然纸上"。①当游行队伍穿过挤满人群的街道时,天空中还会燃起烟花,此时各个店铺还没到打烊时间,但也都不再营业了,因为所有店主都站在自家店铺门口观看游行队伍从门前走过。这样的游行是绝对值得一看的!

小城镇的游行虽不及大城市游行那么壮观,但也十分精彩。有时,学生们也会参与到灯笼的制作中。1917 年无锡某学校童子军举行花灯游行时,他们手提着地球、大炮、狐狸、狮子和大象等形状的灯笼,很多灯笼上还画着张勋复辟的情形,这些灯笼都是他们自己制作的。② 除了花灯游行,满怀激情的群众同样引人注目。在中国东北的四平街小镇上,最初由 300 人组成的花灯游行队伍从县小学和铁路办公室出发,穿过大街小巷,沿途伴随着爆竹声和"民国万岁"的呐喊声,当队伍行至本地商会门前结束游行时,整个游行队伍的人数已增加到近 1 000 人。③

这些庆祝活动并不总是遵守公共秩序。例如,一则关于辽宁复县(今辽宁省大连市瓦房店市)游行的报道中写道,最初只有约600 名当地中小学生参加游行,随后约 500 名农民和商人也参与进来。当游行队伍经过街道两旁的店铺时,店主便燃起烟花爆竹并高呼"民国万岁"。报道中写道,随着参与游行的人越来越多,人群便变得喧杂混乱起来,而从某种程度上来说,这应该归咎于

96

---

① 《北华捷报》,1916 年 10 月 14 日。关于游船的进一步说明参见《申报》,1916 年 10 月 11 日,第 10 版。
② 《申报》,1917 年 10 月 13 日,第 7 版。
③ 《盛京时报》,1922 年 10 月 17 日,第 4 版。

组织者。① 警察认为这样的游行会给闹事者以可乘之机,因此,警察常常禁止这些游行,但收效甚微。1917 年,上海警署给各个学校写了一封信,要求各校在下午 3 点以前禁止组织游行,且游行中既不能提灯笼也不能举旗子。然而次日,《申报》的报道便写道,共有约 60 所学校、近 5 000 名学生参与了游行,而且每个学生都举着旗子。②

在很多旁观者看来,国庆节似乎已经有了一套标准化的模式。一篇报道中写道,1917 年,苏北扬州市国庆节的氛围很平淡。国庆节当天,当地官员、银行和学校仅放了一天假。当天的装饰也很简单:仅有寥寥数家商店装饰了牌楼,其余商店只悬挂了旗子。仅有的活动是一所学校举办的运动会。③ 1920 年,武汉的一位记者写道,国庆节"可以说是完全被秋风和秋雨所掩盖"。这句话使人想起革命烈士秋瑾被清政府羁押审讯时写下的名句:"秋风秋雨愁煞人",该记者借此暗示,1920 年革命所处的情境与1907 年秋瑾被杀害时的情境相似,并指出 1911 年后国内的情形没有发生任何改变。而后,笔锋一转,该记者又写道,政府官员举办了一场仪式、一场外国友人接待会、一场阅兵仪式,并祭祀了革命中牺牲的烈士。尽管当天下着大雨,但是这些活动并未因此而终止。同时,该记者对国庆节商业化的一面感到厌恶,一些政府官员前脚刚装饰完他们的办公室,后脚就去了主要商业区。这些

①《盛京时报》,1922 年 10 月 14 日,第 4 版。
②《申报》,1917 年 10 月 10 日,第 10 版;1917 年 10 月 11 日,第 10 版。
③《申报》,1917 年 10 月 12 日,第 7 版。

主要商业区里活动丰富,商店都装饰一新,吸引着过往的消费者。① 尽管革命者极力否认,但很明显的是,不仅政府内部发生了变化,而且民众对国家符号的使用也发生了改变。

## 国家符号

一些元素显然已经成为国庆节庆祝活动的特征,但它们的意义却不那么明确。换句话说,这些活动的参与者或旁观者如何解读呈现在他们面前的这些符号? 同时,另一个问题就是人们对这些符号的解读是否与这些符号的本意相同。这些符号表达的含义清晰吗? 从符号的定义来看,我们可以从不同角度解读符号意义,而这也正是符号意义之所在。我们将符号的这些意义组合起来,以期理解符号背后的政治文化。

五色国旗无疑是国庆活动中最核心、最有力的符号。首先,旗子是庆祝活动装饰的核心——每个参加庆祝活动的人都不可能看不到活动中四处飘扬的旗子。不仅店铺和各家各户都会悬挂旗子,几乎所有的政府办公室和民间组织也会在国庆节期间悬挂旗子。旗子的需求量非常大,以至于耗资甚巨。② 在上海,国庆节当天,当一个人从大街上走过时,他不仅会看到挂在政府办公室或店铺门前的旗子,还能看到印在电车车厢上的五色国旗、

---

① 《晨报》,1920 年 10 月 15 日,第 3 版;秋瑾:《秋瑾集》,上海:上海古籍出版社,1960 年,第 94 页。翻译引自 Jonathan D. Spence(史景迁),*The Gate of Heavenly Peace:The Chinese and Their Revolution,1895 -1980*(Harmondsworth:Penguin Books,1982),93.

② 《吴函(Han Wu,音译)局长抄送商借国庆电力计算书议案》,中国第二历史档案馆藏北洋政府档案,档案号:一〇〇一/5527。在这份 1917 年或 1918 年北京国庆日庆祝活动经费清单上,国旗方面支出为 1 049 元,总支出为 36 512 元。

挂在拱廊(专为国庆节而建)上的国旗,以及挂在小汽车和公共汽车天线上的小型国旗。一些行人手中会举着小型纸质五色旗,有人衣领上印着五色条纹。转过街角,你可能会看到沿街售卖爱国徽章的童子军,或者是老师带领着一队男学生游行,所有人手中都举着小型纸质国旗,并向过往行人发放这种纸质国旗。[①]

地方政府一般会命令人们悬挂五色国旗,地方法官或其他官员命令当地所有店铺门前悬挂国旗已成为国庆报道中的一大特色。[②] 在不同地方,政府命令的效力也有所不同,但如果地方政府强制执行这些命令时,其产生的效果往往出人意料。1917年,有关奉天的一份报道中写道,不仅城市里的所有店铺门前都挂上了旗子,就连乡村也挂起了国旗。[③] 有时,在不受中国政府直接管控的通商口岸,此类命令通常由当地商贸组织下达,而并非政府。例如,在日本占领下的大连,两个中国商会就令其所有成员悬挂中国国旗。[④] 政府下达的命令通常由警察执行,这些警察会张贴告示通知各家店主,有时也会亲自到店里通知他们。[⑤] 北京《晨报》的一篇报道中写道,警察造访了一家裁缝店并告知店主国庆日要悬挂国旗。然而不幸的是,这家裁缝店的店主可谓是一贫如洗,国旗是他家仅剩的值钱东西,他刚把国旗抵押给了当铺。警察拒绝接受裁缝店主的理由,店主不得已赎回了国旗。[⑥] 但是,这种强制执行似乎并不常见,也并不是必须的。有些报道将国旗的数量与人们对民国的普遍情感联系起来,这种做法预设了

---

① 《申报》,1917年10月11日,10;1917年10月12日,第10版。
② 例如,《盛京时报》,1917年10月12日,第5版。
③ 例如,《盛京时报》,1917年10月12日,第4版。
④ 《盛京时报》,1920年10月14日,第5版。
⑤ 例如,《盛京时报》,1917年10月10日,第4版。
⑥ 《晨报》,1921年10月10日,第5版。

一个前提,即人们都是自愿悬挂国旗的。例如,吉林一家报社的报道中特别提道,去年商户们悬挂国旗是因为警察告诉他们必须悬挂,而今年他们都是自愿悬挂。① 当人们想要批评这些庆祝活动时,他们通常会将矛头指向庆祝活动中悬挂的国旗。如果某家人或某个店铺悬挂了破旧的或是破损的国旗,那么批评者们就会说他们对国旗不敬,进而暗指他们对国家不敬。②

将五色国旗尊为国家的象征符号是众多国庆活动的核心。在一本国庆手册中,作者以国旗的视角讲述了国旗的重要性,包括国旗是如何被悬挂起来的、如何受到人们的尊重。在庆祝典礼上,每个人都要对国旗三鞠躬。在花灯游行中,国旗总是在游行队伍的最前端,而且学校、店铺和各种组织都会在门前悬挂国旗。③ 在一次集会上,人们诵读祷告语的样子在外国游客看来就好像是在向国旗祈祷。④ 1925 年的一份标准节日祷告语表明,庆祝典礼中这些祷告语几乎是将国家与国旗视为一体。这篇祷告语回顾了中华荣耀,表达了祷告者对祖国壮丽山河和光辉历史的热爱,该文结尾写道,"我挚爱的祖国将永存于世;我挚爱的五色旗将永远飘扬在这片土地上"。⑤

如果想要理解人们关注国旗的意图所在,就需要了解我们所崇敬的国旗的起源。中国古代便已经盛行旗帜或横幅,但国旗这 *99* 一概念是 19 世纪末由西方人传入中国的。西方国家政府坚持使用国旗来标志他们的船只和领地,几乎是将这些旗帜当作他们的护身符了。作为回应,清政府便采用镶有一条黄龙的红旗(图 *100*

----

① 《盛京时报》,1920 年 10 月 12 日,第 4 版。
② 周作人:《知堂书信集》,香港:南天书业公司,1971 年,第 107—108 页;《大公报》(长沙),1918 年 10 月 16 日,第 7 版。
③ 唐忍庵、王恂盦编:《国庆纪念特刊·国庆之花》,第 2 页。
④ 《北华捷报》,1916 年 10 月 21 日。
⑤ 刘湛恩:《国庆节与国民教育运动》,上海:青年协会书报部,1925 年,第 18 页。

15)来标志他们的船只。① 各革命组织将这种现代国家的象征看作是展现民族身份和表达他们对新的中国的希冀的机会,因此他们也纷纷采用自己的旗帜。因此,1911 年中华民国成立时,各个革命党派都希望民国能将他们党派的旗帜作为国旗。(图 15)最终赢得此殊荣的是孙中山曾经领导的革命党派所用的"青天白日旗"(现为中国台湾国民党党旗)、1911 年武昌起义中革命党派所用的"十八星旗"、象征着有田同耕这一理想乌托邦思想的"井字旗",以及南京和上海革命党派领导者采用的"五色旗"。②

清王朝的旗帜

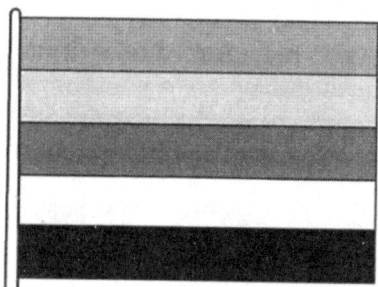

五色旗

青天白日旗

---

① 陈伯熙:《上海轶事大观》,上海:台东图书公司,1919 年,第 238 页。认识外国国旗的重要性在通行年历中有详细的解释,比如:《中历》,广州:崇德堂,1905 年,堂颁 1—6 页。
②《盛京时报》,1912 年 3 月 19 日,第 4 版;1912 年 3 月 20 日,第 4 版;赵友慈:《中华民国国旗史略》,《历史档案》第 1 卷,1991 年,第 133—134 页。

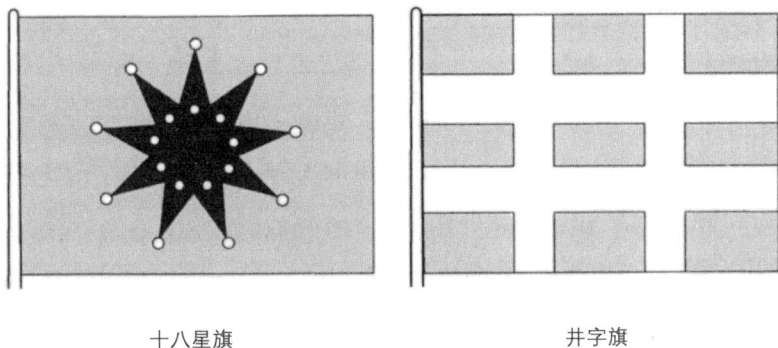

十八星旗　　　　　　　　　　　　　井字旗

图 15

　　这些国旗的地方版本迅速流传开来,并与具体事件和历史相关联。这些旗帜用于向民众宣传不同的革命历史以及对于革命意义的不同理解。因此,"青天白日旗"便与孙中山及"革命由孙中山个人经历及其创立的革命组织主导"的想法相关联,"十八星旗"便与武昌起义时期的武装革命相关联。新共和国最终采用由红、黄、蓝、白、黑五色条纹构成的"五色旗"作为国旗。这种五色旗曾为清朝海军的下级军官所用。革命党派中最先使用五色旗的是苏州军队总督程德全,随后上海总督陈其美也开始采用五色旗。在革命早期的一次讨论中,陈其美说道,五色旗可以和法国、俄国的国旗相媲美,同时五色旗也象征着组成中华民国的五个民族(汉族、满族、蒙古族、回族和藏族)。因此,五色旗象征着一个并不排斥满族的共和国,这样一来,清朝官员受到鼓舞后,或许会为革命提供支持。[①] 1912 年 1 月的一次会议上,各省代表在讨论国家国旗这个问题时一致认为,"青天白日旗"与同盟会关系过于密切,因此不适合作为国旗,他们认为应当采用"五色旗"作为中

---

[①] 田桐引自中国人民政治协商会议湖北省委员会编:《辛亥首义回忆录》第四辑,武汉:湖北人民出版社,1961 年,第 97 页。

国国旗。① 尽管孙中山反对这一决定,但是北京临时参议院晚些时候通过了这一决定。②

101  最初,国旗的数量很少,制造方式也很不正规。小说家巴金记得他的父亲负责制作家中的国旗,他用一个碗和小杯子的边缘在一块白布上画下"十八星旗"中的圆圈,并在中心写上汉字"汉"。③ 只有那些有效掌控着政府组织的革命党派人士才能大量制造国旗。上海总督陈其美就可以制造五色旗,他给辖区发了1 000面旗子,给上海商会发了500面。④ 这一时期,虽然拥有国旗这一想法很普遍,但对它的解读却是各不相同。光复之后不久,据说上海女性,尤其是妓女,流行穿着印有五色旗的裤子。通常情况下,这些裤子一条裤腿上印有国旗,另一条裤腿上印着军旗。很明显,人们对于这种现象的反应也各不相同。有些人认为女性这样做展现了她们极大的爱国情怀,而有些人则认为这是一种极不尊敬国旗的行为。上海商会注意到,普通商人最开始并没有意识到国旗的珍贵——举行会议或纪念活动时,他们会在国旗上写上广告,制作国旗时,他们总是会将五色旗上的颜色顺序搞混。⑤ 此外,在革命初期的几个月中,全国各地除上海以外的其他地方还在使用着各式各样的旗子。⑥

如果说人们对采用何种旗帜作为中华民国国旗还有争议的话,对国旗和国家之间的关联则没有任何争议。随着时间的推移,人们对五色旗的认可度越来越高。书店和出版社在卖教材的

---

① 赵友慈:《中华民国国旗史略》,第134页。

②《临时政府公报》,1912年6月7日;《申报》,1912年5月25日,第2版。

③ 巴金:《巴金文集》第10卷,北京:人民文学出版社,1961年,第51页。

④《申报》,1911年12月17日,第2张第2版;1911年12月26日,第2张第2版。

⑤ 陈伯熙:《上海轶事大观》,第238—239页。

⑥ 冯自由:《革命逸史》第1卷,台北:商务印书馆,1969年,第34页。

同时会附带国旗作为现代学校的教具之一。五色旗悬挂在各个学校中,而校歌阐释了国旗的意义。[1] 上海商务印书馆在一本为学生讲解国旗体操的书中告诉读者,如果需要国旗,可以从出版社购买。[2] 同时,五色旗也被用于商业宣传:1923 年,湖南常德的中华书店借机向当地各个学校赠送国旗,国旗的背面印着"先生,请阅读中华书店的书,然后你将自然而然地更加热爱我们的国家"。[3] 此外,这一过程还受到了西方国家的影响——西方国家始终高度关注与其国旗相关或受其国旗保护的事物,他们总是出于保护目的挂起国旗。逐渐地,五色旗成为中华民国的象征。

五色旗和国家的关联在人们意识到国旗是神圣不可侵犯的、应该受到尊重时得以强化。上海商会鼓励其成员保护这一"神 *102* 圣"的象征,不能损害其声誉,同时还要防止他人破坏国旗。[4] 学校教育学生要珍视和尊重国旗。1922 年出版的《国旗体操》一书借鉴了西方国家的范例。书中的学生手握国旗,表演着各式各样的体操姿势。(图 16)这些动作既适用于一般的体育课程,也适用于表演展示。上课的老师被告知:国旗是"国家的象征和人们的代表",因此国民应当"尊重和热爱"国旗。书中对于应如何正确使用国旗的说明进一步强化了这一观点:当不用时,应将国旗红色条纹面向上方叠好并小心保存。任何损毁国旗的人都应被视为人民的敌人。该书的作者称,上海和山西的学校已经采用了这套体操,并表示当学生表演这套动作时:

---

① 何雁秋:《何雁秋参观教育日记》,1924 年,多处引用;华航琛编:《新教育唱歌集》,第 15、16、24 页。
②《教授须知》,王怀琪编:《国旗体操》,上海:商务印书馆,1922 年,第 1 页。
③《大公报》(长沙),1923 年 10 月 23 日,第 7 版。
④ 陈伯熙:《上海轶事大观》,第 238 页。

> 五色翻飞,辉煌夺目,颇能引起社会增进敬爱国徽之心。①

五色旗曾饱受争议,但到了 20 世纪 20 年代,人们已将这些争议忘到脑后,只有极少数人对采用五色旗作为国旗感到不满。1923 年,孙中山在对学生的讲话中痛斥他们对五色旗三鞠躬这一行为,并命令他们要尊重他的"青天白日旗"。② 然而,对于学生而言,五色旗已成为国家的象征。正如一位作者以五色旗的视角写道:

> 我便是国民;国民便是我。我无法忍受国民惨遭奴役。但是国民如何保证我的安全?南方的孙中山、北方的徐世昌正在谋划将我撕碎。我痛恨这种行为。不! 不! 不!③

事实上,五色旗已与辛亥革命的历史紧密联系到一起,但是这种联系却偏离了五色旗的起源。在 1924 年的国庆日,一位作家在长沙的一份报纸上发表了一篇剧本,剧中革命烈士蔡锷的鬼魂在向黄兴、徐锡麟、秋瑾以及 72 位广州起义的烈士发表演讲:

> 乡亲们! 这是什么?(他举起手中的旗子向人们展示)这不是我们心爱的国旗吗?你们看,国旗上这红、黄、蓝、白、黑五种颜色多么美丽耀眼! 但是,我请你们想一想:这种东西是轻而易举就能得到的么?这种东西难道就不用付出任何代价么?国旗上的红色难道不是用我们的鲜血染红的么?国旗上的黄色难道不是用我们的血肉换来的吗?国旗上的蓝色难道不是我们坟上绿草换来的吗?国旗上的白色难道

103

---

① 王怀琪编:《国旗体操》,第 1、2 页及多处引用。
② 孙中山:《孙中山全集》第八卷,北京:中华书局,1982 年,第 116 页。
③ 唐忍庵、王恂盦编:《国庆纪念特刊·国庆之花》,第 5 页。

不是我们的白骨形成的吗？国旗上的黑色难道不是我们战争中铁器换来的吗？①

这些烈士中的一些人是其他旗帜的积极支持者，毫无疑问剧本中的他们在坟墓中改变了想法。尽管如此，剧本中的话语表明，人们普遍认同五色旗胜于其他旗帜，是国家的象征，应当受到人们的尊重。

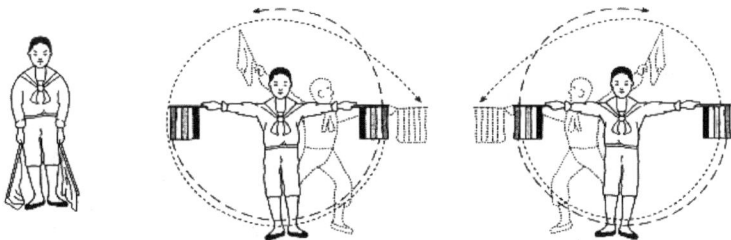

图 16　国旗体操
图片来源：王怀琪编：《国旗体操》，第 6—7 页。　104

一位评论员在评论 1917 年上海国庆节时总结了人们对五色旗的这种新态度。他指出，尽管警察有意阻止一切示威活动，禁止国庆游行成员使用国旗，但事实上，国旗被广泛使用。对此他解释道，尽管过去人们只知道皇帝，对国旗一无所知，后来又只知道总统、士兵和议员并鄙视国旗，但是他们现在看到，欧洲和美洲的发达国家是在为了国旗而不是皇帝或国王进行战争。他总结道，"我们上海人现在有幸在国庆节升国旗，因此我们可以了解到国旗与我们之间的紧密联系"。②

一部 19 世纪以国旗为主题的英国作品写道，当代国家的

①《大公报》（长沙），1924 年 10 月 20 日，第 10 版；1924 年 10 月 22 日，第 10 版。
②《申报》，1917 年 10 月 11 日，第 11 版。

国旗:

> 对于那些出生在国旗下的人有着不可抵挡的爱国主义
> 情怀,并向他们讲述过去的辉煌与荣耀、他们现在的责任以
> 及未来的希冀。①

这无疑是国庆节活动中使用国旗的本意,也体现在人们对国
旗的越发尊敬上。然而,人们对五色旗起源的争论以及随之而来
的政治分歧都意味着任何进一步的解读都是困难的。五色旗上
的五种颜色象征着民国的五个民族,除此之外再没有任何既定的
解读了。英国作者可以将国旗与国家过去的荣耀、当前的责任和
对未来的希冀联系到一起,但国人对于五色旗的解读要么与其真
正的起源不符(如上文中长沙报纸所刊登的剧本),要么完全脱离
具体的历史语境或政策背景。一位教师描述组织学生参加国庆
节庆祝活动的复杂情感时写道:

> 当国庆节到来时,我领着学生唱国歌,向国旗恭恭敬敬
> 地三鞠躬,但是我真的不知道我应该说些什么。②

国庆节的另一个常见特征是祭奠革命烈士,但是对这一行为
的解读也十分困难。祭奠为振兴祖国或保卫国家而牺牲的前辈
是中国自古以来就有的传统。自明朝开始,祭祀对象的范围就扩
大到包括那些在战争中为国死难的烈士。③ 因此,中华民国成立
后,人们在缅怀先烈、建立先烈纪念堂、祭祀先烈等问题上达成了

① F. Edward Hulme, *The Flags of the World*:*Their History*,*Blazonry*,*and Associations* (London:Frederick Warne & Co. n. d. ),1. 这个被列为《党旗和国旗》的资料来源之一(中国国民党中央执行委员宣传部,1929)。
②《大公报》(长沙),1925 年 10 月 10 日,第 9 版。
③《忠烈祠祭礼附说明书》,政事堂礼制馆,1915 年,第 1 页。

广泛的一致便不足为奇了。1912年,南京政府颁布命令,责令每
个省每年都要举行两次祭奠革命烈士的仪式。这些祭奠活动应
在国家的主要节日举行,即国庆节和2月12日——民国统一纪
念日。① 全国上下都建立了烈士陵墓、寺庙等。由于缺乏资金,
陆军部令各省总督将清朝太平天国起义后建立的忠义祠、昭忠祠
改建为大汉忠烈祠。② 在袁世凯的北京政府时期,这类祭祀仪式
继续举行,并且礼制馆在1915年规定了人们应遵循的仪式。这
些仪式是根据清朝祭奠忠士的仪式改编而来,其中为了与民国新
思想保持一致,将叩头改为鞠躬。③

　　国庆节期间,乡镇和大城市都会举行祭奠革命烈士的活动。
参加革命烈士祭奠活动和参加其他国庆节活动的通常是同一批
民众,而主要的祭祀成员是在场的高级军官或地方法官。除祭祀
活动外,缅怀革命烈士、呼吁人们赓续革命传统的文章通常收录
于国庆出版物中,人们也会在很多集会上发表同类演说。④ 祭祀
活动中所用的象征符号与其他活动中的符号相同:参加其他活动
的成员通常会向革命烈士纪念碑和国旗三鞠躬。⑤ 祭祀仪式与
其他国庆活动一样,人们会高呼“民国万岁”。国庆节运动会开始
前,人们也会在运动场上高喊“民国万岁”。⑥ 作为忠于国家甚至
是忠于亡灵的象征符号之一,烈士也是国庆象征符号中的重要组

---

① 《陆军部稿》(1912年6月12日、10月3日),中国第二历史档案馆藏北洋政府档
　案,档案号:一〇〇一/4991。
② 《电请前清忠义阁祠改建民国大汉忠烈祠》(1912年2月20日),中国第二历史档
　案馆藏南方革命政府档案,档案号:二六/33;《陆军部稿》(1912年3月23日)。
③ 《忠烈祠祭礼附说明书》,5b-6a。还介绍了以下内容:祭祀器皿取代了清代礼仪要
　求使用的宴会器皿,埋葬祭品而非焚烧祭品,采用了新的音乐等。
④ 《申报》,1917年10月10日,第10版。
⑤ 《盛京时报》,1919年10月15日,第5版。
⑥ 《申报》,1917年10月12日,第7版。

成部分。

*106*　　烈士和殉国是中国历史中古老的主题:这一时期最常用的
"烈士"一词在古代用来形容那些面对死亡也不屈服的勇士。另
外两个用来形容烈士的词分别是:忠烈(指因忠于汉族或中华民
国而牺牲的烈士)和先烈(指为了建立中华民国而牺牲的烈士)。
从某种程度上讲,"忠烈"和"先烈"是由其爱国主义内涵定义的,
尽管这与"烈士"一词原本的含义不同。过去,烈士是指那些为坚
持自身原则而牺牲的人。这些原则或许是爱国的,但是也不尽
然。民国时期,爱国主义是评价其他原则的标准,即最高价值,因
此,烈士是指那些随时准备为国牺牲的人。这种爱国主义精神凌
驾于早期各革命党派之间的差异和敌对之上。这些祭祀仪式并
非祭奠某一位烈士,而是祭奠所有在革命中牺牲的烈士。[①] 这种
对所有烈士的祭奠消除了民国各党派之间的争议和分歧。因此,
当北京政府提出要建立一个用于祭奠所有革命烈士的国家革命
烈士墓时,不同政治背景的党派成员都会表示支持。[②] 将革命烈
士以整体形式呈现给民众,民国便被塑造为效忠的核心对象,其
具体的政治目的就被忽视或消除了。与五色旗一样,国庆节祭奠
革命烈士也向人们展现了一个缺乏政治内容的国家象征符号。

　　乍看之下,军事阅兵似乎与国旗和国庆祭奠仪式展现的空洞
象征不同。在所有的国庆庆祝活动中,阅兵是 1912 年由政府指
定的国庆庆祝活动,自 1912 年起,阅兵始终是国庆期间典型的庆

---

[①]《申报》,1917 年 10 月 12 日,第 7 版;1918 年 10 月 13 日,第 7 版;《盛京时报》,1917
年 10 月 19 日,第 4 版。

[②] 支持者包括冯国璋、章炳麟、冯自由、张謇、黎元洪、孙中山、梁启超、蔡元培、曹锟、
以及阎锡山和反对革命的满族将领荫昌。《创建先烈祠事实涯略》,中国第二历史
档案馆藏北洋政府档案,档案号:一〇〇一/4990。

祝活动。一般来说,只有北京和各省省会才会举行阅兵仪式。[1]
阅兵仪式现场观众的人数不多,但全国各地的报纸都会对阅兵仪
式大肆报道。[2] 1917 年,《长沙日报》全文转载了北京阅兵仪式上
发给观众的阅兵手册,报社认为这会引起读者的兴趣。[3]

　　举行阅兵仪式是国庆庆祝活动的一部分,与使用国旗和举办
祭祀仪式不同的是,它暗示出了一种民国特有的特质。阅兵仪式
向其观众,包括受邀参加的外国观众,展示了中国的军事力量以
及政府对加强军事实力的重视。当时恰逢第一次世界大战,在此
期间,人们往往通过一个国家的军队在军事演习中展现出来的纪
律性来评判该国军事实力的高低。徐世昌(1918 年至 1922 年任
民国大总统)在 1905 年写的一篇文章中强调了拥有卓越阅兵技
巧的重要性。在该文中,徐世昌解释道,军事演习最初起源于德
国,用于检验军队的风貌、军事力量和教育水准。随后,其他国家
纷纷仿效德国,而军事演习也逐渐成为一项极为重要的仪式。徐
世昌接着讲述了一位俄国军官观看日本军队演习的故事,他写
道,那名俄国军官在观看日本军队阅兵仪式后被日本军队的风貌
深深震撼,他返回俄国后劝诫俄国沙皇不要跟日本开战。俄国军
官被士兵的站姿和举止深深震撼。徐世昌写道:

　　　　观其屹立,知其军律之严;观其不动,知其军心之固,走

---

① 《北华捷报》,1917 年 10 月 20 日。省会城市,例如,《盛京时报》,1917 年 10 月 12
　日,第 4 版。县一级的军事演习有但很少。《盛京时报》曾对吉林辽源县的一场军
　演进行了报道,见 1922 年 10 月 14 日,第 4 版。
② 因此 1917 年军事演习的报道见《大公报》(长沙),1917 年 10 月 15 日,第 2 版;《申
　报》,1917 年 10 月 16 日,第 3 版;《盛京时报》,1917 年 10 月 14 日,第 7 版。
③ 大公报(长沙),1917 年 10 月 15 日,第 2 版。《国庆日大阅典礼各项规则》,北京,
　1917 年。

　　排一事,其关系之重且大有如此者。①

阅兵仪式展现了国家的军事力量和成就,以及武装起来的国家
精神。

　　在没有阅兵仪式的城市和乡镇中,展现军事力量的活动是学
校学生的运动会。19 世纪末期,体育运动首次以军事演习的形
式引入中国学校。对体育运动的这种看法一直延续到民国早期。
1912 年,教育总长蔡元培提出将学校的体育运动作为提高国民
军事素养的一种手段。这一政策后被北京政府及各省独立政府
所传承。② 一位浙江省的校长偶然参加了阎锡山在太原举行的
阅兵仪式,他注意到,许多军校和师范院校的学生参加了该仪
式。③ 军队和国家的象征符号已经融合到一起——国庆节运动
会通常在升旗仪式中拉开序幕,运动会上,演练中的一项是"国旗
体操",学生们每人手握一对国旗进行演练。④ 此外,学生们通常
还会持枪、棍棒和刀剑进行演练或者进行武术表演。1917 年,上
海嘉兴一所学校的学生在演练时使用了真刀真枪;1920 年,铁岭
开展的一次演练被称为"战死沙场"。⑤ 一位西方人士在参加绍
108　兴一所小学的国庆运动会时评论道,在该运动会上,军演的成分
更重而真正的体育运动则相对较少。⑥ 另一场运动会则明确指

---

① 长庚:《徐世昌考验北洋三镇陆军日记》,来新夏编:《北洋军阀》第 1 册,上海:上海
　人民出版社,1988 年,第 834 页。
② 史全生:《中华民国文化史》第 1 卷,长春:吉林文史出版社,1990 年,第 396—397、
　401 页。
③ 经亨颐:《经亨颐日记》,杭州:浙江古籍出版社,1990 年,第 206 页。
④《北华捷报》,1918 年 10 月 19 日。
⑤《申报》,1917 年 10 月 11 日,第 10 版;1917 年 10 月 13 日,第 7 版;《盛京时报》,
　1920 年 10 月 14 日,第 4 版。
⑥《北华捷报》,1918 年 10 月 19 日。

出，运动会的目的在于培养年轻人的尚武精神。① 由此可以看出，民国早期的运动会与阅兵仪式相差无几。

当时的阅兵仪式和运动会将民国塑造成了一个全民武装、随时准备抗击外敌的国家。然而，这种解读很快就受到了人们的质疑。民国早期这种"军国主义"带来各种问题，很快引来了反对声音。大约从 1915 年开始，五四运动时期尤甚，很多人呼吁学校不要再以军演或阅兵的形式开展体育活动，而应更加注重体育运动和游戏。② 这一变化反映在国庆运动会期间举办的各种活动中，除阅兵和军事演练外，运动会还增添了体育竞技项目：赛跑、跳高、跳远和铅球运动。此外，运动会上也有一些娱乐性项目，如二人三足、障碍跑和"计算赛跑"——参赛者在比赛开始时拿到一道心算题，而比赛的冠军则是第一位算出正确答案并冲过终点线的人。③ 当然，这样的运动会或多或少仍蕴含强国思想；"计算赛跑"的冠军将知识与运动融合到一起，这是典型的现代国民形象。现在，一个国家的国力不只取决于军事力量，还要依靠国民的道德力量和强健体魄。④

国庆节期间，全国各大城市举行"裁军运动"集会是使国家远离军国主义思想的又一体现。1922 年国庆节时，北京举行大规模示威游行支持裁军。报道指出，约 3 万人参与了游行活动和在天安门广场举行的集会活动。从照片上可以看到，大量民众涌上

①《盛京时报》，1917 年 10 月 12 日，第 5 版。

② 史全生：《中华民国文化史》第 1 卷，第 401—402 页。

③ 例如，《申报》，1917 年 10 月 13 日，第 7 版；《盛京时报》，1920 年 10 月 15 日，第 4 版。

④ 毛泽东青年时期的作品很好地体现了这种态度。见 Stuart Schram, *The Political Thought of Mao Tse-tung* (Harmondsworth: Penguin Books, 1969)（[美]斯图尔特·R. 施拉姆：《毛泽东的思想》，田松年、杨德等译，北京：中国人民大学出版社，2005 年），152-160.

街道。黎元洪大总统与7000名左右的观众一同观看了约18000名士兵参与的阅兵仪式后,参加了裁军会议。会上,黎元洪发表了慷慨激昂的演说,但他谨慎地说道,这仅代表他个人意志而非官方立场。[①] 黎元洪的态度表明,将尚武精神作为国家象征符号目前有待商榷。1921年国庆节时,长沙学生在国庆节游行时呼吁裁军,当地士兵感到气愤,认为此举将威胁他们的生计,他们便殴打过往学生,游行活动最终以打架斗殴收场。[②]

[109] 在民国的众多符号中,最典型的缺乏实际意义的符号也许就是人们口头高喊的"民国万岁"。人们通常高喊三遍,偶尔也会吟诵三遍,而这句话也几乎成了所有国庆节集会的核心内容。人们高喊的话语通常为"民国万岁"或者"中华民国万岁";偶尔人们也会高喊"国庆节万岁",但这无法取代"民国万岁"。[③] 呼喊声越是高亢嘹亮,越能体现民众的爱国热情;据记载,一次活动上,人们喊得过于用力,喊完之后大家脸色苍白。[④] 此外,由于向国旗鞠躬和高喊"民国万岁"这两种行为已经成为所有集会最核心的活动,以至于一些小型集会可能就只有向国旗鞠躬和高喊"民国万岁"这两种活动。这两种行为紧密相连,有报道甚至指出,集会的参加者们向国旗高喊"民国万岁"[⑤]这一活动不单是参加集会的民众会做,学生在参加花灯游行时也会高喊"民国万岁"。[⑥]"民国万岁"的口号在能识文断字的人群间传播得更为广泛——这些

---

① 裁兵会议报道见《晨报》,1922年10月12日,第2版;军事演习报道见《大公报》(长沙),1922年10月16日,第3版。

②《大公报》(长沙),1921年10月11日,第6版。

③ 例如,《申报》,1917年10月11日,第10版;《盛京时报》,1917年10月14日,第5版。

④《大公报》(长沙),1919年10月11日,第6版。

⑤《盛京时报》,1922年10月13日,第4版。

⑥《盛京时报》,1921年10月15日,第5版。

字出现在政府建筑的外墙上、装饰性的拱廊上、电灯上以及报纸封面上，甚至有一年在北京，飞机上撒下的宣传册上都印有这几个字。[①]

但是，这样做的意义何在？表面上看，"民国万岁"只是一个贫乏而没有意义的愿望。我们首先要注意到，"万岁"（字面意思为"愿你活一万年"）一词自古以来与帝王身份联系紧密，是古代大臣对皇帝的一种尊称，所以，"万岁"一词更适合赞誉一个人而不是一个机构。这就是民国展现出的威严、永恒，甚至是看起来有点讽刺的君主权威性。传统上说，仪式会与忠义和孝道体系相关联，以此向帝王展现忠诚。个人通过向其父亲或祖先屈身叩头这一行为向以帝王为首的社会机构表达他的忠诚。这些新的仪式，尤其是高喊"万岁"这一举动，以对一个机构的效忠取代了过去向个人效忠。爱国主义成为一种美德，这种美德通过参加各种典礼和向国旗鞠躬这种行为体现出来。

这一时期，在各个典礼上唱的爱国歌曲表达了个人对祖国的忠诚，一首为在校学生写的国庆节歌曲开头写道：

110

中国！中国！中国！我多么幸运出生在中国！

中国！中华民国！民国！我只爱民国！

我的国家强大！我的国家弱小！国家强大是我的荣耀，国家弱小是我的耻辱。

我爱祖国。我爱民国，我爱作为民国的中国。[②]

---

① 《大公报》（长沙），1922 年 10 月 16 日，第 3 版；《盛京时报》，1920 年 10 月 15 日，第 4 版；唐忍庵、王恂盦编：《国庆纪念特刊·国庆之花》，第 22 页；《申报》，1920 年 10 月 10 日，第 1 版。
② 华航琛编：《新教育唱歌集》，第 35 页。

这首歌的中心在于歌者与国家之间的紧密联系,歌中避免了一切政治因素。1921年正式采用的国歌同样展现了与政治分离的一种状态。[①] 歌词据说是由尧帝和舜帝所写,来源于《尚书》的解释性著作:

> 卿云烂兮,糺缦缦兮,日月光华,旦复旦兮。[②]

歌词表达了人们对未来的希冀,这首歌的曲调源于民间乐曲,因而也并未与政治产生关联。传统的忠诚和孝道将有志之士与政治联结起来,因为忠诚要求人们服从掌握着政治权力的皇帝,而新的爱国主义则完全脱离了一切政府政策。

我们看到了五色旗是如何成为一种新的国家象征符号的,而它最初的政治含义已为人们所忘却。同样的,呼喊"民国万岁"只是赋予了那些呼喊者反清的政治意识形态,并未引导他们采取行为或采取其他政治意识形态。国庆节的庆祝活动采用这些象征符号以显示国民对于国家的忠诚。因此,参加活动的人在升国旗时向国旗敬礼并向国旗三鞠躬;当他们赢得体育比赛时,他们获得国旗作为奖品;他们呼喊"民国万岁",但大多数人并不是真的希望总统或其他任何人活一万岁。

## 国家之上的政治

为什么选择这些符号而不是其他符号作为国庆节的象征?

---

① 关于国歌在国庆庆典上的使用,见刘湛恩:《国庆节与国民教育运动》。

② 文本、音乐和官方解释见阮湘等编:《第一回中国年鉴》,上海:商务印书馆,1924年,第1970—1974页。有关资料见伏生:《尚书大传》,载王闿运:《尚书大传补注七卷》第二卷,出版者不详,1906年,第7页。

为什么在很长一段时间内,全国上下拥有不同政治背景的人都能
接受这些符号作为国家形象? 首先要注意的是,每个符号都宣示 *111*
了国家领土主权,这超越了政治层面。民国早期的政治声誉并不
好,可谓是令人厌恶和极其危险的——可能是你的爱人会劝你远
离的事物,正如作家吴虞曾出于安全考虑劝她的丈夫不要在报纸
上发表谈论时事的文章。① 当国家政治问题落到地方层面时,表
现出来的常常是不远处的枪声、紧闭的城门和街道上喧闹的士
兵。报纸上的国家政治资讯同样令人沮丧,其中充斥着有关行贿
受贿、贪污腐败和滥用军力的报道。我所说的“国庆日”可以直译
为“国家庆祝日”,关于国庆节最常见的一个问题就是“有什么值
得庆祝”,正如一份报纸所写:“我们是在庆祝帝国主义的镇压和
军阀吗? 还是在庆祝士兵、土匪和毁灭? 亦或是我们教育系统的
混乱和所谓的自由平等?”②

　　因此,国庆节成为讨论中国政治问题的一个契机,在此契机
下,讨论者也就会摒弃对于政治的抵触。国庆节中最有意思的象
征符号,即中华民国的拟人化由此产生了。这种拟人化暗指人们
所高呼的“万岁”,成了与国庆节相关的文学作品中常见的特征。
西方国家对自身的描绘是通过玛丽安(女英雄,象征法兰西共和
国)、不列颠尼亚(女战士,象征英国)等英雄人物展现的,而中华
民国则被塑造成一个生病的小男孩。1921 年,无锡在国庆节期
间出版了一套丛书,其中一篇文章将民国拟人化为一个名叫“中
华”的小男孩。文章的背景设定在中国传统村庄,村中有飞鸟、小
溪、柳树和堂皇的房屋,还有一位母亲和她的孩子。母亲提醒孩

---

① 吴虞:《吴虞日记》第 1 卷,第 270 页。
②《大公报》(长沙),1926 年 10 月 10 日,副刊。

子他的出生十分不易,婴儿时期经常患病,4 岁时他病得很严重,邻居们都以为他挺不过去了。现在他已经 10 岁了,他的体质也在逐渐变好。母亲希望孩子勤奋努力,不再调皮,这样他才能守住父辈留给他的财产,不被贪婪邻居的侵占。或许有一天,这个男孩能够变得足够强大,让所有人都尊重他。小男孩回应道,他会给家里争光,向恶毒的邻居报仇,他的母亲赞扬了他的决心。①

112 这个故事融合了很多中国人对童年的态度,而且强调了出现这种情况是由于孩子缺少父亲。这个孩子是一个危险世界当中尚未成熟、需要被保护和受教育的角色。② 因此,他需要具备勤奋和决心,而这显然也是整个中国所需的特质。

　　这个故事包含了构成中国形象的所有因素。很多文章将民国描绘成一个需要接受救治的生病的小孩或是一个需要接受教育的体弱的小孩。这些形象是国庆节的特征,也通常用于与个人生日进行比较。③ 这种形象也出现在国庆会议上,一个年龄与民国建成时间相同的儿童通常作为代表讲话。例如,1921 年在吉林省的一个小乡村,当地法官安排一个 10 岁的小学生在国庆集会上发表讲话。④ 不妨猜测一下,民国作为一个病态儿童的形象是否与 6 岁的童子皇帝宣统有关联,或者前者是否源于后者;这是否又为 20 世纪 20 年代末到 30 年代国民党提出的训政思想提供了坚实的基础。当作者或仪式的组织者将民国呈现为一个儿

---

① 唐忍庵、王恂盦编:《国庆纪念特刊·国庆之花》,第 19 页。

② Jon Saari, *Legacies of Childhood: Growing up Chinese in a Time of Crisis, 1890-1920* (Cambridge, MA: Council on East Asian Studies, Harvard University, 1990).

③《大公报》(长沙),1925 年 10 月 10 日,第 9 版;唐忍庵、王恂盦编:《国庆纪念特刊》,祝词二至五;范望湖、华尊编:《无锡民众国庆纪念大会特刊》,无锡:民众国庆纪念大会宣传部,1927 年,第 25—26 页。

④《盛京时报》,1921 年 10 月 16 日,第 4 版。

童时，他们并没有为国庆节的这种特定行为提供一种合理的解释。根据中国传统思想，儿童就像一块白板，像一页未曾书写的白纸，因此，国庆节的这个象征符号的核心意义就在于承认现有问题，理解这个需要被讨论、教育和救治的国家。

## 国家符号的使用

对大多数人而言，这种将爱祖国从爱国家中分离出来的爱国主义更加容易维系，而这也反映在国庆节活动中。在国庆节，背景迥异的人们都可以公开地把自己与这种新的爱国主义联系起来。国庆节通常包括由不同组织和机构在不同地方举办的各种典礼和活动。1916 年上海的庆祝活动包括装饰商店、轮船、电车和汽车，让各种批发零售业和银行的员工放假，当地童子军阅兵 *113* 演练，招待杰出市民，祭奠革命烈士，学生、商务印书馆职员以及两队消防员分别举行花灯游行，以及各个学校举办的活动等。各个典礼对愿意参加活动的所有组织和机构都表示欢迎。而"未受任何活动邀请的"、缺少工会组织的车夫们便决定用鲜花、纸旗、总统的全身像装饰他们的礼堂。①

国庆节庆祝活动的开放性并未减少它们对政治领袖的价值。对于那些手握实权、时常摆脱中央控制的政治领袖来说，国庆庆祝活动是他们宣称国家合法地位而不必屈从于中央政府的一种手段。地方和区域政府都会庆祝国庆节，尽管他们可能隶属于不同的政治集团。南到云南，北到东北，亦或是在北京或者是广州，地方政府都会悬挂五色旗，大街小巷都会张灯结彩，还会举行革

---

① 《申报》，1916 年 10 月 11 日，第 10 版；《北华捷报》，1916 年 10 月 14 日。

命烈士祭奠仪式。山西总督阎锡山虽然在政治上独立于中央政府,但在 1919 年国庆期间,他同样举行了大规模的阅兵仪式,并邀请了国内外的教育家来参加。尽管阎锡山已经完全脱离了北京政府,但是他的部分统治权仍然建立在他的爱国主义行为这一基础上。[1] 同样的,辽宁省的一位地方法官邀请当地所有学生以及其他代表参加他举办的国庆活动;活动上,这位地方法官亲自升国旗,通过控制国家象征符号的方式彰显他在当地的权力合法性。[2] 1917 年,国内洪灾泛滥,北京政府认为在这种情况下举办国庆活动不合时宜,但是北京政府无法阻止地方政府举办庆祝活动,这也展示出国庆庆祝活动中的这些象征符号对于官员们的重要性。[3]

当权者维护着体现爱国精神的国庆庆祝活动,因为这对他们有利,但他们并非是唯一这样做的人。那些企图挑战国家权威的人也使用了这些国家象征符号,因为这些符号可以动员民众参与特定的政治议题,如呼吁裁军或颁布宪法。1920 年,湖南的一些活动组织者就将国庆节视为一个契机,他们组织了大规模游行示威活动,要求湖南省政府颁布省宪。游行使用的宣传册和横幅都涉及地方政治问题,如反对湖南发行地方性纸币或呼吁湖南人讲湖南话。[4] 在国庆节举行集会确保了普通民众,尤其是作为游行主力军的学生正在放假并且有时间参加这些集会;更重要的是,

114

---

[1] 阅兵活动载经亨颐:《经亨颐日记》,第 206 页。

[2] 《盛京时报》,1920 年 10 月 13 日,第 5 版。

[3] 北京政府的公告翻译见《北华捷报》,1917 年 10 月 13 日。《申报》报道了以下地区的庆祝活动:南京、松江、嘉兴、扬州和杭州(1917 年 10 月 12 日,第 7 版),湖北、苏州、无锡和广州(1917 年 10 月 13 日,第 7 版),奉天、芜湖和清江(1917 年 10 月 14 日,第 7 版),湖南(1917 年 10 月 15 日,第 6 版),九江(1917 年 10 月 15 日,第 7 版),江西(1917 年 10 月 16 日,第 6 版)。

[4] 《大公报》(长沙),1920 年 10 月 11 日,第 6 版;《申报》,1920 年 10 月 16 日,第 6 版。

这将湖南省政府的活动与国家象征符号联系起来了；这样做，是在尝试将这种强大却又与政治无关的爱国主义行为与具体的政治目的结合起来。爱国主义行为的象征符号对于组织这些示威活动的人而言十分重要，因为这些符号为动员民众创造了可能性，而且任何政治活动都可以与这些象征符号联系到一起。

　　有些人采用国民身份的象征符号，而这恰恰破坏了他们自身的民族性，但是对于这些人而言，国庆节庆祝活动具有潜在可利用价值。中国传统的习俗和仪式定义了中国人的身份，而对于那些不再参与这些传统习俗和仪式的人而言，他们需要新的中国人身份。在中国，基督教作为一种外来宗教信仰，常常受到人们的攻击；基督教要求其信徒放弃像民族主义这类的传统仪式，不允许其信徒与其他群体有联系。基督教要求其信徒不再参加其原属团体的宗教仪式以及停止某些特定的葬礼仪式和祭祀仪式。基督教的传教士反对女性缠足，因此义和团运动时期，女性会担忧自己的安全，因为她们的天足是她们与外国传教士具有联系的显著标志。① 基督教借助这些方式使基督教信徒脱离他们原本群体与身份。② 因为教堂与外国传教士之间的联系，中国的基督教徒经常被视为叛国者而受到诘责。然而，众多的中国基督徒都是具有现代思想的精英分子，他们之所以笃信基督教，部分原因就在于其与西方现代文明有着密切联系。

　　因此，基督教组织积极参加国庆节活动就显得不足为奇。基

① Ida Pruitt, *A Daughter of Han*: *The Autobiography of a Chinese Working Woman* (New Haven: Yale University Press, 1945), 151-152.
② 关于基督教及其对中国身份的影响详见 Nicole Constable, *Christian Souls and Chinese Spirits*: *A Hakka Community in Hong Kong* (Berkeley: University of California Press, 1994)（郭思嘉：《基督徒心灵与华人精神：香港的一个客家社区》，谢胜利译，北京：社会科学文献出版社，2013 年）。

督教青年会(YMCA)在上海、海口、长沙、吉林、大连、中韩边境的安东县和广州等地组织各种活动。① 1918 年,杭州有 1 000 名基督教徒在基督教青年会运动场举行了庆祝会,与会者每人都得到了一面小国旗。② 很多时候,基督教青年会负责组织城镇国庆节的主要庆祝活动。基督教青年会每年国庆节都在大连组织花灯游行,但是在 1923 年,基督教青年会并未组织花灯游行,而是举办了一场集会。据报道,有 2 000 人参加了该集会,而且该集会是 1923 年大连举办的唯一一场国庆节活动。③ 据报道,次年,也就是 1924 年,另一个组织也参与了大连国庆节庆祝活动。该报道对此解释道,"过去几年,大连的国庆节活动主要由中国基督教青年会举办"。④ 1925 年,基督教青年会发起并领导了平民教育运动,呼吁在全国范围内举行国庆节庆祝活动,并借助此次活动传播与公民精神有关的建设性思想。此次运动呼吁地方教育部门、学生会、商业联合会、基督教青年会和教堂代表组成的协会举办国庆节庆祝活动。此次运动建议举办的国庆节活动之一就是派遣团队到乡下去,向乡下的村民们解释民国和五色旗的含义,以及民国国民的责任义务。据称,平民教育运动在全国 30 个城市都有组织机构。尽管平民教育运动得到了江苏省教育会等非基督教组织的支持,但平民教育运动具有很强的基督教色彩,比如建议教堂应在国庆节向基督徒和全国民众布道。⑤

①《北华捷报》,1919 年 10 月 18 日;《晨报》,1920 年 10 月 15 日,第 3 版;《大公报》(长沙),1924 年 10 月 10 日,第 6 版;《盛京时报》,1921 年 10 月 13 日,第 4 版;1921 年 10 月 15 日,第 4 版。

②《申报》,1918 年 10 月 13 日,第 7 版。

③《盛京时报》,1923 年 10 月 13 日,第 4 版。

④《盛京时报》,1924 年 10 月 14 日,第 4 版。

⑤ 刘湛恩:《国庆节与国民教育运动》,第 1—12 页。

然而,基督教对于国庆节的参与并不局限于基督教青年会;教堂也积极参与了国庆节的庆祝活动。据报道,1917年国庆节时,上海所有教堂都悬挂旗子、灯笼,并举办了特殊的祈祷会。[①]在浙江湖州,一所教堂举办了国庆节集会,集会在升旗仪式和向国旗行礼中拉开序幕。[②] 湖南彬县,仅有一所女子教会学校举行了国庆节游行活动,这支女子游行队伍一边唱着圣歌一边穿过县城,她们来到一座建有庙宇的小山上;在那里,她们呼吁人们戒烟,并信仰上帝。[③] 中国的基督教徒出于基督教目的参加国庆节庆祝活动,重新确立了他们的中国人身份,并将他们新的宗教信仰与新的爱国主义品质联系在了一起。

以上这些例子表明,对大多数人而言,维系国庆庆祝活动衍生出的爱国主义象征符号很容易。但是这些符号本身存在很多问题,因为它们可以用于划定某人是否属于民国国民。从传统意义上来说,参加地方庆祝活动划定了特定的地方共同体。参与新的国家庆祝活动则又划定了一个每个人都希望加入的新的国家共同体。过去花灯游行划定地方共同体时,依据的是游行的资助者和游行队伍所经过的地方。国庆节花灯游行将地方共同体与国家共同体联系到一起。灯笼上的图案描画的是国家议题和地方娱乐趣事。此类活动的经费赞助一直都是个问题,据报道,有 *116* 些地方或学校无力资助游行活动。[④] 游行活动具有遍历新国家领土的象征性意义。大多数游行活动在城镇内举行,很少有报道指出游行队伍从城镇一直走进乡下。但有一点可以确定的是,很

---

① 《申报》,1917年10月10日,第10版。

② 《申报》,1917年10月15日,第7版。

③ 《大公报》(长沙),1923年10月20日,第7版。

④ 例如,《晨报》,1923年10月17日,第5版。

多游行队伍常常有意走过那些中国割让给外国的区域的边界,宣称这些地方也是中国领土。①

## 国家共同体

国庆节庆祝活动同样界定了国家共同体的人员范围。起初,他们将"民国"与十分狭义的"国民"划上等号。这些参加国庆节庆祝活动的人很大程度上是那些将自己视为民国国民的人,男性通常留短发,戴着毛织品帽子和行西式礼仪,女性则穿裙子或短上衣,不再缠足。这些对"国民"的限制与对选举权的限制类似——只有受过教育且具有一定资产的男性才享有选举权。②庆祝活动的报道中常常提到"各界"成员到场。1921年,辽宁省一位县城领导邀请军方、政界、学界、警方、商界、乡绅、农业和手工业等社会各界成员参加在其办公室举行的仪式。③同样的,1916年,上海附近的一个村庄中,国庆节活动的组织者要求乡绅、商人和警方等社会各界悬挂灯笼。④

"界"这一概念源于中国古代将社会群体划分为士、农、工、商四个阶层的做法。⑤据此划分社会结构是高度理想化的做法,甚至还影响了人们对词汇的使用。"士"原本具有一定的军事内涵,

---

① 例如,《北华捷报》,1916 年 10 月 14 日。

② 张鸿英编:《小学高级文体公民教科书》第四册,上海:中华书局,1926 年,第 1 页。

③《盛京时报》,1921 年 10 月 13 日,第 4 版。

④《申报》,1916 年 10 月 11 日,第 10 版。

⑤ 这一传统概念见 Philip A. Kuhn, 'Chinese views of social classification', in James L. Watson (ed.), *Class and Social Stratification in Post-revolution China* (Cambridge: Cambridge University Press, 1984), 16-28. 关于这种方法在 20 世纪中国的运用见张玉法:《清季的革命团体》,台北:"中央研究院"近代史研究所,1975 年,第 34—40 页。

到了清朝末期,人们开始用"士"称呼身为中国精英阶层的学者和官员,完全脱离了其原本的军事内涵。士、农、工、商的排序也有问题,因为这种排序依据的是理论上不同阶层人们的道德水平,并没有反映出真实的社会地位。民国的教科书照搬了这种划分依据,将"士"排除在外。农民社会地位最高,因为他们务农种粮,为人们提供最重要的食物;手工匠人的社会地位仅次于农民,因为他们制造各式物品,但是这些物品(衣服、房子等)却不如食物重要;社会地位最低的是商人,因为他们通过贸易获取利润,并未创造任何实际的物品。① 上述对传统社会的描述过于理想化,对19世纪中国的描述又严重脱离了中国社会的现实。然而,"士、农、工、商"(通常简称为"四民")却一直被用来指与"官"相对的普通民众。

　　民国期间,用"士、农、工、商"来描述参加国庆节等其他仪式的民众特别方便,参与报道的记者通常认为,正是"这群民众"参加了这些活动。小型仪式的组织者通常直接将新闻通稿发给报社,在这种情况下,人们就更倾向于认为是"这群民众"参加了活动。民国成立前,各朝各代是无需通过"普通民众"参与国家仪式来证明国家地位的合法性,因为国家的合法地位是由皇帝个人及其与天地之间的关系来体现的。正如梁启超所说,"统之云者,殆谓天所立而民所宗也"。② 当共和国宣告成立时,其合法性理所当然地转移到"普通民众"身上,因此代表"普通民众"就变得十分必要。为了应对这种情况,人们又重新启用了传统"士、农、工、

① 吴研因编:《新法历史教科书》第5册,上海:商务印书馆,1922年,第1页。
② 梁启超:《饮冰室合集》第4卷,上海:中华书局,1936年,第21—22页。

商"的说法,使其适应当下的新情况。①

然而,当我们以"各界"的角度审视参与国庆节活动的人员时,很容易发现并非所有人都参加了庆祝活动。大多数情况下,"社会各界"指是某些由政府资助的现代化机构和协会中的成员。例如,1917年,《申报》报道上海国庆节庆祝活动时,使用的标题分为"政界""学界""商界""消防队""协会"以及"军界和警界",然而,在这些标题下,实际参加活动的多为特定的现代化机构;"学界"包括学校、上海共青团和公共运动体育教育协会;"商界"包括各种商会、上海国际商人协会、纺织工业协会和各种商店。② 同样的,《盛京时报》在报道辽宁省各城镇举办的国庆节庆祝活动时,"社会各界"往往指的是商会、教育和农业协会等现代化机构。③

公民指的是由政府资助的机构中的成员,这一概念诞生于20世纪初的政府改革。这些成员多以其职业进行划分,在他们身上,体现了商人、农民等其他社会职业的概念。按照职业划分民国国民的方式为他们的政治抱负赋予了合法性。当然,在此之前,很多有影响力的组织和协会就已经打破了职业与社会之间的界限。然而,改革带来的社会和知识体系变革使这些组织受到了严重影响。科举考试的废止对于原本中举即可平步青云的社会结构造成了巨大冲击。此外,当代人反对封建迷信的运动同样破

---

① 顾德曼(Bryna Goodman)以相似的口吻指出,在这期间地方群体对于"界"的表述日益明确。Bryna Goodman, *Native Place, City, and Nation: Regional Networks and Identities in Shanghai, 1853-1937* (Berkeley: University of California Press, 1995)([美]顾德曼:《家乡、城市和国家:上海的地缘网络与认可(1853—1937)》,宋钻友、周育民译,上海:上海古籍出版社,2004年), 236.

②《申报》,1917年10月11日,第10版。

③ 例如,《盛京时报》,1917年10月14日,第5版;1919年10月15日,第4版。

坏了一些团体组织的合法性,如寺庙联合会和稻田守望协会等通过仪式与神灵建立起联系的组织。① 尽管这些组织并未解散,但在国庆节庆祝活动上却难以看到其身影;尽管很多组织依旧在地方掌有一定权力,但这并不是体现其合法性的方式。

"社会各界"这一新词汇的使用在国庆节活动中得以充分体现,这也反映了人们对与围绕各种协会和组织形成的社会模式有着紧密联系的社会结构的新认知。社会各阶层所使用的词汇引起了人们广泛的兴趣,因为它反映了当代人对塑造个人生活的社会大环境的看法。然而,它也给历史学家带来了某些问题。探讨中国集体利益的政治和社会历史学家倾向于只从经济阶层角度解读这种现象。考虑到马克思主义在中国的一系列运动,并且这些运动使得马克思主义模式与中国实际相结合显得尤其重要,这种现象就很好理解了。这导致学界形成了在民国时期探寻工人阶级和资产阶级成长的传统。② 而且,那些对这些问题不是特别关心的作家也开始从阶级意识"发展"的角度进行思考,仿佛这种目前尚未形成的阶级意识最终必然会形成。罗威廉(William Rowe)甚至也开始考察中国行业结构的变化,并注意到了进行阶级划分的趋势;而在此之前,他对汉口的研究引发了人们对 19 世

---

① Prasenjit Duara, *Rescuing History from the Nation: Questioning Narratives of Modern China* (Chicago: university of Chicago Press, 1995), 85–113. 对比 Jonathon Barry 所描述的英国社会的变化, 'Review Article: The Making of the Middle Class?', *Past and Present*, 145(1994), 194–208.

② 例如,Marie Claire Bergère(白吉尔), 'The Chinese Bourgeoisie, 1911–37', in John K. Fairbank (ed.), *The Cambridge History of China* (Cambridge: Cambridge University Press, 1983)([美]费正清:《剑桥中国史》),杨品泉译,北京:中国社会科学出版社,2012 年)vol. 12, 721–825; Gail Hershatter, *The Workers of Tianjin 1900–1949* (Stanford: Stanford University Press, 1986)(贺萧:《天津工人,1900—1949》,许哲娜、任吉东译,天津:天津人民出版社,2016 年).

*119* 纪中国社会阶层思想最敏感和细微的探讨,并且他注意到中国缺乏描绘阶级的词汇。① 19 世纪末期无疑是社会结构变动和社会群体涌现的年代,但是,"社会各界"这个词汇提供了一个与社会阶层概念迥异的视角。

士、农、工、商为"四民"是十分传统的观念,社会变革和新社会结构的出现使其得以发扬。为了代表人民,同时反映出新社会群体,旧的社会分类必须做出改变。清朝末期,除了传统概念"士","学"这一新概念也逐渐形成,"学"涵盖的范围极广,包括地方教育协会或教育促进办公室的乡绅,甚至是年龄最小的小学生。这一新分类通常会取代国庆节庆祝活动中使用的旧术语。例如,辽宁省新民镇的地方法官邀请农民、手工艺人、商人、"学者"以及新成立的军部和警署参加 1919 年的国庆节庆祝活动。② 另外一种术语使用的变化发生在 20 世纪 20 年代,在这一时期,过去不常使用的"工"开始具有资产阶级工人阶层中工人的意思。20 年代以前,"手工艺人"偶尔会出现在国庆节庆祝活动的简要报道中。然而,在 20 年代,工人的政治动员意味着有时候穷人也会以这些标签参加国庆节活动。1920 年,长沙的一则报道写道,赤脚的工人扛着旗帜高喊"工人万岁"。③ 除了国民党统治下的广州,20 年代前这种情况还是极为少见的。但是,重复使用传统术语难免引发我们的推测,即这反映出了一种一成不变的社会结构。

除改变这些术语的内容和意义外,作家们还不断提出新的术

---

① William T. Rowe, *Hankow: Conflict and Community in a Chinese City*, *1796-1895* (Stanford: Stanford University Press, 1989), 50-56.
②《盛京时报》,1919 年 10 月 15 日,第 5 版。
③《晨报》,1920 年 10 月 16 日,第 6 版。

语,这些新术语很快就被仪式的组织者们所采用。最常用的术语是"军""警"和"政"。1919年,吉林省国庆节庆祝活动的参加者包括社会各界成员、各个组织和学校,以及军界、政界、警界和法律界的成员,还有政府官员、地方组织首脑、地方政府首脑和他们邀请的嘉宾。① 参加国庆节庆祝活动的"社会各界"人士偶尔还包括"报"和"绅"。② 值得注意的是,我们常常将民国社会的某些因素归类为"绅",但是当代分类中这些显得十分不寻常。此外, <sup>120</sup> 清朝时期,"(四)民"这一术语是与"官"相对立的,在民国期间,政府官员却隶属于"民"。"士"使用频率低、"政"隶属于"民"——二者都表明,知识分子与非知识分子之间存在学术上的二元对立问题。清朝时期,这种二元对立有利于区分"官"与"民"。然而,民国期间,国家的合法性转而由民众决定,同时官员隶属于"民",使得"官"与"民"之间的区别被削弱了。早期现代英国将词汇分为"更好"和"更坏",而与此不同的是,民国所用的术语系统并未将知识分子同社会其他阶层区分开来。③

这些新术语让人误以为这些词汇覆盖了社会各个阶层,然而,事实上并没有。一方面,这总体上来说是男性社会角色使用的词汇;只有少数女学生或女工能参与其中,在民国早期,几乎所有女性都被忽略了。记者偶尔会在其报道中称呼女性群体(主要是女学生)为"女界"。因此,1922年辽宁省盖平的一场国庆节正

---

① 《盛京时报》,1919年10月15日,第5版。
② 《盛京时报》,1917年10月20日,第4版。
③ Keith Wrightson 描述了一个类似的过程:" 'Sorts of People' in Tudor and Stuart England," in Jonathan Barry and Christopher Brooks(eds.), *The Middling Sort of People*: *Culture*, *Soceity*, *and Politics in England*, *1550 - 1800* (London: Macmillan, 1994), 28-51.

式宴会上,属于"女界"的参会者被专门提及。[1] 在这种社会视角下,女性不是唯一受忽视的群体。1934 年在南京进行的一次调查显示,约有 28% 的人口没有工作,这些人包括老人、失业者、极度贫穷的人、富人、罪犯和生活在社会福利机构中的人,这种基于职业进行划分的社会分类系统将以上这些人都排除在外了;大约 22% 的人口是佣人,这些人大部分是女性,她们也被前文提及的社会阶层分类完全忽视。[2] 这也暗示了当时的社会现实——这种社会阶层分类系统仅描述了某些主要由男性主导的对新国家有贡献的职业。这种社会阶层分类使用到的词汇自称是代表普通民众,因此,一种新的价值体系随之形成,也导致了一些职业与国家的联系比其他职业更加紧密。

这种社会分类词汇不仅被人们接受而且变得十分流行,从它们成为国庆节庆祝仪式的组织原则上便可见一斑。当时的教科书强化了将社会分为"士、农、工、商"四民的古老起源,以及这一划分方式由神话中早期的皇帝所确立的思想。[3] 1927 年,为唤醒全国民众团结统一的意识,国歌创作竞赛中的参赛作品反复强调了"四民"的概念。尽管士兵、警察和其他群体也加入到各种仪式中,尽管 20 世纪 20 年代前缺少手工艺人或工人群体代表参与这些仪式,社会各界依旧使用传统的"士、农、工、商"这一分类。一部相当过时的参赛作品使用了传统的分类,即绅士、农民、手工匠人和商人,但是大部分作品仍然使用"农民、工人、商人和学者"或

---

[1]《盛京时报》,1922 年 10 月 12 日,第 4 版。
[2] 叶楚伦:《首都志》,南京:正中书局,1935 年,第 502 页。该调查将学生囊括在无职业人群里。我引用这个调查是为了获取当时各类职业人群的比例,并不是要说明 20 世纪 30 年代中国的阶层划分,因此,将学生从无业人群中提取出来。
[3] 金兆梓等编:《新小学教科书历史课本教授书(高级)》第 3 册,上海:中华书局,1925 年,第 1—6 页。

"农民、工人、商人、学者和士兵"等分类。另一部作品将新的社会组织与传统社会各界联系在一起：

> 我们中国人，
> 爱国者形成联盟。
> 农民、工人、商人和学者，
> 社会各界一条心。①

　　相反，为数不多提及社会阶层的文献都是要铲除邪恶阶层。这些参赛作品表明，这些构成国家的分类无处不在。之所以采用"社会各界"这一表达，是因为它展现了现实的政治利益和思想，无论它是否遗漏了一部分人。因此，展现出各行各业的人们开始参与国家政治是十分必要的，尽管他们并未获得官方承认的政治地位——参与国家政治的唯一方式。

　　另一方面，社会各界的职业分类不断被用于区分一个人的家庭、邻居和朋友。1924 年，国民党黄埔军校要求申请人提供他们家人主要职业的信息，71 位申请人中有 68 人使用了这种分类系统，50 位申请人在描述其家庭成员时使用了绅士、学者、商人或农民的表述，偶尔有一两个人会说他们来自多重身份的家庭（如"绅士和学者"或者"商人和农民"）。其余申请人填写的信息与这一分类体系相似，他们用不同的术语表达了同样的意思。② 还有两位申请者使用了两种极少使用的分类："政界"和"法界"。剩下三位申请人的回答不适用于这种分类系统，其中一人没有填写内

---

① 严英（Yan Ying，音译）的参赛作品；也参见《兴兴兴起起起》、申仲达（Shen Zhongda，音译）的参赛作品、陈志平（Chen Zhiping，音译）的参赛作品、《打倒社会恶阶级》、Hui Shoucheng（惠首诚，音译）的参赛作品，中国第二历史档案馆藏国民政府总统府档案，档案号：一/87。

② 例如，用"耕"而不用"农"，或者用"读书"而不用"学"。

容,另外两个人给出了更加详细的回答:"丝绸生产"和"我的妻子

*122* 可以进行小规模手工纺织"。另一方面,当被问及家庭经济情况

时,几乎没有人使用阶级分类的术语,大部分申请者具体说出了

他们家拥有的土地等不动产的面积。① 很明显,很多人不仅认为

社会是由这些阶层构成的,还将自己视为不同阶层的成员。

然而,尽管上述表达可以用于描述大部分社会成员,但是当

它们用于描述国庆节仪式中的国民时,它们的含义则更为狭窄。

大部分情况下,参加国庆节庆祝活动的人多为政府官员、商人、士

兵、教师、中小学生、大学生和警察。② 这些人可以被称为现代城

市精英,他们通过参加这些庆祝仪式而被定义为国家公民。某种

程度上来说,正是这些人汇聚成了参加国庆庆祝活动的人群,并

在国庆节当天挤满了茶馆,因为他们在银行、政府机关或军工厂

工作,他们在国庆节当天放假。这些人在国庆期间会悬挂国旗,

正如《申报》所报道的,"社会上层人士都会在家门口悬挂国旗和

灯笼,并举办宴会"。③

如前文所述,参加国庆节同样是展现社会地位的一种方式。

1926 年 10 月 10 日,《盛京时报》发表的一篇名为《双十节》的讽

刺剧本充分体现了这一点。剧本中,国庆节当天一位小男孩放假

在家,当他的爷爷问他为什么会放假时,他只能回答是因为国庆

节,但是他自己也不知道为什么国庆节会成为一个节日。随后小

男孩的父亲出场了,他手中拿着一顶毡帽和拐杖,换句话说,他带

---

① 《陆军军官学校第一、二队学生详细调查表》,中国第二历史档案馆藏档案,档案号:
二三〇/110。

② 例如,《盛京时报》,1917 年 10 月 12 日,第 4 版;《申报》,1917 年 10 月 12 日,第
7 版。

③ 《申报》,1917 年 10 月 11 日,第 10 版。

着一个当时现代公民应有的所有物品；小男孩父亲提议吃一顿特
别的晚餐来庆祝这个节日。当小男孩爷爷嘲笑小男孩父亲时，小
男孩父亲说道：

> 国庆节是我们民国中唯一的节日，所有上层人都应该庆
> 祝这个节日。

对于小男孩爷爷不断的反对，小男孩的父亲说道：

> 我们生活在城市中，而这里每个家庭都庆祝国庆节，如
> 果我们不庆祝国庆节，会让其他人看不起我们的。①

这个场景中，我们可以看到，小男孩父亲庆祝国庆节的目的
在于国庆节具有社会价值，而小男孩爷爷不断打断小男孩父亲，
并为国家感到惋惜的行为才是真正的爱国主义。这个故事中，就 <sup>123</sup>
像参加仪式的各种群体一样，国庆节庆祝活动与现代教育和上流
社会紧密联系到一起。

没有被邀请参加国庆节庆祝活动的人们认为，他们的公民身
份也因此受到牵连了。不邀请那些自认为具备一定社会地位且
有权参加国庆节庆祝活动的人会引发严重的冲突。1919 年，奉
天省铁岭市的法官在国庆节时举办了宴会和戏剧表演，但是他只
邀请了四五位地方乡绅参加活动，此举引起了人们的强烈不满，
因为就在前一年，当地所有老师等其他群体的人都受邀参加了当
年的国庆节庆祝活动。而今年，当他们发现只有"有资格的人"才
能参加庆祝活动时，他们提出了严重抗议。② 因此，虽然国庆节
活动是面向大众的，但是参与国庆节活动同时也是一个人作为民

---

① 《盛京时报》，1926 年 10 月 10 日，第 7 版。
② 《盛京时报》，1919 年 10 月 15 日，第 4 版。

国公民的社会地位的体现。

　　大众民主和群众动员思想的出现才是摩擦产生的真正原因，因为这些新思想并不是通过参与节日庆祝活动，而是通过赋予男性(偶尔也包括女性)普遍的政治权利这一抽象概念定义公民身份。根据这一新观点，所有男性都具有公民身份，因此所有男性都应参加国庆节庆祝活动。鉴于这些新思想与五四运动之间的联系，可以说这些思想最重要的体现发生在 1919 年的 10 月。北京学生联合会发表声明称，"由于人们对于国庆节庆祝活动的观念很淡泊"，所以他们决定举行庆祝仪式。① 为了举办庆祝活动，他们组织了一次游行活动，与以往的花灯游行不同，他们在 28 辆手推车上装了 17 万个面包，沿街游行时发放给路人。和面包一起发出去的传单上明确将国庆节和新的国民身份联系到一起：

　　　　今天是国庆节，大部分的军官和政府官员，不论职位高低都戴着勋章，吃着西餐，带着他们的夫人乘坐小汽车。而我们普通市民在他们眼中则什么都不是！我们学生并不想宣扬这种令人愤怒的观点，我们只想和那些同样受苦受难的同胞建立同盟，因此我们将每一块发放的面包作为国庆节的礼物。②

　　游行时，这些学生发表的演讲具有相同的效果；学生们"希望穷人能够和富人一样体会到国庆节是一个国家性节日"。③ 这些面包上印有"民国万岁"和"双十纪念日"等字样，有些面包上还印有一些流行标语，如"打倒军阀""劳动最光荣"和"女性解放"等。

---

① 《晨报》，1919 年 10 月 12 日，第 2 版。
② 《大公报》(长沙)，1919 年 10 月 14 日，第 3 版。
③ 《北华捷报》，1919 年 10 月 18 日。

那些收到面包的人与参加国庆节庆祝活动的人一同高喊着"中国万岁"①。

　　当时的国庆节代表国家,还限定了其参与成员。国庆节通过一系列可以从不同视角进行解读的符号代表国家,而这些符号的本质和这些符号权力的来源使得不同的人对它们的解读也不同。然而,在20世纪头十年代末和20年代初,中华民国的国家象征符号似乎有意地脱离了其政治含义。唯一具有政治内涵的象征符号是将民国看作一个需要人们去悲悯、去深究,甚至有可能的话将其治愈的病儿。尽管国庆节中的这些象征符号被视为超越政治,但是人们日常生活中接触到的政治要素正是这些符号。在政治被视为邪恶和腐败的情况下,只有与国家的象征符号联系起来,个人才能宣称他们是中华民国国民。当时的现代都市精英参加国庆节庆祝活动时,他们参与到一个历史进程中,在这一进程中,只有那些接受了新国家符号的人才能被定义为国民。

125

①《北华捷报》,1919年10月18日。

# 第四章　英雄、反派和历史创造

孙中山于 1925 年 3 月 12 日逝世,全国各界人士纷纷发来讣告和吊文。长期以来,英国人十分反感孙中山,而下面这段讣告令英国人尤为愤怒:

> 吾人于哀悼中山先生之际,尤应注意一事,即中山先生实为中国民治主义之奋斗者,其他各种之对人问题及意见之争论,均不必记忆。其毕生存留最大事实,其他各种之对人问题及意见之争论,均不必记忆。其毕生存留最大事实,为反对专制之奋斗,反对腐败之奋斗,及为政府正义之奋斗,此种思想,已深入全国人心。①

事实上,在"一盘散沙"(孙中山对于中国人的描述)转变为孙中山所设想的一座伟大城市前,很多事情都会被人们遗忘,孙中山的思想也会被人们改变。最奇怪的是,孙中山本人的形象却成为凝聚这座城市的纽带的一部分。

## 临终时刻

去世前,孙中山对其自身的重要性坚信不疑。孙中山不顾其

---

① 唐绍仪引自 PRO:FO 228/3011,第 74 页后未标明页码的页面。

党派成员的反对,肩负着一项抱负远大却又危机四伏的任务前往北京,亲自与时任北京政府临时执政府的段祺瑞协商国家统一问题。① 多年以来,孙中山一直认为,在军阀割据的中国,他领导的广州政府是守卫国家合法地位的堡垒。然而,孙中山的一生与那些在北京与之协商的政治家和官员有着诸多的相似之处。1912年孙中山让位袁世凯后,他身处中央政府之外,因而未能产生很大的政治影响。20 世纪一十年代末,孙中山尝试在广东建立一个独立政权,并通过一系列失败的军事讨伐行动将其影响力向北拓展到中国的中心地区。尽管孙中山的行为客观上与其他地方军阀并无太多区别,而且同样不受其统治地区内人们的欢迎,但他始终主张基于民族主义的更高的道德和伦理地位。② 除那些 *133*失败的军事讨伐行动外,孙中山的主张主要体现在他慷慨激昂和令人鼓舞的言辞之中,尤其是 20 年代初期由他领导的国民党在共产国际的支持下进行重组期间。处于国民党统治时期的中国,孙中山拥有半神话般的地位,而这一地位产生的基础就是孙中山在 20 年代初期奠定的。然而,我们可以看到,正是孙中山的逝世和他的葬礼使他的形象得以在由激进精英组成的知识分子圈外流传。

　　弥留之际,孙中山集结了他自称具有国家领导人合法地位的诸多形象。孙中山将自己与耶稣相比较,他告诉信仰基督教的连

---

① 一份匿名的国民党资料显示,胡汉民是反对孙中山北上的人之一。《晨报》,1925年 4 月 2 日,第 3 版。

② Stephanie Po-yin Chung(钟宝贤), *Chinese Business groups in Hong Kong and Political Change in South China*, *1900–1925* (Basingstoke:Macmillan, 1998); Harry A. Franck, *Roving through Southern China* (London:T. Fisher Unwin, 1926)([美]哈利·弗兰克:《百年前的中国:美国作家笔下的南国纪行》,符金宇译,成都:四川人民出版社,2018 年), 266–279.

襟孔祥熙:"上帝不仅派耶稣到人世,同样也派我来到人世"。①
孙中山决定将自己的遗体安葬在南京,并要求"余之遗骸当一仿
我所敬爱之列宁例"。② 他希望自己的遗体葬在明朝开国皇帝所
葬之地南京,十分契合其在 1912 年就职临时大总统时的抱负和
当时举行的祭祀仪式,这个要求展现出孙中山晚年的合法性主张
与共产主义的联系。人们按照孙中山的遗愿从苏联方面定制了
一个与安葬列宁相同的棺材。但遗憾的是,为孙中山预定的棺材
在葬礼之后才送达,而且这具棺材的材质是玻璃和锡,并非列宁
棺材所用的水晶和青铜,由此,苏联政府对孙中山重要性的看法
不言自明。最后,这具从苏联定制的棺材只被展示了一段时间就
被人们所遗忘;安葬孙中山遗体所使用的棺材是由协和医院提供
的实木棺材,人们认为这种棺材更利于保存遗体。③ 孙中山将其
与明朝开国皇帝和列宁相比较,旨在宣称自己为一个新的重要政
治权力的缔造者,而他的葬礼将成为这一权力合法化的一部分。

　　民国时期,一位政治人物的辞世正是定义他今后形象的关键
时刻。首先,在葬礼这种重要时刻,将亲属和家人排除在外标志
着个人从家庭向公众领域的最终转移。孙中山临终前由儿子孙
科(孙中山与第一位夫人所生)及其年轻妻子宋庆龄看护,但是在

① 引自富路德(L. Carrington Goodrich)的日记,他到场参加了孔祥熙主持的孙中山基督教葬礼仪式。C. Martin Wilbur, *Sun Yat-sen: Frustrated Patriot* (New York: Columbia University Press, 1976)([美]韦慕庭:《孙中山:壮志未酬的爱国者》,杨慎之译,北京:新星出版社,2006 年), 281.
② 马振犊选编:《邵元冲日记——孙中山逝世前后　1925 年 2 月—3 月》,《民国档案》1986 年第 5 期,第 21 页;《申报》,1925 年 3 月 15 日,第 5 版;PRO:FO 228/3011, 30。
③《申报》,1925 年 3 月 19 日,第 5 版;1925 年 4 月 6 日,第 5 版;《北华捷报》,1925 年 4 月 4 日;Lyon Sharman, *Sun Yat-sen, His Life and Its Meaning: A Critical Biography* (New York: John Day, 1934), 312.

孙中山去世和葬礼这段时间,两人不断被自称是孙中山政治继承人的汪精卫抢了风头。一位参加过孙中山葬礼的国民党成员回忆道,葬礼后,汪精卫嚎啕大哭,就好像正在埋葬自己父亲一样。[①] 而且据报道,在孙中山去世后,是汪精卫而不是孙中山的儿子孙科因悲痛而跪倒在地。[②] 重要政治人物去世和葬礼上将家人排除在外的情况还有宋教仁和黄兴。1913 年,国民党领导人宋教仁遇刺身亡,他的葬礼由其革命友人于右任和陈其美而不是他的家人举办。[③] 三年后,前同盟会领导人之一的黄兴在临终前令他的儿子和女儿不要为他哭泣,而要将他们的眼泪留给人民,因为只有这样他们才能称得上是他的子女。[④]

134

重要政治人物逝世的时刻,同时也是争夺其继任权的重要时刻。在孙中山逝世前,他身边的随行人员及其他身处广州的国民党派人士卷入了继位之争,当时国民党内部已因为他们对共产党的态度产生分歧,因此许多人担心这将会进一步分化国民党。这一继位之争中的主要人物包括反对孙中山北伐之旅且在广州担任国民政府领导的胡汉民和孙中山的主要助手汪精卫。胡汉民和汪精卫都是国民党的元老,并与孙中山有着亲密的私人关系。除这二人外,有意竞争孙中山总理之位的还有国民党左翼人士廖仲恺、云南和贵州军队总督唐继尧、西北地区主要军队领导人和

① 李烈钧:《李烈钧自传》,重庆:三户图书社,1944 年,第 87 页。

②《晨报》,1925 年 4 月 2 日,第 2 版。

③ 罗宋伦编:《宋遯初先生遇害始末记》,《革命文献》第 42 辑,《宋教仁被刺及袁世凯违法大借款史料(一)》,中国国民党中央委员会党史委员会,1968 年,第 36—39 页。

④ 李云汉:《黄克强先生年谱》,台北:中国国民党中央委员会党史委员会,1973 年,第 420 页。

当时身为苏联盟友的冯玉祥。[1]

这些与死亡相关的诸多方面在政治遗嘱的产生过程中被汇聚在一起。清朝时期,一份以书面形式呈现并公布的遗嘱是皇室丧葬的特征而不是普通人丧葬的特征。对普通人而言,不论身体健康时还是临终前都没有写遗嘱的习惯。但是,普通人临终前亲属到场并见证其做临终遗言则是普遍现象。[2] 根据清朝传统,皇帝在临终前立遗嘱,并在遗嘱中指定一位皇子作为其继承人。在遗嘱中,皇帝会回顾其统治,向其继任者传达指示并对其葬礼做出安排。然后,这份遗嘱将在全国范围内颁布。[3] 从孙中山的遗嘱中我们可以看出,从一开始他的这份遗嘱就面向更为广泛的群体。民国领导人的政治继承人已不再是他们的儿子,与此同时,留书面遗嘱这种西方思想开始影响政治精英和知识分子们。[4] 孙中山这位新的共和国领导人并没有留口头指示给自己家人,而是给他的追随者留下了一份书面的遗嘱。同样举个例子,宋教仁也是将临终遗愿托付给好友于右任:宋的遗愿中第一条即是将他的藏书捐赠给南京的图书馆;其次希望于右任和黄兴能照顾他的

135

---

① 胡汉民、汪精卫和廖仲恺的抱负是众所周知的,关于唐继尧可参见《晨报》,1925 年 3 月 29 日,第 5 版。关于冯玉祥可参见 James E. Sheridan, *Chinese Warlord: The Career of Feng Yu-hsiang* (Stanford: Stanford University Press, 1966)([美]薛立敦:《冯玉祥的一生》,丘权政等译,杭州:浙江教育出版社,1988 年),171–172.

② J. J. M. De Groot, *The Religious System of China* (Leyden: E. J. Brill, 1892)([荷兰]高延:《中国的宗教系统及其古代形式、变迁、历史及现状》,芮传明等译,广州:花城出版社,2018 年),vol. 1, 3.

③ Evelyn S. Rawski, 'The Imperial Way of Death: Ming and Ch'ing Emperors and Death Ritual', in James L. Watson and Evelyn S. Rawski(eds.), *Death Ritual in Late Imperial and Modern China* (Berkeley: University of California Press, 1988), 228–253.

④ 欧洲使用书面遗嘱的发展过程可见 Philippe Aries(菲利浦·阿利埃斯), *The Hour of our Death* (Harmondsworth: Penguin Books, 1981).

母亲；最后，他希望他的革命友人能够替他担负起革命重任。①

孙中山自我形象的呈现及其追随者企图控制孙中山形象之间的关系体现在其政治遗嘱的组成中。汪精卫试图击败其竞争对手，因此他和孙科以及孔祥熙、宋子文一起拜访了病危的孙中山。当时孙中山正处于昏睡状态，似睡未睡之中，听到有人声进来，便醒来问汪精卫等人想要什么。汪精卫说道：

> 我们四个人今天是以同志的资格来看总理的病况的、总理的病大概不久就可以好了。不过好了之后必须长时间的调养。在调养的时期之中，本党的事情很多，又是很忙，不能够停滞的，一定要有同志，代总理去执行党务才好。要有同志能够代为执行党务，合乎总理的意思，没有错误，一定要总理先说几句话，让各位同志有所遵守才好呢。

在很长时间的停顿后，孙中山回复道，

> 我没有什么话要说呵。我的病如果是好了，有许多话说不完。我就搬到汤山去休养，费几日的功夫，详细的分别对你们说。我的病如果是不能好，还有什么话可说呢？②

当汪精卫重复其要求时，孙中山疲倦地问他们想让他说什么，而此时，汪精卫拿出一份早已准备好的文件，该文件由孙中山随从中的六位核心成员组成的委员会起草。这个委员会由左翼成员掌管，反映出了孙中山当时的政治倾向。除汪精卫外，该委员会成员还包括共产党员李大钊以及两位来自国民党左翼的成

---

① 罗家伦编：《宋遯初先生遇害始末记》，第 34 页。
② 黄昌毅：《孙中山先生北上与逝世后详情》，上海：民智书局，1925 年，第 27—28 页。

员。① 正是这些人起草的文字成为国民党后期对孙中山如同宗教般崇拜的载体，在今后的总理纪念周上，在校学生、士兵和国民党内官员每周都会诵读这些文字。汪精卫呈献给孙中山中的文字如下：

> 余致力国民革命、凡四十年。其目的在求中国之自由平等。积四十年之经验，深知欲达到此目的，必须唤起民众、及联合世界上以平等待我之民族，共同奋斗。
>
> 现在革命尚未成功，凡我同志，务须依照余所著建国方略、建国大纲、三民主义，及第一次全国代表大会宣言，继续努力，以求贯彻。最近主张开国民会议及废除不平等条约，尤须于最短期间，促其实现，是所至嘱。②

孙中山点了点头，表示同意这份声明以及一份关于将其私人物品留给其妻宋庆龄的简短文件。孙中山在逝世前一天才同意签署这两份文件。③ 孙中山在其临终遗言中催促汪精卫等人举行国民会议——这也是他此次来北京的目的，同时孙中山还敦促他们实行"三民主义"——这也是孙中山思想体系的核心。尽管这些都是孙中山本人的话语，但是它们并未像由汪精卫撰写的孙中山遗书那样为人所知。最后，当孙中山去世时，他的追随者听到他用英语、粤语和普通话三种语言说道："和平……奋斗……救中国……"④

---

① 《北华捷报》，1928 年 3 月 17 日，刊登了一篇于右任的声明。委员会成员包括于右任、吴稚晖、李石曾、陈友仁、李大钊和汪精卫。

② 黄昌毅：《孙中山先生北上与逝世后详情》，第 30—31 页。这篇文章后来的几个版本常常是不可靠的。

③ 黄昌毅：《孙中山先生北上与逝世后详情》，第 31—35 页。

④ 黄昌毅：《孙中山先生北上与逝世后详情》，第 35—36 页；《申报》，1925 年 3 月 18 日，第 4 版。

# 筹办葬礼

孙中山去世后，人们立刻对于由谁来举办孙中山的葬礼产生了分歧和矛盾。孙中山的葬礼该由段祺瑞掌控的北京政府、国民党成员还是广州国民政府来承办成为争执的首要问题。当各方对葬礼举办方一事宜达成妥协后，孙中山的家人和国民党左翼成员之间对于是否举办基督教葬礼又产生了激烈的争论。普通民众的感受在这些争论中起着极其重要、通常是决定性的作用，因为孙中山的家属和国民党左翼成员都深刻地认识到，北京市市民将会参加孙中山的葬礼，如果市民们不接受他们举办的葬礼的话，就有可能会导致暴动和混乱。

首要问题是葬礼仪式的本质。孙中山的追随者不承认北京政府的合法性，并且急于为孙中山举办一场隆重的葬礼。另一方面，段祺瑞担心学生发起暴乱，因此他尽可能地限制学生活动。同时，他十分热切地将孙中山尊为民国第一任大总统，并声称自己所领导的北京政府是孙中山的继任者。各方一致认为，孙中山是民国第一任总统，应为其举行国葬。

孙中山去世当天，政府内阁成员在段祺瑞府邸举行会议并讨论此事的反响。内阁成员决定为民国政府另一位前总统冯国璋举办同样的仪式，因为北京政府最近正在筹办冯国璋的葬礼。他们通过电报向全国发布降半旗三日的公告，同时邀请外国大使馆派遣代表。国会一致通过了举行国葬的决议，段祺瑞的北京政府为此提供10万元。尽管国民党成员全然支持向本党派已逝领导人孙中山表达敬意，但是国民党中几位重要人物却反对举行国葬，因为他们认为北京政府和北京国会都不具有合法地位。这些国民党成员建议举行"党内葬礼"或"国民葬礼",而不是国葬。此外,段祺瑞提议在北京天坛或中央公园建一尊孙中山的青铜像,国民党同样提出反对意见,他们认为向孙中山表达尊重的权利属于今后具有合法地位的政府或公众组织。[①] 然而,身处北京而对北京政府提出反对意见十分困难,而且他们也急需这 10 万元,所以国民党最终同意举行国葬。

接下来的问题是孙中山遗体安放地和相关仪式举办地的选择。孙中山去世前,他的一些追随者希望在广东举办葬礼,广东是国民党的地盘,这样的话,华北地区来参加孙中山葬礼的政要们将不得不与国民党进行协商。[②] 然而,并不是所有国民党成员均同意这一做法。一位记者有幸在孙中山去世当天的清晨参观了孙中山在北京的住所,他发现吴稚晖、李石曾和于右任三人分席而坐,正在策划孙中山的葬礼。他们讨论的众多提议之一是开放故宫的主要入口——天安门,并将孙中山遗体安放在太和殿,然后在北京香山举行葬礼仪式,这一点展现了革命精神永存于华北地区。[③] 天安门是古代皇帝祭祀仪式的入口,因此,为孙中山葬礼开放天安门,并在故宫中最重要的宫殿中举办葬礼仪式表明,人们对孙中山的尊重程度远超过同一时期的其他政治人

---

① 《晨报》,1925 年 3 月 15 日,第 2 版;《申报》,1925 年 3 月 16 日,第 6 版。

② 《申报》,1925 年 3 月 5 日,第 5 版。

③ 《申报》,1925 年 3 月 16 日,第 5 版。北京地名的翻译选自于 L. C. Arlington and William Lewisohn, *In Search of Old Peking* (Peking, 1935; reprint New York: Paragon, 1967)([美]L. C. 阿灵敦、[英]威廉·卢因森:《寻找老北京》,赵晓阳译,北京:清华大学出版社,2012 年)。标记清朝北京主要地点的地图见于 Jeffrey F. Meyer, *The Dragons of Tiananmen: Beijing as a Sacred City* (Columbia: University of South Carolina Press, 1991), 32–33.

物。① 不出意料,段祺瑞提出了不同意见,他认为应将遗体放在
先农坛供公众瞻仰,因为先农坛远离城市中心,可以将发生民众
暴乱的可能性降到最低。而后,段祺瑞不得不承认先农坛紧挨着
一所娱乐公园,在此安放遗体不合时宜,因此他建议在先农坛旁
的天坛举办葬礼。② 此时,负责孙中山葬礼的国民党委员会取消
其将孙中山遗体安放在太和殿的建议,并提出在中央公园(今中
山公园)举办葬礼,将孙中山遗体安放在社稷坛的主殿。中央公
园,为纪念孙中山而改名为中山公园,位于故宫的一角,面向天安
门广场。中山公园于1914年面向普通民众开放,并成为一处受
人欢迎的景点。社稷坛地势开阔,十分适合公众集会,同时社稷
坛也是中国古代帝王举行祭祀仪式的重要场所之一。③

　　在葬礼选址问题上,段祺瑞以居高临下的态度对待国民党委
员会,反而使有关这一问题的矛盾加剧了。一方面,段祺瑞仅仅
派了一位内阁成员——王耒到铁狮子胡同宣布无法接受社稷坛
作为葬礼举办地。负责孙中山葬礼委员会的汪精卫和李烈钧愤
怒地向王耒喊道,社稷坛是国家的,不是段祺瑞的,而于右任则冲
出房间径直来到段祺瑞北京政府的总部,他站到段祺瑞的面前,
用力拍打桌子以表达他的愤怒。最后,由冯玉祥的代表鹿钟麟出
面协调,他向段祺瑞提出,如果他们满足国民党委员会的要求并
且在中央公园举行孙中山的葬礼仪式,北京的学生事实上并不会
制造麻烦。鹿钟麟还劝说段祺瑞亲自参加孙中山的葬礼,以提升

① 清朝时天安门的作用可见 Jeffrey F. Meyer, *The Dragons of Tiananmen: Beijing as a Sacred City*, 46–47.
②《晨报》,1925年3月13日,第2版。
③ 林克光等编:《近代京华史迹》,北京:中国人民大学出版社,1985年,第203—205页;Jeffrey F. Meyer, *The Dragons of Tiananmen: Beijing as a Sacred City*, 62–68.

他的个人形象,但并未成功。最后,段祺瑞只同意在中央公园举行葬礼。①

一些主要政客也看到了葬礼仪式潜在的政治宣传作用,很多重要人物前来吊唁孙中山。冯玉祥不仅派出协调员调解段祺瑞和国民党之间关系,还同意承担葬礼的费用。② 前往铁狮子胡同凭吊孙中山的人有梁启超、苏联大使加拉罕(Karakhan)、黎元洪派遣的代表等。③ 这些人对孙中山去世的反应不仅创造,而且利用了他的形象。他们在孙中山去世时将其宣传为一位具有理想主义的、廉洁的政治家,这样做也将孙中山塑造成了真正享誉全国的人物,这一形象受到理想主义者、军阀和普通民众的敬仰。

基督教葬礼是人们为孙中山举行的第一个公众葬礼。与孙中山遗体安放地一样,是否举行基督教葬礼也引发了人们的激烈争论,只不过此次争论局限在国民党内部。孙中山的许多亲属,尤其是其年轻夫人宋庆龄及其子孙科都是基督教徒。他们坚称,孙中山本人也是一位基督教徒,他在临终前要求举行基督教葬礼。参与孙中山基督教葬礼的会众仅限受邀嘉宾,其中外国人居多。在仪式上,燕京大学神学院学生组成的唱诗班吟唱颂歌,一位神学院的中方教员进行布道。刘廷芳说道,孙先生为中国第一人,家族亦系耶稣教徒,故举行耶稣圣主式之家祷礼。就先生功业言,可得与《圣经》相合者数点:(一)信仰心,先生一生无论何时受任何困难挫折,先生之志仍不少改,此先

---

① 鹿钟麟:《孙中山先生北上纪实》,中国人民政治协商会议全国委员会、广东省委员会、广州市委员会文史资料研究委员会编:《孙中山三次在广东建立政权》,北京:中国文史出版社,1986年,第292—293页;李烈钧:《李烈钧自传》,第86页。

② 李烈钧:《李烈钧自传》,第88页。

③《申报》,1925年3月18日,第4版。

生信仰主义之心理足以战胜一切；（二）希望心，先生手创之三民主义及五权宪法，无处不以发扬人类共同之幸福为宗旨，希望达到最后之成功，一生事业亦半由此希望中得来；（三）博爱，先生爱护国家人民及全世界弱小民族，因先生爱于萌芽而可波及人类，无不彼此相爱。综此数端，即与《圣经》所云"望信爱"三十三章完全相同，足证先生为基督教徒。先生虽死，精神仍存宇宙之间。广州国民政府委员徐谦和孔祥熙同样做了发言，强调孙中山与基督教的私人联系。①

在鲍罗庭的领导下，国民党左翼极力反对基督教葬礼，并且否认孙中山是基督教徒。甚至有人发出威胁，扬言要炸毁用于举办葬礼的协和医院的小礼堂。最终双方均做出妥协，国民党中央执行委员会宣称这是一场家庭仪式，并不影响国民党；而且国民党并不承担任何责任。② 这种争论表明孙中山作为接受亲人凭吊的个人身份与作为其继承者操纵下的政治符号之间的矛盾和对立。

西方对于孙中山基督教葬礼的报道笔墨浓重，而中方对孙中山基督教葬礼的报道则十分简略，例如"家庭葬礼仪式结束后……"③原因很简单，基督教葬礼清晰地展现了孙中山生活的诸多方面，而这些很快便被人们遗忘或被人们忽视，这些方面包括：他接受过西方传教士教育、他是一名基督教徒和他与西方社会具有紧密的私人联系。而另一种思想则让人无法接

---

① Sharman, *Sun Yat-sen*, *His Life and Its Meaning*, 310; Leon Wieger, *Chine Moderne* (Sienhsien, 1921-1931), vol. 6, 170-171.

② 《晨报》，1925年3月19日，第2版；《大公报》（天津），1925年3月19日，第3版；马振犊选编：《邵元冲日记》，第22页。

③ 《孙中山先生荣哀录》，上海：国民书局，1927年，第9页。

受,正如陈友仁所说,孙中山去世时被视为"虔诚的基督教徒"而不是一位"注定恢复中国力量和独立的、令人敬畏的革命领导人"。①

# 民　众

孙中山基督教葬礼举行的同时,民众游行队伍也开始在医院门口聚集,他们将把孙中山的棺材送往安放遗体的中山公园。仪式结束时,街上已聚集约 12 万人。当孙中山的棺材从小礼堂抬出时,人们自觉形成送葬队伍。有些报道详细记录了送葬队伍的人员名单及排序:走在送葬队伍最前面的是警察、乐队和来自两百多个组织的代表,其后是段祺瑞政府代表、中小学生、孙中山的亲属、国民党精英,最后是孙中山的棺椁。② 这份名单似乎向人们展示了参加送葬的人员,但是人员的排序则更像是组织者凭空想象出来的。图 17 向我们展示了茫然的人群穿过北京宽阔街道时的景象,而旁观者则爬到树上或车顶以便得到一个更好的视角。根据《北华捷报》的报道:

> 送葬队伍艰难地穿过挤满人群的街道。街上的人群不时地冲破警察和军队的防线,想一睹由国民党成员轮流抬着的孙中山棺椁。③

---

① 《北华捷报》,1925 年 3 月 28 日。
② 《孙中山先生荣哀录》,第 9—11 页。
③ 《北华捷报》,1925 年 3 月 21 日。

图 17　孙中山送葬队伍
图片来源:《东方杂志》第二十二卷第七号,1925 年 4 月 10 日。

　　一位当时参与送葬的北京政府警察回忆道,当时人群不断地向前挤,想要靠近棺材或者触摸棺材,警察几乎无法维持秩序,警察和群众相互拥挤,双方都有人员被撞倒。[1]　人们高喊着"孙中山思想万岁""人民革命万岁""打倒帝国主义""打倒军阀"。[2]

　　人们展现出高涨的热情,事实上,甚至孙中山的一些追随者都对人民群众的热情感到震惊。下文节选自一位国民党高级官员在广东军事学院所做的演讲:

　　　　大元帅在北京逝世了之后,那些民众哀痛的情形,恐怕还要过于我们广东。譬如一听到说大元帅逝世的信息。他们不待政府的通知,就自由举哀。除了日日结队往铁狮子胡同行辕和中央公园吊唁以外,并且用种种文字和宣传,来表示他们哀痛的心理。最奇怪的是大元帅的灵柩由协和医院移到中央公园的那一天,十几万民众,恭迎于协和医院之前,

141

———————

[1] 鹿钟麟:《孙中山先生北上纪实》,第 295 页。
[2]《孙中山先生荣哀录》,第 9—11 页。

有无数万人们,祈求一个执绋的机会而不可得。①

孙中山的棺材抵达中央公园后,送葬的人群一直从中央公园排到天安门广场。但是人群十分混乱,而且人们相互推搡;汪精卫和其他抬棺者就是在这样的困难中将孙中山的棺材运到了其安放的礼堂。当段祺瑞政府的代表尝试进入礼堂时,人们将这位代表挤了出去。这位代表身着正装站在原地,四周都是人,因此,无论是想进入礼堂还是离开似乎都显得十分困难。组织者们担心无法维持秩序,因此关闭了礼堂大门。人群等待的时候,很多学生起身并发表演讲,演讲的主要内容则是敦促召开孙中山生前所呼吁的国民大会。他们带领着人群高喊"打倒军阀""打倒帝国主义""打倒执政府",而身处人群中的政府代表对此却无能为力,只能装作没听到。② 人们高喊的口号反映出当时主要的政治问题;而在孙中山的葬礼上高喊这些口号,则使得这些问题与孙中山逝世的象征符号紧密相连。

人们对孙中山的凭吊持续了两周;在这两周内,公园内悬挂了上千副挽联。这些挽联分别来自工会、学生群体、地方联盟、国民党、其他群体和个人;每副挽联上都写着一副表达对孙中山敬意和哀悼孙中山的对联。葬礼主办方命人将这些挽联挂在公园中主路的两旁。(图 18)公园的扬声器播放着孙中山讲话的录音,此外,主办方还向前来凭吊孙中山的人发放印有青天白日旗、孙中山遗像、遗嘱或孙中山三民主义节选的小册子,其中比较典型的册子中都会有一篇名为《中国人民、世界人民与孙中山遗嘱》

---

① 黄昌毅:《孙中山先生北上与逝世后详情》,第 42—43 页。"大元帅"是孙中山的头衔。
②《申报》,1925 年 3 月 24 日,第 5 版;马振犊选编:《邵元冲日记》,第 23 页。

的文章。①

图 18 中央公园悬挂的挽联

图片来源:《东方杂志》第二十二卷第七号,1925 年 4 月 10 日。

人们为孙中山举办了一场正式的哀悼仪式,参与者为段祺瑞政府的内阁成员。士兵列队站在街道两旁,每个人都在等待着段 142 祺瑞本人亲临现场。一个小时后,有消息传来——段祺瑞本人无法前来,因为他穿不进他的皮革鞋;哀悼仪式在段祺瑞缺席的情况下继续举行。人们后来对段祺瑞缺席的解释是段祺瑞当时太忙了、他收到一封死亡威胁或者是他怕年轻人不够尊重。② 英国外交官强烈反对孙中山的国民党,因此他们最初并未打算出席,并希望其他的外交使团能够追随他们的脚步。但是他们愤怒地发现,一位美国外交官打算向孙中山捐赠花圈。③ 国葬仪式和民众抗议之间的界限很难划清。当人们在街上高喊"打倒军阀"或"打倒帝国主义"时,段祺瑞和英国外交官不敢去参加孙中山的葬

① 《孙中山先生荣哀录》,第 12、30—116 页;Sharman, *Sun Yat-sen, His Life and Its Meaning*, 311;《申报》,1925 年 3 月 26 日,第 5 版;1925 年 3 月 28 日,第 6 版。

② 《申报》,1925 年 3 月 28 日,第 6 版;1925 年 3 月 29 日,第 5 版。

③ PRO:FO 228/2815,25/9 孙中山葬前供公众瞻仰,25/10 孙中山之死:美国公使提议采取行动。

礼,普通民众公开表达对段祺瑞和帝国主义的敌对情绪并不能推翻他们,但会削弱他们的权威。

国葬公祭期结束后,孙中山的棺材被运往北京西山的碧云寺安放。这一次送葬队伍似乎更加有序。街道两旁挂着白旗。孙中山的棺材由一辆小汽车运送,而宋庆龄坐在汽车后的一辆马车中。警察、陆军、海军以及各类社会群体组织参与了此次送葬,这些社会群体包括:女子学校或大学、公共组织和职业联盟(包括社会主义青年团、蒙藏专门学校)、大学、中小学、工会等等。当送葬队伍途径西直门时,队伍停了下来并让装有棺材的汽车通过,然后送葬队伍便解散了。灵柩车继续前往西山,路上很多学生前来围观并高喊"孙中山先生主义万岁""打倒一切军阀""反对帝国主义促成国民会议"。最后,孙中山的棺材被运至碧云寺,他的遗体在这里安放了三年,直到蒋介石于 1929 年将其运回南京。①

## 英雄与反派

孙中山去世后,他成了一位国家英雄。孙中山在世时是一位极具争议的政治家,去世后成了国父;孙中山在世时是明确的(即使常常变化)政府政策的支持者,去世后则成为一个具有多重意义的象征符号。这种变化可以从全国范围内举办的孙中山纪念仪式及这些仪式所具有的广泛吸引力中看出。

孙中山逝世的纪念仪式既包括极为传统的仪式也包含十分现代的仪式。在远离孙中山政权中心的山东济宁,城中心的一座寺庙专门为孙中山举办了一场旧式的民国祭祀仪式。寺庙的墙

---

① 《申报》,1925 年 4 月 6 日,第 5 版。

上挂着孙中山遗像。根据当地传统葬礼习俗，遗像前摆有香炉、蜡烛、油灯、五种糕点和五种水果以及现代花瓶。众人在孙中山遗像前焚香，依据民国的礼仪脱帽三鞠躬并默哀三分钟。该小镇的秘书曾在科举考试中考取过功名，他在孙中山遗像前诵读自己写的祷文。最后，鼓乐队演奏哀乐。显然，这些具有传统思想的组织者认可挂在寺庙门口柱子上的挽联：

> 赤手创共和废封建倡革命生死不渝三主义，矢志易国体摧帝制兴中华英灵常耀两香山。①

四川省南部城市宜宾举行的纪念仪式则是一个十分现代化的仪式。此次仪式在当地国民党总部举行，约 2 000 人参加，成为当地有史以来规模最大的一场集会。墙上挂着孙中山遗像以及很多挽联。仪式上，人们发表演讲、朗读孙中山的遗嘱，人们对这份遗嘱报以热烈的掌声。葬礼组委会的一位成员还组织学生上街演说，演讲的主题首先是孙中山的生平——从孙中山在 19 世纪 90 年代首次成立同盟会到 1924 年成立国民党，其次是帝国主义入侵中国的过程，最后是打倒军阀的必要性。通过这次活动，一所学校建立了自己的国民党支部。② 在宜宾举办的孙中山追悼仪式是由国民党内部亲左派成员举办的，尽管形式有所不同，但是演说内容传达了很多与革命党派相同的思想，即打倒帝国主义和打倒军阀，这些与山东济宁寺庙门口悬挂的挽联上的内

---

① 袁静波：《回忆孙中山先生逝世后济宁县举行追悼大会的概况》，政协山东省济宁市文史资料研究委员会编：《济宁文史资料》第三辑，1987 年，第 1—4 页。两"香山"指的是广东省的香山县（孙中山出生的地方）以及北京城外的香山（1925 年至 1929 年期间孙中山遗体安放点）。
② 熊楚：《忆宜宾举行"孙中山先生逝世追悼大会"》，政协四川省南溪县委员会文史资料委员会编：《南溪县文史资料选辑》第十七辑，1989 年，第 1—7 页。

容相似。

全国各地都举办了孙中山追悼会,参加孙中山追悼会的人来自社会各个阶层,这也表明了普通民众对孙中山的敬仰。据报道,3月末武汉约有 8 000 人参加了一场孙中山追悼会和游行,追悼会是在当地纪念辛亥革命烈士的寺庙里举行的。参与追悼会的人扛着一幅巨大的孙中山遗像,举着写有"死我国父""孙文不死"和"革命未成"等字样的横幅。一位记者在报道中写道,当地师范学校的一位女学生演唱了一首纪念孙中山的挽歌,参加追悼会的人都深受感动而落泪。① 三周后,《北华捷报》驻武汉记者开始对人们在"不懈的热情"下持续不断地开展追悼仪式感到厌倦。该记者写道,这是一场"完美的情绪宣泄"。他记述了人们每天到公园追悼孙中山的场景:

> 他们沿着街道前进,街边所有的商铺都悬挂着由白布制成的旗帜,上面写着"湖北省哀悼孙中山"。在街道的尽头则是被布置成白色的拱门。人们从用相同方法装饰的大门进入,穿过布满白色帷幔的过道,数百副送来的挽联则被悬挂在另一边。巨大的挽堂里,孙中山的遗像前放置着一张盖着红布的桌子,桌子上摆着几碟水果和不同种类的点心。在这张桌子前还有另一张桌子也用相同的红布铺盖,上面有两只巨大的蜡烛正在燃烧。就是在这里,在整整一天的时间中,官员、士兵、学生、商人以及工匠们或成群,或结伴,或独自前来,在鼓乐队的伴奏声下,庄严地在孙中山的遗像前三鞠躬。②

---

① 《申报》,1925 年 3 月 30 日,第 6 版。
② 《北华捷报》,1925 年 4 月 25 日。

不同社会团体进行凭吊的日期不同:周二是省政府总督和其他代表,周三是中小学和大学学生(公立学校给学生放假一天,让他们参加追悼仪式),周四是商人,其余是苦力、手工艺人和女性凭吊的时间。①

武汉举行了规模浩大的追悼仪式。亲历者表示,武汉三镇几乎所有的中小学生和大学生都参与了这一活动。很多人一定是在参加完追悼仪式和游行后,又在当周晚些时候回到孙中山的祭堂凭吊。商人也参加了游行,他们也有专门的一天来凭吊孙中山。从某种程度上来说,政府同样参与组织了追悼仪式、游行和吊唁活动。湖北省总督称,他为此次追悼仪式捐赠了 7 000 元,并专门为他和他的部下们留出一天吊唁孙中山先生。② 人们根据各自的社会阶层在不同的日期参加追悼仪式,而在游行中,商人被独立出去了。凭吊活动向人们展示了组织者可能在下意识中呈现的,并且被人们所接受的社会形象。最后,两位记者在报道中强调了活动中所展现出的情感因素:一首在追悼仪式上吟唱的颂歌让在场的所有人因感动而落泪;随后,当人们前往祭堂吊唁孙中山时,沿路挂满了各种葬礼上的装饰品以及挽联,再配上庄严的音乐,徒增了一种令人敬畏的氛围。

孙中山去世前只是代表一部分民众的象征性人物,他去世后,人们为他举办的声势浩大的追悼仪式使他成为一个国家象征。和上文提及的挽联一样,孙中山的讣告也在反复强调:孙中山建立了中华民国。③ 人们经常将孙中山与美国的开国元勋乔治·华盛顿(George Washington)相比较。当孙中山的遗体被送

---

① 《北华捷报》,1925 年 4 月 25 日。
② 《北华捷报》,1925 年 4 月 11 日,1925 年 4 月 25 日。
③ 例如,《申报》,1925 年 3 月 16 日,第 5 版。

到碧云寺后,悬挂在遗体两边的挽联上写道:

> 功高华盛顿,识过马克思。[1]

《申报》的一篇文章指出,孙中山应该像华盛顿一样,被称为 146 "国父"。[2] 这标志着,在孙中山的生命过程中——不论是被称为孙文或孙中山,或者根据其职位被称为"总理"或"大总统",人们对他的态度发生了明显变化。[3] 尽管如此,这样崇高的比较并不是近来之事——早在 1912 年,就有人提出应该像尊崇孔子一样尊崇孙中山。[4] 而将领导人与华盛顿相比较也不是没有人提出过——1912 年,袁世凯就被人称为中国的华盛顿。[5] 与以往不同的是,"国父"从一种标志性修饰语发展成了一种可以替代孙中山名字的职衔名称。由于关于孙中山葬礼的电报和宣传册将他描述为"国父",这种思想很快便为人们所接受。[6] 然而,很大程度上来说,"国父"更多是一种称呼,而不是职衔;而当"国父"被用作职衔时,通常与孙中山的名字并列。1925 年,河南学生出版的关于孙中山去世的集子里提到的是"国父孙中山"。[7] 1927 年前后,教材中第一次使用这一短语时,用的就是"国父孙中山",而不像

---

[1]《申报》,1925 年 4 月 6 日,第 5 版。

[2]《申报》,1925 年 3 月 15 日,第 17 版。

[3] 根据中国的术语,孙中山用过以下的名字:孙逸仙(名),孙文(字),孙中山(号)。只有在用外语写就的文本中或引用这些文本时才会使用"孙逸仙"。孙中山生前及刚刚去世后,"总理"这一头衔被用来描述他作为政党领袖的地位,因此,在他去世不久后就产生了大量关于谁将接替其总理之位的争议(事实上,此后再也没有人接替这个职位),之后,人们偶尔沿用总理这一头衔指代孙中山,例如,"总理逝世周年"。直到北伐结束后,总理这一术语才泛指孙中山。

[4] 萧德华:《民国制法大方针府庙私议》,1912 年,第 21 页。

[5]《时报》,1912 年 2 月 17 日,第 5 版。

[6]《申报》,1925 年 3 月 19 日,第 6 版;台湾中国国民党党史委员会藏:458/9,追悼总理之宣传品。

[7] 河南青年学社编:《三月十二》,河南:商务印刷所,1925 年,第 42 页。

现在这样用"国父"取代其名字。① 尽管"国父"一词与孙中山的联系还没有达到可以取代其名字的地步,但在当时,"国父"已经是人们普遍接受的一个职衔了。

为纪念孙中山,很多人建议给一些地方改名。广州中华民国陆海军大元帅府建议将广东省更名为中山省,效仿用列宁之名命名"列宁格勒"。一个更为严肃,或者说人们提及次数更多的提议是,将南京市更名为中山市以与华盛顿市相媲美。章炳麟一直与孙中山保持对立,他对南京更名一事表示反对,他指出,明太祖朱元璋定都南京且死后葬在南京,南京都没有为其更名;而孙中山的成就远不及朱元璋,南京为何要为他更名?② 这些提议并未取得实质性成果,只有广州中华民国陆海军大元帅府将孙中山的出生地香山县更名为了中山县。③

孙中山作为国家象征符号被广泛使用,例如,"中山"很快就成为一个流行的品牌名称,促使人们从爱国的角度出发购买中国制造的产品,并通过他们使用的产品展现他们的爱国主义情怀。孙中山逝世一周年时,一则中山牌香烟广告展示了香烟盒正面印有的孙中山的名字和画像。为吸引消费者购买中山牌香烟,广告词如是写道:

> 今日是孙公周年纪念,吾国民钦仰中山先生,应吸国货中山牌香烟,用表敬意并以塞漏卮。

香烟盒背面印着"纪念国父"和"提倡国货",能够体现出吸烟

147

① 例如,魏冰心、吕伯攸等编:《后期小学国语读本》第一、二册,上海:世界书局,1927 年。
②《晨报》,1925 年 3 月 29 日,第 2 版;《申报》,1925 年 3 月 16 日,第 13 版。
③《中山市历代行政区划》,中山市地方志编纂委员会办公室,1992 年,第 10 页。

者的爱国情怀。① 一则中山牌橄榄油的广告韵文如是写道：

> 中山先生功绩在人间。去世还令人思念。要把先生来纪念。第一须吃中山榄。②

人们将"中山"用作品牌名的情况很普遍，因此负责孙中山安葬活动的南京组委会表示，任何使用"孙中山"名字作为品牌名称的人必须在报纸上公开发表声明，表明这一品牌与孙中山家庭及国民党没有任何关系。③

事实上，孙中山成了一位名副其实的国家英雄，因此，庆祝活动和对孙中山生平的纪念活动甚至呈现出了一种宗教色彩。孙中山过世后的几年内，每年孙中山诞辰的庆祝仪式都与当时主流宗教有着诸多相似之处——他们十分注重庆祝诸神的诞辰。广东的传教士表示，每周参加孙中山纪念仪式的人显示出的态度与过去人们对孔子和宗族祭祀仪式的态度一样；他们注意到，人们将孙中山的话语当作箴言，在游行时举着孙中山遗像，每周举办纪念孙中山活动，雇传教士向人们解释"三民主义"的含义。一位作家写道，如果你去问"普通人"，他们会认为这些庆祝仪式与纪念佛祖的庆祝仪式并无任何差别。④ 然而，大多数从事国民党宣传工作的作家们与反对主流宗教的传统知识分子观念相同，当他

---

① 《申报》，1926 年 3 月 12 日，第 4 版。这一时期香烟广告中爱国主义与民族主义形象的重要性参见 Sherman Cochran, *Big Business in China : Sino-Foreign Rivalry in the Cigarette Industry , 1890–1930* (Cambridge, MA: Harvard University Press, 1980)（［美］高家龙：《中国的大企业：烟草工业中的中外竞争（1890—1930）》，樊书华、程麟荪译，北京：商务印书馆，2001 年）.

② 《良友画报》，1926 年 10 月 15 日，第 1 页。

③ 南京市档案馆、中山陵园管理处编：《中山陵档案史料选编》，南京：江苏古籍出版社，1986 年，第 62 页。

④ Wieger, *Chine Moderne* , vol. 7, 168–169.

们意识到他们对孙中山的态度具有宗教性质时,他们选取的宗教比较对象是儒教、基督教和佛教(极少数)。有关孙中山的宣传语,尤其是 1928 年纪念孙中山诞辰的宣传语,深受宗教意象的影响。一位作者在书中谈及了那些"主动接受三民洗礼"的人,并写道,当那些人在仪式中安静站立时,就"好像党的领导人的灵魂涌入他们的头脑中"。① 这种意象在当时很常见,另一位作家甚至 148 直接指出,孙中山的"信徒"就是国民党的成员。②

　　大多数意象是在基督教的影响下形成的,这些意象表明,基督教成功建立了多个团体,它们拥有着忠实的信徒。另有一篇十分有趣的论文,该论文可能是受佛教影响,论文结尾表达了作者的期许:"民国的国民、我党的同志,每个人都能主动成为我党领导人的化身"。③ 而从事宣传的作家们则提醒他们的读者,如果将孙中山先生的纪念仪式看作是儒教或基督教信徒的迷信或神秘仪式,那么就与国民党提倡的科学精神相背离。④ 但是,他们将自己与隐晦的宗教仪式区分开来的特征不是别的,而是他们自身的虔诚度。一位作家在关于孙中山纪念周的著作的绪论中如是写道:

　　　　重点不在于像其他宗教所举办的宗教仪式。因此,我们会有所疑问,当"总理纪念周"成为同志们日常用来表达对领袖的真实情感,或是表达对同志间的相互依恋及尊敬的场合

---

① 中国国民党浙江省党务资料委员会训练部编:《总理纪念周详解》,杭州:浙江省杭州印刷局,1926 年,第 6、9 页。也可参见《广州民国日报》,1926 年 3 月 12 日,《孙总理周年纪念号》,第 8 页。
② 淞沪警备司令部政治训练部编:《总理诞辰纪念册》,1928 年,第 53 页。
③ 淞沪警备司令部政治训练部编:《总理诞辰纪念册》,1928 年,第 52 页。
④ 淞沪警备司令部政治训练部编:《总理诞辰纪念册》,1928 年,第 50 页。

时,我们不应该对这种纪念仪式的时间长度做出严格的要求。①

这种宣传内容的影响极为广泛,例如当问及一位申请国民党军校的学员的宗教信仰时,他答道,"三民主义"就是他的信仰。②甚至那些不信仰"三民主义"的人也注意到了这种趋势:1928年孙中山诞辰纪念仪式过后,身处山西的刘大鹏写道:"孙文既死,中国党人尊之敬之较甚于孔圣人也"。③

人们普遍接受孙中山是国家英雄,这在一定程度上表明,用于探寻社会与政治的全新框架正在被普及。框架的基础是中国当时的政治背景,当时的政治舞台是由帝国主义、军阀和革命党派三方势力共同组成的。孙中山北京葬礼上出现了"打倒军阀""打倒帝国主义"的口号,这些口号已经存在多年了,但葬礼通过情绪感染将这些口号与孙中山本人联系到一起的方式是崭新的。《北华捷报》的一位记者参加了武汉举办的孙中山纪念活动,他漫步在举办活动的公园中,人们正在发表演说,听完后,他发现演说的主题是外国人来华后如何通过抢掠和欺骗国人发家致富。在武汉,上万本分发出去的宣传册都是类似的主题。该记者写道:
149 "这些往来的人群和仪式只是为了唤起人们的情感共鸣来进行排外宣传"。④

这些口号和宣传语源于列宁对帝国主义的分析,这些分析也

---

① 中国国民党浙江省党务指导委员会训练部编:《总理纪念周详解》,第7页。翻译时,保留"Sun Yatsen"(孙逸仙)首字母大写,表明在中文里他的名字前会留下敬语的空间。
②《陆军军官学校第一、二队学生详细调查表》(1924年7月),中国第二历史档案馆藏陆海军大元帅大本营档案,档案号:二三〇/110。
③ 刘大鹏遗著,乔志强标注:《退想斋日记》,第376页。
④《北华捷报》,1925年4月25日。

是斯大林在 20 世纪 20 年代初期验证国共统一战线政策合理性的根据。列宁指出,在殖民地和半殖民地,帝国主义会阻碍生产力的充分发展,他们担心一旦当地的民族资产阶级力量壮大,他们就会失去自身优势,因此,帝国主义会扶植当地落后或传统势力。① 国民党认为中国的落后因素是国内的"地方军阀",并且帝国主义与军阀之间有着千丝万缕的联系。该理论框架用于分析中国社会的情况时暗含了丰富的道德规范。② 称某人为帝国主义者或者军阀是一种侮辱性行为,这在很大程度上取决于评价者如何看待评价对象的主观动机。政治权力正是在这种主观的政治分析,尤其是简单易理解的分析基础上建立起来的。

在普通民众看来,"帝国主义"和"军阀主义"都是相对较新的词汇。1929 年,国民党训练部发表的一篇关于评论孙中山遗嘱文章指出,人们对"帝国主义"和"军阀主义"含义的理解并不正确。这在一定程度上是因为,"帝国主义"一词是在 1925 年后才成为一种普通用语的。很明显,很多人认为只有由君主统领的国家才能称为帝国主义国家,而法国和美国等共和国则不是帝国主义国家。而对军阀的理解则更为荒谬——人们认为所有士兵都是军阀。该文章指出,事实上只有与帝国主义有联系的人才可称为军阀,因此,张作霖和吴佩孚可被视为军阀,而革命党派的士兵不是军阀。③ 国民党不得不开始控制民众对当时政治情况的认

---

① Arif Dirlik, *Revolution and History：Origins of Marxist Historiography in China, 1919-1937* (Berkeley：University of California Press, 1978)（[美]阿里夫·德里克：《革命与历史：中国马克思主义历史学的起源,1919—1937》,翁贺凯译,南京：江苏人民出版社,2005 年）,59.

② 一项关于军阀的研究通过对比论证了"军阀"一词一直被用作历史分析工具,见 Edward A. McCord, *The Power of the Gun：The Emergence of Modern Chinese Warlordism* (Berkeley：University of California Press, 1993).

③ 中国国民党浙江省党务资料委员会训练部编：《总理纪念周详解》,第 25—31 页。

知，这在一方面表明，国民党顺利地将"帝国主义"和"军阀主义"的概念传播出去了，另一方面也证实了他们未能有效控制人们对这些术语的理解。

正如英国将反帝国主义打上"反外国情绪"的标签一样，地方掌权者也拒绝承认他们是"军阀"。因此，谁才是军阀仍有待定义。孙中山在广州时自称"大元帅"，依靠军事力量执政，但很明显，孙中山并不认为自己是军阀。事实上，国民党眼中的"军阀"往往被他们的支持者和被他们统治的人称为"政治家"。① 因此，当一位南京国民党成员建议将南京秀山公园更名为中山公园时，他特别强调，秀山公园以江苏省前任总督李纯的"字"命名，而"李纯却是一个军阀"。② 然而，像许多其他的所谓"军阀"一样，李纯是一位有争议的人物，绝不是"军阀"二字能够简单概括的。英国驻南京领事评论道，那些认识李纯的人都会称赞他为"最无私、最真诚为国效力"的人。③ 从国家层面来看，李纯是一位小人物，仅掌管着南京及周边地区；然而，李纯的死却在国内引起了不小的反响。李纯开枪自尽，留下两封信：一封信呼吁全国统一，另一封信则承诺捐出其大量财产的一半来缓解饥荒和发展教育。④ 为国饮弹自尽的确具有巨大的潜在影响，这为李纯赋予了英雄地位。李纯死后，人们建立了秀山公园以作纪念。秀山公园的中间有一座高檐亮瓦的宫殿式建筑，其前立着李纯的铜像和一座石

---

① 参见杨增新的例子，他自 1912 年至 1928 年控制着新疆。白振声、[日] 鲤渊信一 (Koibuchi Masakazu) 编：《新疆现代政治社会史略》，北京：中国社会科学出版社，1992 年，第 98—131 页。

② 《秀山公园改为中山公园之建议》(1927 年 7 月 7 日)，中国第二历史档案馆藏国民政府总统府档案，档案号：一/1811。

③ 英国国家档案馆：外交部：大使馆和领事馆档案室：日本：通讯 (PRO；FO 262)；FO 262/1454，555。

④ 《北华捷报》，1920 年 10 月 16 日。

碑。建筑物一侧是一个舞台，另一侧是一座小房子，里面放着刻有李纯遗书的石碑。因此，1925 年当人们提议将秀山公园更名为中山公园时，江苏省政府中李纯的后继者们纷纷表示反对，他们指出李纯同样为国贡献颇多。最终，直到国民党政府定都南京时，秀山公园才更名为中山公园。更名后，人们便将刻有李纯遗书的石碑从祠堂中移出，并换上刻有孙中山遗书的石碑。① 1925年的纪念仪式中，国民党成员称孙中山为革命英雄，称李纯等人为军阀，他们由此创建了一种新的框架，普通民众可以通过该框架理解复杂的社会、政治和军事状况。

## 创造历史

任何为政治反应辩护的社会观点，都通过其对过去与现在的认知和理解来获取认可，正如国民党对帝国主义和军阀的分析。② 国民党将"帝国主义—军阀主义"作为社会分析的框架，为自身赋予了合法地位，同时也获得了民众的支持。国民党在长期努力下，最终成功建立起了人们理解近现代中国历史的方式，这是其

① 杜福堃编纂，陈逎勋辑述：《新京备乘》第一册，北平清秘阁南京上海分店，1934 年，第 50 页；《北华捷报》，1925 年 4 月 4 日。
② 这一过程的发生最近引起了历史学家与人类学家的极大兴趣。参见 Richard G. Fox（ed.），*Nationalist Ideologies and the Production of National Cultures*（Washington：American Anthropological Association，1990）；Robert Gildea，*The Past in French History*（New Haven：Yale University Press，1994）；Keith M. Baker，*Inventing the French Revolution：Essays on French Political Culture in the Eighteenth Century*（Cambridge：Cambridge University Press，1900）。特别是关于中国的研究参见 Yves Chevrier，'La servante-maitresse：condition de la référence à l'histoire dans l'espace intellectuel chinois'，*Extrême-Orient Extrême-Occident* 9（1987），119 – 144；Rubie Watson（华若璧）（ed.），*Memory，History，and Opposition under State Socialism*（Santa Fe：School of American Research Press，1994）.

中的一个重要阶段。正如魏斐德(Fredrick Wakeman)所说,人们亟需这种理解中国历史的新方式,因为帝制覆灭"不仅破坏了整个政治秩序,同时也摧毁了支持这个政治系统的传统"。① 在这一过程中,孙中山和国民党成为中国近现代历史叙事的中心。

孙中山去世后不久,人们就将孙中山与中国历史联系到了一起。一家上海报纸上的讣告写道:

> 为了给予像孙中山这样重要领导人恰当的历史地位,我们有必要采取新的评价方式:回顾中国过去几十年的历史,孙中山的一生都与中国历史密不可分。②

要想理解这种叙事方式产生的过程,我们必须要先探寻清朝末期至 20 世纪 20 年代的历史构建。我说的"历史"并不是历史学家们眼中的历史(尽管民国和中华人民共和国的史学家最终接受了这种叙事方式),而是莫里斯·哈布瓦赫(Maurice Halbwachs)所说的"历史记忆"。哈布瓦赫认为,社会各群体和机构都拥有各自的"共同记忆",在这些记忆中,"历史"主要是一种受现实问题影响的社会构建;每个人都拥有关于自身生活的记忆,"历史记忆"在纪念活动和反复提及中得以保持鲜活。③ 皮埃尔·诺拉(Pierre Nora)在其关于当代法国历史研究的著作中对国家集体记忆的构建进行了分析,他指出,集体记忆作为一系列

---

① Frederic Wakeman, *The Fall of Imperial China* (New York:Macmillan, 1975)([美]魏斐德:《中华帝制的衰落》,梅静译,北京:民主与建设出版社,2017 年),225.

② "新上海生活"翻译自 PRO:FO 228/3011,74。

③ Maurice Halbwachs, *On Collective Memory*, ed. and trans. Lewis Coser(Chicago:University of Chicago Press, 1992)([法]莫里斯·哈布瓦赫:《论集体记忆》,毕然、郭金华译,上海:上海人民出版社,2002 年).

具有转变事实潜力的策略,其影响力超过了政治。① 20 年代,国民党成功转变了中华民国的国家记忆,而这只是国民党在广东构建其势力过程的一部分。

国民党在广东构建势力的过程还体现在对黄花岗起义七十二烈士的崇拜历史中。为进一步理解烈士,我们首先要回顾清朝衰落时革命领袖黄兴在广州举行的起义。1911 年春,黄兴发动起义时,孙中山正身处国外,作为黄兴的亲密盟友,孙中山为他筹措了大量资金。广州的一位满族将领被意外刺杀,给起义计划带来了变数。当时当权者正处于高度警戒状态,黄兴等人贸然发动了起义,而香港的援兵未能及时赶到,因此,本次起义以失败告终。没有人知道起义中具体的死亡人数,只知道当地慈善机构从省政府处领回了 72 具遗体。有人指出其中一具身着蓝色长袍的遗体看起来并非革命人士,因而,真正下葬的遗体只有 71 具。两位地方法官打算将这些遗体埋葬在一般用于埋葬罪犯的乱葬岗,但一位名叫潘达徵的革命者决定为这些革命烈士举行一场体面的葬礼,于是他便向居住在广州的著名的翰林院学者江孔殷求助。由于江孔殷的介入,当地政府同意慈善机构将这 72 具遗体葬在他处。安葬之处是广州郊外的一座小山,潘达徵将该地更名为黄花岗。这 72 位革命者史称黄花岗七十二烈士,这次起义也因而被称为黄花岗起义。②

这种简易的坟墓一直保留到 1912 年末。后来广州的当权者

---

① Pierre Nora(ed. ), *Les Lieux de Memoire* (Paris: Gallimard, 1984-1992)([法]皮埃尔·诺拉:《记忆之场》,黄艳红等译,南京:南京大学出版社,2015 年),vol. 1.

② 邹鲁:《广州三月二十九革命史》,台北:帕米尔书店,1953 年,第 72—73 页;《大公报》(天津),1925 年 6 月 17 日,第 2 张第 6 版;梁士敦:《江孔殷纪实》,《佛山文史》第 1 辑,1987 年,第 101—107 页;Hsueh Chun-tu, *Huang Hsing and the Chinese Revolution* (Stanford: Stanford University Press, 1961)([美]薛君度:《黄兴与中国革命》,杨慎之译,香港:三联书店香港分店,1980 年),78-93.

正是当年参加起义的人,他们立即组织了大规模的祭祀仪式来告慰革命烈士的英灵。胡汉民曾是起义的主要组织者之一,而他当时正担任广东省省长,他为革命烈士们举办的祭祀仪式吸引了大量群众参加其中。[1] 胡汉民等人说服了广东省政府议会出资修复烈士坟墓并竖立墓碑。[2] 很多参加过起义的成员目前都在民国政府中任职,因此,民国政府同样向这些烈士们表示了敬意,尽管通常是向个人而非群体表达敬意。[3] 1912年夏天,国会讨论国家节日的日期时,七十二烈士显然没有被视为与国家相关的群体。当有人提议庆祝黄花岗起义周年纪念日时,袁世凯的支持者和众多激进分子均提出了反对意见,在他们看来,如果要纪念黄花岗起义的话,那么也应该纪念其他失败的地区起义。[4]

很多支持纪念黄花岗起义的革命者参与了1913年的"二次革命",革命失败后,不仅纪念活动停办了,坟墓的修建工作也被搁置了。[5] 但人们对烈士的敬意并未中止——一位曾在乡下担任警察的年轻人离任回乡后回忆道,他曾经参观过七十二烈士墓,并向他们鞠躬致敬。[6] 然而,只有广东本地人和少数激进分子向黄花岗七十二烈士表达着敬意。国民党重新掌权广州后,其重要人物林森因与黄花岗七十二烈士当中的一位是福建同村人,他便从海外华人处筹资为七十二烈士墓建拱廊、楼阁和石碑。林森还找到了56位烈士的名字,并在墓旁立了一座刻有这56位烈

[1]《申报》,1911年11月28日,第1张后幅第2版。
[2] 邹鲁:《广州三月二十九革命史》,第78页。
[3] 例如,孙中山对于喻培伦,参见《孙中山全集》,北京:中华书局,1982年,第292—293页。
[4] 周开庆:《行知集》,台北:畅流半月刊社,1975年,第62页。
[5]《大公报》(天津),1925年6月17日,第2张第6版。
[6] 蔡廷锴:《蔡廷锴自传》,哈尔滨:黑龙江人民出版社,1982年,第109—110页。

士名字的石碑。1922 年，黄花岗起义的幸存者们通过一次聚会又找到了 16 位烈士的名字，并将这些名字补刻到了石碑上。① 1925 年，华北地区的游客到黄花岗参观时，他们发现这里是被人精心维护过的——这里种着稀有的植物，建有一座鱼塘和一些精美的建筑。② 同一时期，国民党成员邹鲁开始编撰一本有关黄花岗起义史的书籍。孙中山为该书作序，他在序言中指出，这 72 位烈士是为三民主义和五权宪法而牺牲的。③

　　从邹鲁的书中和孙中山所写序言中，我们看到了一种新愿景，即这些已故烈士是孙中山及其发起的中国同盟会领导下的一个团结一致的团体（如今同盟会被视为 20 世纪 20 年代成立的国民党的前身，甚至是隶属于同一政治意识形态）。这 72 位烈士从广州人参与辛亥革命的象征变成了孙中山领导下的中国同盟会（即国民党前身）的象征。事实上，不论是 1911 年还是 1925 年，国民党呈现出的庞大而统一的政党形象都与现实不符。④ 1911 年，中国同盟会不过是一个伞状组织——各种革命团体为发动起义而联合在一起。1925 年，国民党内部因对共产党的态度不同而产生了分歧，而更多时候，它只是一个为反抗袁世凯和之后的北洋政府而临时成立的军事联盟。

---

① 邹鲁：《广州三月二十九革命史》，第 78—79 页；中国国民党党史馆：260/69，《征求黄花岗七十二烈士事迹调查表》。

②《大公报》（天津），1925 年 6 月 16 日，第 2 张第 6 版；1925 年 6 月 17 日，第 2 张第 6 版。

③ 邹鲁：《广州三月二十九革命史》，第 1 页。

④ Hsueh Chun-tu, *Huang Hsing and the Chinese Revolution*；Lloyd Eastman（易劳逸），'Nationalist China during the Nanking decade 1927–1937', in John K. Fairbank and Albert Feuerwerker（费维恺）（eds.），*The Cambridge History of China*（Cambridge：Cambridge University Press，1986），vol. 13,118. 一种反对的观点强调了孙中山处于 1911 年以前革命活动的中心，参见桑兵《清末新知识界的社团与活动》，北京：生活·读书·新知三联书店，1995 年，第 10—14 页。

黄花岗七十二烈士成为国民党内各派系为争得政党历史合法性而使用的象征符号之一。撰写广州起义史的邹鲁是国民党反共势力的头目。1926年,国民党联共派掌权广州时,为表明其作为孙中山革命党派继承人的真实性,他们希望大力庆祝黄花岗

起义纪念日。然而,黄花岗起义的目的远复杂于国民党左翼所企图宣扬的。国民党在黄花岗起义纪念日发了一篇"致民众的信",提醒民众时过境迁,今时不同于1911年,人们也应当做出不同的反应。此时此刻,街上的标语是"鉴于黄花岗之败,应即拥护总理农工政策"。此外,还有人公开抨击在上海独自举行庆祝仪式的国民党右派。① 尽管各方意见不合,但是这些争论将这些符号推向了思潮的最前沿,进一步强化了这些符号。

新的历史叙事围绕国民党合法性展开,这一叙事主导着20世纪20年代末期的近代历史叙事。小学历史课本就是一个简单例子:1925年或1926年由主流出版商出版的教材会在序言中阐述辛亥革命以及清末新政,甚至是《凡赛尔和约》和《二十一条》;1926年出版的教材则将辛亥革命相关内容仓促换成了另一段近代史,同时删去清末新政并突出强调与孙中山相关的史实;20世纪30年代初期,教材内容着重凸显了孙中山作为革命领导人的地位,其中一本教材甚至还将辛亥革命有关章节更名为"中华民国与国民党"。② 尽管这种新的历史叙事是出于政治原因而在众多历史叙事中占据了主导,但是我们仍可以从国民党的象征符号

---

① 《广州民国日报》,1926年3月27日,第3版;1926年3月29日,第3版。
② 例如,吴曾祺编:《初等小学中国历史读本》,上海:商务印书馆,1914年;吴研因编:《新法历史教科书》(六册),上海:商务印书馆,1924年;金兆梓、洪鋆编:《新小学教科书历史课本教授书(高级)》(全四册),上海:中华书局,1926年;李直编:《新中华历史课本》(四册),上海:新国民图书社,1932年。

中找到其成功的根源。

日历也成为新历史叙事的工具之一。自从孙中山首先颁布命令采用阳历,人们就被告知:"实行国历是遵行总理的遗志"。[①]如果说使用阳历与孙中山密不可分,那么 1929 年国民党政府颁布的假期表也与孙中山相关。28 个纪念日中,有 6 个与孙中山有着直接联系——孙中山诞辰之日、孙中山首次领导的起义、孙中山伦敦蒙难、孙中山就职南京中华民国政府大总统、陈炯明"六一六"兵变围攻孙中山以及孙中山逝世。[②]谢振铎在其由黄埔中央军事政治学校政治部出版的《革命史上的重要纪念日》一书中指出,事实上,所有的纪念日都或多或少与孙中山有关。[③]

凡是参与所有纪念日的人都体验了一种与学校教材高度相 155似的历史叙事。从历史角度而不是具体的日期来看,这种叙事是以第一次鸦片战争后的《南京条约》纪念日为开端,也就是说,是以帝国主义入侵为开端;接着是孙中山的诞辰之日、孙中山首次领导起义和孙中山伦敦蒙难;而后是 1911 年发生多个事件,包括辛亥革命、黄花岗起义纪念日、武昌起义纪念日(国庆节)以及民国成立之日(1 月 1 日)。1914 年云南起义的纪念日用于纪念民国的失败。云南起义引发了二次革命、陈其美的殉教(陈其美是蒋介石的导师,被袁世凯派人暗杀)、日本的《二十一条》和五四运动。叙事的中心从华中、华北转向广东地区以及孙中山领导下的南京政府,在此期间,值得纪念的活动有 1921 年孙中山就任临时

①《实行国历宣传大纲》,中国国民党中央执行委员会宣传部,1928 年,第 5 页。
② 中央政府于 1929 年 7 月 1 日发行的规则表多次再版,本文参考了《涟水县政公报》,1929 年 10 月 1 日,"特载",第 1—2 页。
③ 谢振铎:《革命史上的重要纪念日》,黄埔中央军事政治学校政治部发行股,1927 年,第 4 页。

大总统的就职典礼、广州国民政府的正式建立、陈炯明的叛变及朱执信的牺牲(死于与陈炯明势力的一次冲突)。孙中山的逝世将南方政府的历史与华北地区的事件联系到一起。帝国主义和军阀主义在济南、上海(五卅惨案)、广州和北京展开的一系列屠杀事件进一步加强了这种联系。北伐战争开始、国民党清党和新政府定都南京时,这种叙事便结束了。劳动节和妇女节是所有节日中仅有的两个与这一段叙事没有任何联系的节日。国家公共假期和纪念日日期的确定标志着这一叙事达到顶端——孙中山的诞辰、黄花岗起义、武昌起义(国庆节)、民国成立(1 月 1 日)、孙中山逝世之日以及北伐战争开始之日。

国民党政府推行的日历与国内主要城市和其他地区拥有现代思想的官员及市民们庆祝的纪念日周期之间相互影响。① 在这一周期中,人们最常庆祝的是阳历新年(民国成立之日)、武昌起义(国庆节)、《二十一条》纪念日(国耻日)、劳动节和孙中山逝世之日。尽管所有这些纪念日都包含在国民党设立的节日周期内,但国民党仍对这些节日保持重视,这表明,国民党推行的日历是建立在一种不同于以往的主流史观之上的,而且前者试图取代后者。国民党设立的主要公共假期包含黄花岗起义和北伐战争起始日,这两个节日强调了国民党在这些事件中发挥的作用。劳动节和《二十一条》纪念日通常为人们所抵制,因此庆祝周期被缩短为寥寥数日。

在国民党及其同盟统治的区域内,人们经常举行大规模庆祝活动来庆祝这些新节日。一位西方记者在记述"共产党"(实际上

---

① 对这则材料的不同解释参见 Jeffrey N. Wasserstrom, ‘Revolutionary Anniversaries in 20th Century China：Some Theoretical Speculations’, Asian Studies of the Pacific Coast Conference, 1990.

是国民党)在湖南的统治情况时抱怨道,每隔两三天就会举办各种庆祝国家胜利日、国耻日或其他纪念日的活动。① 驻汕头的英国领事抱怨道,这些节日庆祝活动不仅举办得"异常频繁",还会鼓动外资企业员工参与其中。② 南京政府举办孙中山逝世三周年纪念活动时,要求所有学校参加,要是学校没有派学生上街演说的话,政府会派代表到这些学校去。除学生之外,70多家工会,无论是南京城内浴堂工会还是豆腐菜小贩工会,都派出了代表团参加群众集会。③

孙中山显然是一个十分成功的象征符号,如要解释该象征符号的意义,就注定要面对国民党内关于孙中山的激烈争论。孙中山的临终遗言似乎创造了一个绝佳的宣传机会。早在1925年4月,广东省国民党武装势力就下令每周举行纪念孙中山的仪式。仪式在每周一上午举行,所有士兵和官员都站在孙中山遗像前。仪式的第一项是向孙中山遗像三鞠躬,如果没有摆放孙中山遗像,那就向"青天白日旗"三鞠躬;紧接着是默哀三分钟,并诵读孙中山遗嘱,随后一名官员会为大家解释遗嘱的含义,最后是关于孙中山思想和革命历史的演讲。如果未能参加仪式或是敷衍了事的话都将受到惩罚。④ 这种每周一次的纪念仪式很快流传开来,到了1926年,广东所有公立学校和军队都会举行这种仪式。⑤ 政府还颁布了一条法令,要求所有国民党分部召开会议时都应朗读孙中山遗嘱。⑥ 随着北伐战争的开展,国民党的势力范

---

① 《北华捷报》,1927年5月7日。

② PRO:FO 228/3272,526。

③ 《首都各界总理逝世三周年纪念特刊》,南京,1928年,第53—56、76、78页。

④ 《广州民国日报》,1925年4月27日,第3版。

⑤ Wieger, *Chine Moderne*, vol. 7, 169。

⑥ 中国国民党浙江省党务资料委员会训练部编:《总理纪念周详解》,第20页。

围也随之扩张,在学校中进行的"总理纪念周"的仪式也随之普及。1928年浙江有关"党化"的法令要求浙江省所有学校每周举行孙中山纪念活动,并在活动上做有关政治和党务的报告。[①] 国民党占领北京后,公共浴室的经营者扬言要开除那些请假参加孙中山纪念仪式的理发师。[②]

所有仪式都围绕孙中山——新共和国的核心符号展开,每一场仪式的焦点都是大声朗读孙中山的遗嘱。有时只是简单地朗读或者诵读孙中山的遗嘱,有时人们会像吟诵经典文章一样吟诵孙中山的遗嘱。[③] 1927年某个周一的清晨,一位西方人目睹了一场在广州举行的孙中山纪念仪式,他将这种仪式称为"遗嘱朗读仪式",他注意到,"当这位已故领导人的遗言被反复诵读时,没有人窃窃私语,甚至没人敢咳嗽"。[④] 反复诵读遗嘱,尤其是孙中山先生的遗嘱是这些仪式最重要的标志性特征。但是,遗嘱的内容同样重要,而且遗嘱的内容有着很大的解读和争论空间。遗嘱内容中最具争议的地方首先是唤起民众和"联合世界上以平等待我之民族",其次是明显很老套的表述"革命尚未成功"。

1926年,由广州政府左派支持发表的一篇关于孙中山遗嘱的评论解释道,"联合世界上以平等待我之民族"这句话中的"民族"具体指的是苏联,并且孙中山在遗嘱中批准了与苏联建立同盟。这种解释与"唤起民众"的呼吁联系在了一起,而"民众"指的是农民和工人。这篇评论文章在解释了这两个关键点之后,对其

---

① 戴渭清编:《国民政府新法令》第七编,上海:广智书店,1928年,第17页。

② David Strand, *Rickshaw Beijing：City People and Politics in the 1920s*(Berkeley：University of California Press, 1989), 230.

③ 南京市档案馆、中山陵园管理处编:《中山陵档案史料选编》,第114、137、143页。

④ H. G. W. Woodhead(伍德海), *The China Yearbook 1928*(Tientsin：Tientsin Press, 1928), 1323.

他内容一带而过。① 华北地区的统治者冯玉祥与国民党和苏联同时结成同盟,在他的支持下,1927 年发表的一篇类似的评论文章指出苏联是"唯一以平等待我之民族"。然而,这篇文章在解释"唤起民众"时则更为明确地指出,民众就是指大部分的农民和工人,因此,国民党必须与代表农民和工人的党派合作,也就是说国民党必须与共产党合作。该文章的主体解释了"革命尚未成功"这一短语,它将"革命尚未成功"从其历史背景中提取出来,为其赋予了一种永恒的含义。这是人们不断重复孙中山遗嘱所产生的自然结果,因为仪式就其本质而言就是历史性的。尽管国民党已经占领了大部分国土,这篇评论依旧表示革命尚未成功,因为 *158* 国民党只取得了军事胜利,而没有收获群众基础。② 1929 年,浙江省发表了第三篇关于孙中山遗嘱的评论,这篇文章体现了当时国民党中央的官方意见。文章对孙中山遗嘱第一句话中的"国民革命"大肆渲染,指出"国民革命"与"社会革命"之间的区别;鉴于此,这篇文章选择从不同角度解读"唤起民众"也就不足为奇了。文章还指出,革命民众指的是反对帝国主义的资本家、工人、农民(总是落后的)和知识分子;而"平等待我之民族"则被曲解为世界上受压迫的民族,如印度和朝鲜半岛,而苏联则被忽略了。③

　　这三篇评论文章表明,对孙中山遗嘱中关键问题的看法众说纷纭。团结在这些国民党仪式、象征符号和国民党前任领导人孙中山周围的群众和团体的信仰不如 1911 年中国同盟会的信仰一

---

① 《广州民国日报》,1926 年 3 月 12 日,《孙总理周年纪念号》,第 8 页。

② 《总理逝世二周年纪念陕西革命大祭特刊》,1927 年,第 38—39 页。

③ 中国国民党浙江省党务资料委员会训练部编:《总理纪念周详解》,第 21—32、55—70 页。

致。孙中山的遗嘱就是党内分歧的产物。汪精卫提出立下遗嘱，目的在于镇压其反对者并赢得对孙中山教义的解释权。然而，他的这两个目的都未能实现——他既未能成为下一任国民党领导人，也未能赢得对孙中山遗嘱的解释权；但在此过程中，他成功地宣传了孙中山的遗嘱，也由此催生出了一系列观点和侧重点不同的评论文章。

对民国(即 1927 年以前作为实体的国民党)的分析可以说以一种连贯的方式行动或思考，具有致命的缺陷。[①] 国民党理论家当然希望国民党能够成为这样的一个实体，但在实际操作中，他们甚至无法掌控自己的宣传机关。[②] 孙中山去世时，国民党便吸纳并转变了国家的象征符号。作为国民党领导人，孙中山本人也成了国家的核心象征之一。然而，与国家早期象征符号一样，国民党和国家选取的新象征符号缺少清晰一致的内涵。国民党不同派别掌权时都会对这些象征符号做出不同的解读，并未达成一个让党内全部成员都赞同的信条。事实上，国民党是由一系列统一的符号凝聚在一起，而每一个符号都可以从不同角度进行解读。这些符号的核心在于构建一个框架来理解中国当时的形势和问题——主要包括帝国主义、军阀主义以及由国民党领导的革命。关注孙中山和辛亥革命中同盟会作用的历史叙事为这一框架赋予了合法地位，这种历史分析在 20 世纪 20 年代流行开来，并且最终成为政治动员的有力工具。

[①] 例如，Joseph Fewsmith(傅士卓)，*Party, State, and Local Elites in Republican China: Merchant Organisations and Politics in Shanghai 1890-1930* (Honolulu: University of Hawaii Press, 1985)，ch. 4.

[②] John Fitzgerald, *Awakening China: Politics, Culture, and Class in the Nationalist Revolution* (Stanford: Stanford University Press, 1996)，218-260.

# 历史动员

　　我们可以从孙中山葬礼中看到一部分新"政治文化"形成的过程。该政治文化最显著的特征之一就是国家仪式和政治抗议间的相似性。孙中山葬礼具有双重身份，既是国家仪式，也是抗议活动，这呈现出了一些理论问题，因为人们通常是以完全不同的方式来解读仪式与抗议活动的。重大国家仪式通常被视为涂尔干模型（Durkheimian Model）下的一致事件。而当从马克思主义理论视角出发时，抗议和暴动则被视为阶级意识和党的领导的标志。人们通常都是从该理论视角研究 20 世纪中国的主要运动。史蒂芬·卢克斯（Steven Lukes）提出了更为缜密的观点，他将仪式视为鼓动偏见的一种方式。[1] 卢克斯认为，在复杂的社会团体中，仪式或许是共识事件，但并不是整个社会的共识事件，而是这些团体内部成员们的共识事件。这一看法将仪式与共识置于动态权力关系的体系中，并促使我们回答理查德·福克斯（Richard Fox）在回应本尼迪克特·安德森（Benedict Anderson）将国家视为想象共同体这一思想时提出的问题：是谁想象出的这种共同体？[2]

　　孙中山北京葬礼举行的同时，南京孙中山纪念仪式的组织者出版了一套孙中山纪念册。在纪念册中，国民党与反帝、反军阀主义联系在了一起。纪念册开篇用特大字号将下文印满了整张纸：

---

[1] Steven Lukes, 'Political Ritual and Social Integration', *in Sociology*: *The Journal of the British Sociological Association*, 9(1975), 289–308.
[2] Fox(ed.), *Nationalist Ideologies*.

掬诚的哀悼,固是孙先生所悦纳;遵守遗嘱,竟其未竟之志,尤其是孙先生在一息尚存之际所恳切叮咛而深望于中国民众的!

亲爱的同胞们! 被压迫的同胞们! 来! 燃起你们的生命之火! 拿出你们的全力来!

反抗列强侵略!

打倒国内军阀!

废除一切不平等条约!

促成国民的国民会议![1]

此外,纪念册中还印有孙中山的照片、遗嘱、孙中山著名的短篇作品、生平传记和各种纪念孙中山的文章。孙中山生平传记开篇讲述了中法战争时期他从医期间的经历。他目睹了帝国主义对中国的压迫日益加深,因此他决定投身救国事业;20岁时他便承担起了解放全中国的重担。最开始,与孙中山建立联系就等同于采取了救国行动。作者在孙中山生平传记结尾处给读者写了一封信,他告诉读者,孙中山只留下了"三民主义"和执行"三民主义"的国民党。信的末尾写道:

> 亲爱的读者,你是真诚的敬爱孙先生么? 你是已经信仰孙先生的三民主义么? 孙先生已经在遗嘱上面,将国民革命的责任付托于他的中国国民党党员。一切中国国民党党员都已经预备遵照着遗嘱,完成他们的领袖所尚未完成的革命工作。你愿意为孙先生的原故,而且亦是为全中国国民,乃至于为你自己的原故,今天,此时,决定

--------

[1] 南京追悼孙中山先生大会编:《追悼中山先生特刊》,1925年,标题页。

你的志向,亦加入孙先生的中国国民党,遵照着孙先生所遗传下来的宝贵的教训,以共同担负中国国民革命的使命么? 全中国的中国国民党党员,都诚恳地希望你即刻有这样一个坚决勇敢的决定。①

1925 年 3 月孙中山去世后,全国各地举行的纪念仪式为"五卅运动"后国民党的快速扩张奠定了基础。事实上,在对比了孙中山国葬和"五卅运动"后,我们可以发现二者惊人的相似。"五卅运动"的起因是上海一个日本工厂的工头打死了一位中国工人,工人和学生群体随即组织了纪念集会和游行,并使其成为一场国家运动。5 月 30 日,英国巡捕向示威游行的学生开枪,当场打死、重伤数十人,而公众的反应发展成为一场反对进口货物的全国运动。北京学生将中央公园作为集会地,在市内举行示威游行;示威游行原本由学校组织,但不断有路人加入其中。与在中央公园举办的孙中山葬礼一样,此次学生们依旧在公园和街上发表演说。6 月 10 日学生们在天安门前举行游行时,他们手持旗帜并分发传单。 *161*

几位人士对"五卅惨案"深感震怒,他们用自杀的方式表示抗议,他们将死亡作为表达其政治立场的方式,这与"五卅惨案"中的遇难者不同——他们是被卷入了自身无法控制的悲剧当中。传统观念认为,自杀是表达个人异议的道德反应;近代观念认为,

---

① 南京追悼孙中山先生大会编:《追悼中山先生特刊》,1925 年,第 12—13 页。

国难时期,爱国人士是用自杀来表达自己的爱国情怀。① 因此,人们认为爱国主义式自杀是对国家面临的问题做出的正义回应,大众媒体通常会详细报道此类事件。从"五卅惨案"后自杀案件的记录来看,我们可以看到人们对异见的传统反应及人们对国民党对社会和历史分析的近现代反应,也正是如此,那些人的牺牲和想法才得以记录下来。最著名的一起自杀案件是刘光全投江自尽事件,这位前警察投江时高喊:"刘君口呼爱国,余谨以尸谏同胞。"②

和其他自杀者一样,刘光全希望自己的自杀能够发挥教诲作用。几乎所有自杀者都在其生前努力传播对当时政治形势的理解。其中有几位是教师。应银寿为抗议日本人对中国工人的不公平对待,从一家棉花磨坊的文职工作辞职。他尝试为工人开办一所现代小学,但现有的几所学校却阻止了他,他最终接管了一所传统小学,该校大部分学生都离开了,因为他们不想接受西式教育。应随后将学校托付给一位朋友,这位朋友通过教授英语课和运营夜校使学校盈利。③ 刘光全临死前的呐喊表达了未能传播自己对政治形势的理解的沮丧,《五卅烈士事略》这本简短的传记记录下了他的心情。

这种教诲元素在为这些自杀者精心筹备的葬礼中得以延续。

---

① Laurence A. Schneider, *A Madman of Ch'u: the Chinese Myth of Loyalty and Dissent* (Berkeley: University of California Press, 1980)([美]劳伦斯·A. 施奈德:《楚国狂人屈原与中国政治神话》,张啸虎、蔡靖泉译,武汉:湖北教育出版社,1990年),1-8,91-94;陈独秀:《独秀文存》卷一,上海:亚东图书馆,1922年,第391—416页;Ernest P. Young, 'Problems of a Late Ch'ing Revolutionary: Ch'en T'ien-hua', in Chun-tu Hsueh(ed.), *Revolutionary Leaders of Modern China* (London: Oxford University Press, 1971), 210-247.

②《申报》,1925年6月10日,第14版。

③ 邓中夏:《五卅烈士事略》,上海:上海醒狮社,1925年,第73—74页。

刘光全死后,他的朋友组成了"刘光全烈士葬丧临时筹备处",为举办公开葬礼筹集资金。来自约 30 个不同组织的 50 位代表与扬州地方协会开会讨论了葬礼事宜。这些组织中,有的与上海的扬州团体有联系,如上海由扬州人开办的小学和淮阳地方协会;其他大多与"五卅运动"有联系,如中国产品宣传协会和上海学联。会上一位发言者指出,大部分参会者都不是刘光全的私人朋友,这是刘光全的行为与国家联系在一起的标志。[①] 潘大寿是后来的自杀者之一,他在死前为扬州地方协会组织的重要会议送了一副对联。[②] 事实上,后期自杀殉国者的一个明显特征就是他们中的一些人参加过早期自杀者的葬礼。浙江余姚的一位教师在写完一副纪念潘大寿的挽联后,当晚在其所在学校的池塘自杀了。[③] 这些自杀殉国者的自传包含有他们自杀的个人原因和政治原因;不过,将自杀者定义为爱国烈士则表明烈士具有影响政治行为的能力。

报纸上刊登了详细记录这些烈士事迹的讣告,从这些讣告中,我们可以看出这些新思想传播的广度及其所影响的人群。也许我们首先注意到的是,这种自杀殉国行为主要是男性的行为。广州的一位女学生投水自杀未果,她不仅声称自己的自杀是对"五卅惨案"的回应,还在自杀遗书中表达了对社会和家庭的抗议——这是男性自杀行为所忽略的话题。[④] 其次,自杀殉国不只发生在大城市。一些重要的自杀者的确生活在上海,如刘光全和

162

---

① 《申报》,1925 年 6 月 10 日,第 14 版;1925 年 7 月 19 日,第 13 版。

② 《大公报》(长沙),1925 年 6 月 28 日,第 3 版。

③ 《申报》,1925 年 7 月 2 日,第 14 版。

④ 《广州民国日报》,1925 年 7 月 1 日,第 3 版。这一时期女性自杀现象(通常是为了家庭和社会因素)的政治解释参见 Roxane Witke, 'Mao Tse-tung, Women and Suicide in the May Fourth Era', *The China Quarterly*, 31(1967), 128–147。

潘大寿,但报纸上也有关于苏浙乡下自杀者的简短报道。浙江省某村的一位学生在向当地商人发表完演说后便投河自尽。① 尽管这些自杀者或多或少都接受过现代教育,但并非所有人都是知识分子,刘光全就是一个典型案例。刘光全只在清末读过三年小学,随后便参军了。1916 年刘光全从军队退役,先后在滁州、安徽和上海担任警察。1923 年他辞去警察的工作,到上海一家航运公司工作。② 这些人都是普通人,他们对当时中国社会问题的理解以及对自己国民身份的认知一定程度上让他们做好了自杀的准备,以此来影响其他中国同胞。

163　　　许多西方历史学家认为国民党对中国革命历史的分析并不准确且具有一定的误导性。一般趋势将政治变革归结于社会力量而非伟人,因此,历史学家认为中国革命的起源是晚清新政和社会变革,而不是任何个人的努力和决心。然而,孙中山的事迹和他致力于把中国建设成现代共和制国家的努力是普通人用于解释国家历史最常用的叙事之一。1927 年,一位上海人的参赛作品写道:

> 孙中山只手建立了革命。
>
> 他经历了苦难,并推翻了满清王朝。

这段话反映了当时人们的普遍看法。孙中山去世前数月,民众对他的热忱和支持空前高涨,这是以往不曾有过的。他要推翻帝国主义的豪言壮志和他打算北上参与协商国家统一的意图获得了人们的广泛赞誉。孙中山辞世(被广泛报道为因过度劳累而去世)、他的遗嘱对党和国家的发展表示关注、他死后遗产分文未

---

① 《申报》,1925 年 7 月 22 日,第 10 版。
② 《申报》,1925 年 6 月 10 日,第 14 版。

剩一——完善了人们对他的想象。正是在这种背景下,国民党创建
了一种革命历史叙事,为动员群众奠定了基础。孙中山去世后,
随后发生的"五卅运动"激起了高涨的民族主义情怀,两项叠加,
大量民众迫切地想要加入国民党,这使得强调"孙中山既是中华
民国,也是国民党的缔造者"的历史叙事再次获得了肯定。前文
引用的参赛作品还写道:"现在,尽管孙中山先生已经离我们而
去,但是他的精神永存。"

　　孙中山精神得以流传,因为他在人们普遍认同的革命历史叙
事中是核心人物,同时,他也成为国民党获得政治合法性的核心
要素。1928 年,伍德海评论道:"孙中山先生的全部成就都在于
此。他死后成了一位比生前更有影响力的领导人。"① 164

---

① Woodhead, *The China Yearbook 1928*,1324.

# 第五章　国民革命

　　1926 年，蒋介石带领国民党军队发动北伐战争，这场战争最终使国民党掌权中国。最初，媒体并未将北伐战争作为主要战事进行报道，因为当时西北地区的冯玉祥、华中地区的吴佩孚和东北的张作霖之间正在进行激战。当时正与共产党合作，并被认为赤化了的国民党，虽然具有威胁性，但还不是这几个北方势力的对手。而当国民党军队占领武汉时，人们才开始意识到一支新力量开始登上中国的政治舞台。孙中山去世后的纪念仪式创造并传递了一系列国民党的象征符号，这些象征符号将国民党与民族主义连接到一起，而将国民党自身的象征符号与国家象征符号联系起来正是国民党北伐战争胜利的关键。从某种程度上来看，北伐战争也可以被视为新的象征符号及其象征意义的胜利。早期的象征符号，如国旗、国歌和国家假期日历，确立了国民身份，但是这些象征符号脱离，并超越了政治。国民党政府的新象征符号融入了明确的党派意识形态。北伐战争的目的在于将普通民众转化为国民，将国民转化为国民党成员。

## 国民与国民党

　　国民党及其先驱都认为，对国家的尊重集中体现在国旗和国歌上。北伐战争发动前,国民党采用了新的国旗和国歌作为其统治的象征。新国旗和国歌的选用是在国共合作期间确定的,这表明,国民党当时的核心政治意识形态是打倒军阀和帝国主义。

1911 年起,不论是因政府命令而在国庆节期间悬挂国旗还是在学生的反政府游行中,五色旗都被视为爱国主义情怀的重要载体。1912 年,孙中山却反对使用五色旗,要求继续使用青天白日旗。"青天白日旗"是由孙中山的好友陆皓东(在孙中山首次起义中不幸身亡)亲手绘制的,因此,"青天白日旗"很大程度上是孙中山的个人象征,也正是出于这个原因,1912 年时,人们反对将"青天白日旗"作为国旗。1921 年孙中山担任广州政府大元帅时,他宣布废除五色旗并采用"青天白日旗"。国民党党旗和国旗采用同样的设计,党旗只保留了"白日"的图案,而国旗则将"青天白日"的图案置于红色旗底的左上角。人们通常认为国旗的红底是受到了共产党的影响,尽管"青天白日旗"的设计早于苏联对国民党施加影响的时间。红底国旗无疑会吸引那些想要展现国民党与共产主义运动联系的人,将该国旗与当时的澳大利亚和加拿大国旗进行对比也是情有可原的——后两者当时的国旗都是将英国国旗置于红色旗底上。很显然,国旗的设计展现了国民党对于国家的主导权。[①] 孙中山葬礼时,社稷坛悬挂了"青天白日旗",但在北京政府的反对下,该旗帜不久就被撤了下来。

广州国民政府还采用了新的国歌。已有的国歌据说是将尧帝和舜帝所写的词配上了民歌曲调,但是其韵律的古典美远超其政治内涵。而新的国歌则恰恰相反,"国民革命歌"明确指出了国

---

①《党旗和国旗》,中国国民党中央执行委员会宣传部,1929 年;侯坤宏编:《中华民国国会、国旗史料选辑》,《"国史馆"馆刊》第 3 期,1987 年,第 245 页。

民党反对帝国主义和军阀主义的意识形态,并将此作为由国民党建立的新国家的基础:

> 打倒列强,打倒列强,
>
> 除军阀,除军阀。
>
> 努力国民革命,努力国民革命,
>
> 齐奋斗,齐奋斗。
>
> 打倒列强,打倒列强,
>
> 除军阀,除军阀。
>
> 国民革命成功,国民革命成功,
>
> 齐欢唱,齐欢唱。①

尽管这首歌曲采用了法国民歌的曲调,但是国民党士兵纷纷将这首国歌当作进行曲,并认为这首歌是由孙中山创作的。② 歌词中的"努力国民革命"和"国民革命成功"改编自孙中山遗嘱中*174* 的"同志仍需努力"和"革命尚未成功"。纪念孙中山的活动,国民党的宣传材料,学校、政府建筑,甚至广告中孙中山遗像的两旁通常都会写上这两句话。③ 因此,新的国歌将国民党最重要的象征符号——孙中山的声誉和党的意识形态结合起来。"国民革命歌"表明当时中国有三种政治势力,即帝国主义、军阀主义和革命党派(国民党)。

选用新国旗和新国歌是广州国民政府高层做出的正式决定,

---

① 侯坤宏编:《中华民国国歌史料选辑》,《"国史馆"馆刊》第 3 期,第 249 页。本翻译部分源于《北华捷报》,1927 年 9 月 24 日,但为了适应这首歌的节拍,笔者对其作了改动。

②《北华捷报》,1929 年 4 月 13 日。

③ 例如,徐有春、吴志明编:《孙中山奉安大典》,北京:华文出版社,1989 年,多处引用;《申报》,1926 年 10 月 10 日国庆纪念增刊,第 37 版。

这两个象征符号旨在传达国民党的意识形态。相比之下,同时期国民党的其他符号是由党内成员个人做出的选择,其中大多数符号都取自定义民国国民身份的符号集合。"国民党"字面意思就是"国民的党派"。① 1912 年,宋教仁首次提出"国民党"这个名字时,其革命目标和成员组成就已表明当时"国民"一词的应用十分广泛。随后,现代城市精英成功地运用国家符号来展现他们的国民身份,并将自己与非国民区分开来。20 世纪 20 年代末期,国民党成员可以将他们与一个更加狭义的国民阶层对等。国民现在认可的不是内涵丰富的五色旗,而是"青天白日旗",因为后者蕴含着国家历史以及国民党的历史。他们所唱的国歌描绘的不是祥兆而是当前社会结构的解体。北伐战争被称为"国民革命"(即"国民的革命"),国民党政府被称为"国民政府"(即"国民的政府")。国民党成员使用这些国家符号来表明他们是国民,从而使他们的行为合法化。

国民党成员表现他们属于国民的一种方式就是他们所穿的衣服。他们拒绝穿长袍、马褂和戴毡帽,因为这些服饰是 1911 年辛亥革命以来"被人们普遍接受的象征符号"。② 长袍是民国早期政府官员所穿的衣服,同时也是他们地位的象征。戴毡帽和穿皮靴标志着与西方的联系,同样的,同时穿着由进口羊毛布料制成的长袍和西式裤子会被认为是一种时尚。③ 1928 年一则毡帽广告的画面上,一些戴着毡帽、穿着长袍的人在聊天。广告的最

① John Fitzgerald, *Awakening China: Politics, Culture, and Class in the Nationalist Revolution* (Stanford: Stanford University Press, 1996), 175.

② PRO: FO 228/2008, 宜昌 36/17, 8, 21。

③ 李寓一:《近二十五年来中国各大都会之装饰》,李寓一等编:《清末民初中国各大都会男女装饰论集》,香港:中国政经研究所,1972 年,第 10 页;顾炳权:《上海风俗古迹考》,上海:华东师范大学出版社,1993 年,第 402 页。

*175* 开始,一个人进入画面并向场景里的中心人物恭恭敬敬地鞠躬——这个人穿着长袍、马褂,戴着毡帽。① 辛亥革命后的数年中,这种穿着为人们所普遍接受,因为这样看起来既有现代感又具有传统中国特质,然而到了 20 世纪 20 年代,这种穿着则显得有些过时,甚至是守旧,而中山装则成为人们普遍接受的服饰。

中山装(图 19)以孙中山的名字命名,因为中山装据说是由孙中山发明的,下图就是身穿中山装的孙中山先生。中山装形似短夹克,扣子一直系到脖颈处,搭配同材质的裤子穿。从这点来看,中山装与大多数不穿长袍的中国人的典型装束是相似的。然而,中山装通常被视为西式服装,因为中山装上衣兜的剪裁样式、裤子的剪裁样式,以及裤子不收口这三点与西式服饰相似。而且,与西装一样,中山装通常采用进口羊毛布料。② 那些讨论过中山装设计灵感的人曾指出,中山装仿照的是中国和日本两国学生所穿的军装,③而中日两国学生所穿军装又是仿照西欧国家的军装,但比中山装起源更重要的是它为人们所普遍接受的原因。鼓励人们将中山装作为学生的校服的广告商坦言,中山装更经济实惠,因为用料比长袍的用料少;更合理,因为中山装的扣子在衣服中间且不区分左右;更美观,而且更能彰显英气。如果学校采用中山装作为校服,那么学生将更具有革命精神。④ 广告的重点 *176* 是中山装给人们带来的精神影响,也正是如此,这个广告成了 20

---

① 《申报》,1928 年 10 月 2 日,第 7 版。

② 《江浙各机织合会电》(1928 年 8 月 17 日),中国第二历史档案馆藏国民政府总统府档案,档案号:一/1743。

③ John Fitzgerald, *Awakening China: Politics, Culture, and Class in the Nationalist Revolution*; A. C. Scott, *Chinese Costume in Transition* (Singapore: Donald Moore, 1958), 65.

④ 《申报》,1928 年 6 月 1 日,第 2 版。

世纪 20 年代中山装被广泛采用的关键。人们穿中山装是因为中山装既具有西式风范和现代感,又与中国传统服装的样式相似,具有大众性。从这个方面来看,中山装得以流行并不是受孙中山的影响,因为他总是以西式衣着打扮示人,而是受到了开明军阀和现代化主义者——冯玉祥的影响。冯玉祥穿着柔软的毛质衣服,裤子在腿肚附近由绑腿连接,看起来就像是一个激进的现代化主义者和民众代表。

图 19 "这是一种完美的衣服"——
来自学校教科书中的中山装
图片来源:蒋镜芙编:《新中华社会课本》第 5
册,上海:中华书局,1930 年,第 17 页。

与中山装相对应的女性服饰是一种新式的旗袍。1912 年后,大部分想要展现现代风貌的女性都穿短衫搭配黑色绸缎制成的喇叭裙。① 这种分体式的服饰吸收了传统已婚女性穿的镶边丝绸短衫配百褶裙,以及日本女校的校服上衣和校服裙的服饰风格。尽管对很多人来说,在裙子下面再穿一条裤子似乎才合乎礼仪,但是从其他方面来看,短衫搭配喇叭裙的服饰是符合传统女性规范的。然而,20世纪20年代时,一些女性开始穿着长袍。②清朝时期,长袍是参与政治活动的男性的显著特征。尽管女性有时也会穿长至双膝的长袄,但她们不会穿男性的长袍。20年代女性穿的长袍现在被普遍认为是满族的旗袍,这也暗示出,这种服饰起源于满族旗人女性所穿的长袍。③ 然而,"旗袍"一词是民国时期的新造词,起初并未用于指代上述满族服饰。粤语中"cheong-sam"(普通话为"长衫")一词暗示了另外一种完全不同的起源。"cheong-sam"在清末民初通常是男性长袍的别称,20年代中期,一位广州作家将"cheong-sam"的广泛传播视为女性穿男性衣服的例子。④ 此外,"旗袍"流行的另一个原因是西方女性时兴穿直筒裙。这种与西方流行服饰的联系意味着"旗袍"很快就断开了与男性长袍间的关联,成为一种适于女性穿着,并象征女性特征的服饰。⑤

---

① Valery M. Garrett, *Chinese Clothing：An Illustrated Guide*(Hong Kong：Oxford University Press，1994)，102–103.
② Antonia Finnane，'What Should Chinese Women Wear：A National Problem'，*Modern China*，22.2(1996).
③ 蒋梦麟:《民初之社会动态》,曹聚仁编:《现代中国报告文学选》,香港:三育图书文具公司,1968年,第161页。
④ 广东省妇女联合会、广东省档案馆编:《广东妇女运动历史资料》第5辑,1991年,第11页。
⑤ Finnane，'What Should Chinese Women Wear'，112–117.

图 20 现代特征和女性特征——广告画上的旗袍
图片来源：香港广生行有限公司藏。

1930 年一则广告日历同时展现了旗袍的女性特征和现代特征。这是一则香水的广告，而香水本身就是代表现代和女性的产品。广告中的两位女性将优美的旗袍与时尚的羽毛扇、高跟鞋和 *177* 烫发结合到一起。海报两侧的圆形图案是该公司的原始商标，上面绘了两位身穿裤子和齐膝长袍的女性，这体现出了该公司现代女性产品形象的快速更迭。然而，激进派革命者常常批评这幅海报对于现代特征的使用过于轻浮。然而，正是由于女性开始穿男性服装，顺应西方时尚潮流，才使得旗袍成为像中山装一样的民国国民身份的象征。鉴于此，旗袍和中山装便成了流行的"时尚单品"，被许多国民党成员所接受。随着国民党开始率领其所代表的团体进入权力中心，这种时尚变得愈发流行。 *178*

另一种随着革命形势的发展而迅速流行开来的时尚是女性

留肩膀以上的短发。像旗袍一样,这在某种程度上也反映了当时的西方时尚。据称,汕头政府对女性穿纱网连衣裙、留短发、涂胭脂和露腿的行为感到十分不满。① 但是,留肩膀以上的短发暗含着对传统女性角色的摒弃,同时也是新国民身份和参与新社会秩序的一个象征符号。② 因此,留肩膀以上的短发不仅是一种时尚,还是一种政治宣言。据说武汉那些留短发的女性不敢外出,因为她们害怕被误会为共产党而受到伤害。1927 年,贵阳总督禁止女性留肩膀以上的短发,因为这个形象与共产党有联系,却又在 1928 年初解除了禁令,但随着政治局面的改变,贵阳总督在 1928 年 11 月又恢复了禁令。③ 尽管反对的声音不绝于耳,但据报道,北伐战争期间,城市女性对留肩膀以上的短发仍十分"痴迷"。④ 甚至有传言说,武汉附近城镇中的农村妇女协会有强迫妇女剪发的行为。⑤ 尽管国民身份依旧对女性有着性别歧视,但是随着北伐战争的进行,女性和男性都急于将自己与新社会秩序下的国民身份象征符号联系起来。

国民党成员一同选出了国家的象征符号并将其自己定义为了国民,如此一来,的确可以称国民党的革命为国民革命。这将会使国家符号所描绘的国家——国民共和国变成现实,很多把自己看作国民的民众都对这种革命前景感到十分兴奋,国民党北伐军有意识地引导并利用了人们的这种兴奋与热情。作为北伐军

---

① 《北华捷报》,1928 年 10 月 5 日。

② Christina Gilmartin(柯临清),*Engendering the Chinese Revolution: Radical Women, Communist Politics, and Mass Movements in the 1920s*(Berkeley: University of California Press, 1995), 152, 192–193.

③ 《北华捷报》,1927 年 8 月 6 日,1928 年 11 月 3 日。

④ 例如,《北华捷报》,1927 年 7 月 2 日,1928 年 12 月 15 日。

⑤ Gilmartin, *Engendering the Chinese Revolution*, 192–193.

的重要组成部分,国民党特别宣传队加快了国民党象征符号的普及。北伐开始时,每个师都随军携带了 4 万份标语、1 万幅孙中山遗像、1 万份孙中山遗嘱、1.2 万份插图宣传册、2 000 面"青天白日旗"、19 种不同的解释国民党思想的小册子各 400 本、3.2 万本宣传册和 4 000 份报告,这些材料将分发给敌控区和国民党统治区内的民众。宣传队还打算在行军途中休整的镇子上再印一些上述材料作为补充。国民党军队每到一处,宣传队都会在镇子的墙上画上色彩鲜艳的海报,这些海报通常是记者们报道的焦点;他们还会在街上发表演说并呼吁人们参与革命。①

国民党成员和国民们都协助军队进行宣传。作家萧乾当时并不是国民党成员,他在参加北京的一场庆祝活动时评论道:

> 我十分激动。我确信革命已经成功:过去古老、封建和分裂的国家现在已经成为一个团结和进步的民主国家。②

当时,人们普遍群情激昂,很多人受情绪感染纷纷在北伐军抵达时帮他们传播国民党的象征符号。广州学生团体自发地追随北伐军,陈福民是其中的一员;他记录道,他及时赶到了武汉参加新年庆祝活动,发表了一整天的演说。③ 在这样的场合下,有些公司向准备迎接国民党军队的民众出售青天白日旗和其他材料,人们可以从这些公司买到宣传材料。④ 早在军队抵达前,人们就清楚应如何表示欢迎。在扬子江畔的芜湖市,那些聚到一起

---

① 《申报》,1927 年 7 月 16 日,第 9 版;1927 年 4 月 1 日,第 7 版;1926 年 8 月 12 日,第 7 版;《北华捷报》,1927 年 11 月 12 日,1926 年 11 月 27 日。

② Hsiao Ch'ien, *Traveller without a Map* (London: Hutchinson, 1990),41–42.

③ 陈福民:《从党北迁旅行记》,中国国民党党史馆,1928 年,第 52 页。

④ 《申报》,1927 年 3 月 27 日,第 3 版;1927 年 4 月 3 日,第 13 版。

去迎接国民党士兵的国民们不仅知道,还会唱"国民革命歌"。①
杭州附近一所学校打来电话,告知杭州教育局刚刚有国民党军队
路过,杭州教育局随后便从办公室拿出大量印刷文件和纸质"青
天白日旗"分发给了学生,"一些兴奋的男女学生"甚至涌向教育
局,希望能再要一些材料,他们想自己分发。几个小时后,一队国
民党士兵抵达杭州,他们看上去精疲力竭,却喜怒不形于色,不免
让人有些扫兴。② 像杭州一样,在很多城镇,宣传的作用得到了
重视;在这些地方,国民党统治的象征符号比国民党军队本身更
引人注目,也更令人印象深刻。

　　江苏省无锡市编写的一套国庆纪念特刊就是北伐战争期间
国家新符号影响力的有力佐证。特刊第一辑是在 1921 年民国建
国十周年时出版的,无锡当时举办了大型活动来庆祝这一纪念
日。第二辑是 1927 年国民党抵达无锡后出版的。第一辑以国歌
开篇,告知读者中华民国是在 1 月 1 日这一天正式宣告成立,这
对于他们来说是一个展现爱国热情的大好时机;然而,其中大部
分都是对中国时局表示担忧和对庆祝活动的意义表示不解的文
章。③ 第二辑恰恰相反,书中并没有对中国时局的哀叹;第二辑
开篇是孙中山遗像,遗像两旁是孙中山遗嘱中的引文;这一辑强
调了北伐战争的成功、人们的热情以及孙中山和国民党的作用。
从以下引文中,我们可以看出书中充满热情:

　　　　今日何日？庆祝共和,十六周今朝。

　　　　高呼高呼,万岁万岁,声声起如潮。

180

---

① 《申报》,1927 年 3 月 13 日,第 6 版。
② 《北华捷报》,1927 年 3 月 5 日。
③ 唐忍庵、王恂盦编:《国庆纪念特刊·国庆之花》。

年年庆祝，唤醒民众，人人循轨向前跑。
青天白日，党旗国旗，遐迩当风飘。
同胞，同胞，努力，努力，前程万里！
党化是先导！①

第二辑强调了孙中山和新“青天白日旗”的重要作用，这是当时的时代特征。1928年，浙江镇海的一份国庆节特刊中解释道：

> “双十”这一天，革命领袖孙中山展现了他拯救国家、拯救人民、拯救人性和拯救世界的精神。正是在这一天孙中山先生提出的“三民主义”进入人们的视野！正是这一天“青天白日旗”开始飘扬。②

孙中山和“青天白日旗”是北伐战争的两个核心符号，这两个符号连同“国民革命歌”一起体现了国民党在领导国家抗击帝国主义和军阀主义中发挥的重要作用。无论是在迎亲队伍中使用“青天白日旗”的新婚夫妇，还是像冯玉祥一样的地方掌权者，无论是学生活动家，还是党派领导人，都以各种各样的形式展现了对这些象征符号和意识形态的拥护，以此表明，他们希望在自己所期盼的新国民政府的管理下拥有一定的权力。③

国民党象征符号的采用常被视为权力向国民党政府转移的核心要素。信息从教师和在报纸或课本上见过国民党党旗的人传递到了地方政府和士兵处。汤河的一位乡下法官在回忆录中写道，河南省第一次悬挂青天白日旗正是他在国民党军队占领汤 181

① 范望湖、华尊编：《无锡民众国庆纪念大会特刊》，第2页。
② 中国国民党浙江省党务指导委员会特设镇海县临时登记处编：《双十节纪念特刊》，1928年，第10页。
③《北华捷报》，1927年2月12日，1928年7月14日。

河时建议执行的。① 可以说,一个城镇悬挂"青天白日旗"就代表这个城镇支持国民党的事业。因此,张学良是否同意在东北升起"青天白日旗"就成为时下一个重要的政治问题并被广泛讨论。②

悬挂"青天白日旗"是最简单的表示效忠国民党政府的宣言。人们注意到,阎锡山军队占领北京城期间,"青天白日旗"无处不在,但是在蒋介石抵达北京前,城内并没有孙中山的画像以及任何与"三民主义"有关的事物。③ 其他地方掌权者也企图借助国民党的象征符号来提升其统治的合法性。这一点在掌控河南省和大部分西北地区的冯玉祥身上体现得尤为明显。冯玉祥是一位亲民者——他穿着和士兵一样的破旧棉质军装,他让别人拍摄他与农民交谈、看望伤员,甚至是帮士兵剪发的画面。冯玉祥对国家和反帝国主义形象的使用是其统治的一个重要特征,孙中山去世后,冯玉祥的支持者甚至将他宣传为孙中山的继任者之一。冯玉祥随后便用与孙中山相关的国民党象征符号来塑造自己的形象:他率领的军队会举行各种国耻日纪念活动以及孙中山逝世周年纪念活动;北伐战争期间,冯玉祥最终与国民党军队结成联盟,并强调其统治中的国家和现代因素;此外,冯玉祥手下的士兵每天都唱"国民革命歌",以及那些促使他们牢记责任和废除不平等条约的革命歌曲。在开封,商店店面都涂成了与"青天白日旗"一样的蓝色,一座寺庙甚至被改建成了纪念国民党烈士的圣坛,

---

① 杨仪山:《杨仪山"五五"自传》,河南自治协会,1941年,第25页。
② 张学良:《张学良文集》,北京:新华出版社,1992年,第147、150页。
③《北华捷报》,1928年7月14日。

其中一间祀堂专门用来展示国民党的党章。① 尽管冯玉祥与国
民党政府的政治联盟并不稳固,但他始终忠实于国家象征符号,
这是他统治的核心特征。冯玉祥选择用"国民革命歌"和国旗来
巩固自己的统治地位表明,尽管国民党竭力在赋予国旗和国歌具
体的政治内涵,但人们依旧可以从不同角度解读这些象征符号。

　　国民党新的国家象征符号的传播方式与国民党正式结构的
脱离还体现在这些符号在商业广告中的广泛运用。这暗示出,各
式产品的生产者和销售者都认为,报纸的读者会受国民党象征符
号的影响,因为这些符号能够让他们展现自己的爱国热情。"孙
中山"作为象征符号的运用也很广泛,读者们被呼吁去买在眼镜
边缘上印有"中山"字样的纪念眼镜、孙中山纪念手帕和手表,市
面上甚至还有卖印着"青天"标志的"胜利"牌香烟。② 国民党的
象征符号与民国早期的爱国主义符号的混杂展现了这些符号的
自主权:一则"孙文"牌香烟广告上画着一位站在五色旗前吸烟的
女性,她左右两侧是印有孙中山画像的香烟盒和孙中山的半身雕
像(图 21),两侧的柱子上还雕刻着孙中山遗嘱中最著名的两句
话——"革命尚未成功,同志仍需努力",雕像基座上的文字则呼
吁人们通过购买中国制造的产品来展现他们的爱国主义精神。
这些符号传递的是爱国主义精神而不是从政治上支持国民党。
像"孙文"牌香烟一样,大多数借助国民党象征符号做广告的产品
都是由中国制造的,而这也正是他们使用与产品无关的符号进行

②182

----

① 《良友画报》第 27 期,1928 年 6 月,第 11 页;《冯玉祥革命史》,上海:三民公司,1928
年,第 5—9 页;James E. Sheridan, *Chinese Warlord: The Career of Feng Yu-
hsiang* (Stanford: Stanford University Press, 1966), 123, 170-172;《北华捷报》,
1928 年 3 月 10 日。
② 《申报》,1927 年 3 月 19 日,第 6 版;1927 年 4 月 3 日,第 5、15 版;1927 年 4 月 4
日,第 5 版。

宣传的唯一理由。一则"中山"牌女士长裤广告展示了两幅单独的画面:一个是孙中山穿着大元帅的军装的画面,另一个是一位女性坐在床上穿长裤的画面。[①] 另一则表达方式更迂回的广告描绘了孙中山演讲的画面,他两旁分别站着蒋介石和宋庆龄;画面中,孙中山请读者邮寄一份题为"中国今日之所需者"的宣传册,而邮寄地址恰好是韦廉士医生红色补丸(进口专利药物)的厂家地址。[②] 对国民党口号和符号的频繁,有时甚至是毫不相关的

图 21 "孙文"牌香烟

图片来源:《申报》,1926 年 10 月 10 日国庆纪念增刊,第 37 版(英国牛津大学博德利图书馆,b. 108)。

---

①《申报》,1926 年 9 月 13 日增刊,第 1 版。
②《申报》,1928 年 10 月 10 日国庆纪念增刊,第 3 版。

使用恰恰印证了当今广告界的一句话:医药广告命名为"三不主义"。① 这些广告表明,国民党的象征符号已经取代了民国早期的符号,成为一种普遍的爱国主义和国民身份的标志。尽管国民党,尤其是国民党军队积极宣传,但是这些象征符号依然在通过许多与国民党毫无关联的渠道进行传播。结果就是,这些象征符号与国民党意识形态之间的关联度比国民党的预期低很多。

## 继承辛亥

1927 年春,蒋介石带领国民党军队从中国南部出发,与此同时,国民党内政部门愈发感到了蒋介石军事力量带来的威胁。党内争论已经达到了白热化的地步,争论的焦点在于是否允许蒋介石接管上海。鲍罗廷(Borodin)、汪精卫、孙科、宋庆龄等国民党左派人士在武汉成立了民国政府。蒋介石拒绝服从武汉政府的命令,他占领上海后,清理了大批共产党员,随后又在南京成立了独立政府。在南京,蒋介石对共产党的憎恶使国民党右派成员打消了先前对于他的不信任,并选择加入蒋介石一方。蒋介石抵达北京时,南京政府方兴未艾、前景广阔,但他依旧统领着一个内部派系矛盾十分严重的党派,他本人还经常被抨击为军国主义者。②

蒋介石迫切地想建立与孙中山的私人联系,这样他就可以与国民党左派组建的武汉政府相抗衡了——因为武汉政府的成员包括孙中山之妻宋庆龄、孙中山之子孙科和孙中山的继承人汪精

①《申报》,1927 年 4 月 4 日,第 9 版。
② 例如,《北华捷报》,1929 年 3 月 16 日。

卫。① 孙中山的形象广受欢迎,且具有鼓舞民众的力量,因此对于任何想要统领国民党的人而言,与孙中山建立起联系都是重中之重。1925 年,汪精卫在孙中山的葬礼上利用了孙中山之子的形象,展现了他对孙中山之逝的悲痛之情。汪精卫一直担任孙中山的秘书,因此由汪精卫作为孙中山的继承人并未受到广泛质疑。但是蒋介石与孙中山的关系却并不牢固。蒋介石虽然一直担任孙中山的军事统领,但是汪精卫、胡汉民和廖仲恺始终是这个职位的有力竞争者。1925 年廖仲恺被暗杀,胡汉民也因此受到牵连,故此,孙中山继承人之位便自然而然地落到了汪精卫身上。蒋介石若想掌权,就必须要取代汪精卫成为孙中山的继承人。因此,蒋介石决定要在孙中山家族中为他自己开辟一席之地。1925 年孙中山刚刚过世不久,蒋介石就向孙中山的妻子宋庆龄求婚,但是遭到了拒绝。1927 年,蒋介石在报纸上刊登声明,宣布他与前妻离婚。蒋介石南京政府成立后,他便向宋庆龄的妹妹宋美龄求婚了。蒋介石前往日本向宋美龄的母亲和哥哥说明此事,同年 12 月,蒋介石与宋美龄在上海完婚。②

1928 年夏,当蒋介石最终进入北京城时,孙中山的遗体还安放在碧云寺并未入土,而蒋介石正好借机在碧云寺为孙中山举行了盛大的纪念仪式,以此来宣称他作为孙中山继承人的合法地位。本次纪念活动获得了华北地区将领阎锡山和冯玉祥的支持,并被媒体大肆宣传。纪念活动上,蒋介石向孙中山献祭,他还发表了演说,讲述了孙中山逝世以来他所取得的功绩。由于只有宋

185

---

① 《北华捷报》,1927 年 3 月 19 日。

② Edgar Snow, *Journey to the Beginning* (London: Victor Gollancz, 1959) ([美]埃德加·斯诺:《复始之旅》,宋久、柯楠、克雄译,北京:新华出版社,1984 年),85;《北华捷报》1927 年 10 月 1 日、1927 年 11 月 5 日、1927 年 12 月 3 日。

美龄到场,而另外两位领导人的家属并未到场,因此宋美龄成了摄影师拍摄的重点。① 此外,蒋介石的秘书陈立夫在其回忆录中写道:"在见到孙中山的遗体的那一刻,蒋介石忽然抚棺恸哭……就好似孙中山为其亡父一般"。② 蒋介石这般夸张的行为举止给那些本身想争夺国家领导权的人带来了不小的麻烦,最后冯玉祥只好走上去劝了许久,才搀扶着蒋介石的手臂将其带到一旁。③ 本次纪念活动体现了孙中山作为象征符号对于蒋介石个人以及其他主要政治家的重要性。

1928 年国庆节,新的国民党政府在南京成立,由蒋介石担任主席。在就职典礼上,国民党重演了 1912 年政府成立之初的情形。他们认为辛亥革命失败了,因此他们废止了 1912 年以来颁布的所有法律,而辛亥革命后成立的其他政府也都不再具有合法地位。他们颁布了对具体象征符号的官方解释,发布了一系列关于仪式与符号的法律,并成立了礼俗司会以起草法案。④ 国民党政府颁布法令,禁止人们留辫子,禁止女性缠足。⑤ 此外,政府还颁布了一系列法律、法规来确保人们使用阳历。

使用阳历与剪辫子和女性放足一样,都被视为与 1912 年民国政府成立有着密切的关系。民众中具有改革思想的人请愿,要求政府颁布新的法规来加强阳历的使用,这不可避免地使政府想到,阳历最初是由孙中山在 1912 年提出采用的。在这些请愿者

---

① 《蒋冯阎告祭孙灵纪》,《国闻周报》,1928 年 7 月 15 日,第 1—6 页;《良友画报》第 28 期,1928 年 7 月,第 9 页。

② Ch'en Li-fu(陈立夫), *The Storm Clouds Clear over China:The Memoir of Ch'en Li-fu,1900–1993*(Stanford:Hoover Institution Press,1994),79.

③ 《北华捷报》,1928 年 7 月 14 日。

④ 礼俗司见《北华捷报》,1928 年 7 月 7 日。

⑤ 《中华民国法规大全》第二册,上海:商务印书馆,1936 年,第 1184 页。

看来,阴历与清朝而非民国有着密切的联系。正如一位愤怒的请愿者所说:

> 民国成立以来已有一十六年,但这十六年却被旧势力与习俗所笼罩。尽管孙中山采用的阳历现在普遍被政府和银行所使用,但是普通人依旧采用阴历,并相信迷信,而那些不道德的习俗依旧像以前一样流行。[1]

1929 年广州政府竭力阻止人们庆祝阴历新年,《北华捷报》的一位记者对此评论道:"有趣的是,民国早期时,当权者也呼吁人们放弃阴历新年"。[2] 国民党采用阳历新年后,又开始颁布法令确立国家节日的具体阳历日期。这些法律不仅规定了纪念活动及其日期,还规定了庆祝的形式和主要宣传点。3 月 12 日,在孙中山逝世纪念日的这一天,全国放假一天、降半旗、停止一切庆祝和娱乐活动,并在当天中午默哀三分钟,国民党高层会召开大型会议。这一契机被用来宣传孙中山的遗嘱和自传、国民党正式采用孙中山遗嘱的声明,以及孙中山逝世后国民党取得的成就。[3]

国民党通过立法强化了国民党的象征符号以及其他从孙中山身上衍生出的符号。在 1926 年出版的一本讲述如何开会的书中,国民党理论家陈毅夫解释道:

> 任何团体开会,必先向党国旗及总理遗像行三鞠躬礼,再读总理遗嘱,或更静默三分钟。[4]

---

① 《林大奎呈》(1927 年 7 月 18 日),中国第二历史档案馆藏国民政府总统府档案,档案号:一/1796。
② 《北华捷报》,1929 年 2 月 23 日。
③ 《涟水县政公报》,1929 年 8 月 11 日和 21 日,"特载",第 1—2 页。
④ 陈毅夫:《会议常识》第四册,上海:学术书店,1926 年,第 121 页。

此外,国民党还颁布法令,要求所有政府和国民党机构以及所有学校每周举行孙中山纪念活动,活动必须包括向国民党、国旗和孙中山遗像三鞠躬,宣读孙中山遗嘱并默哀三分钟。[①] 然而,正如陈毅夫所说,鞠躬和朗读遗嘱也成为大部分其他会议的组成部分。汉口英租界被中国收回后,汉口的纳税人随即就举行了一次会议,其中一位与会人写道:

> 如果说纳税人是完全不知所措的,那么当主任要求他们站起来时,汉口人出于某种原因则是最不知所措的。银行经理、外国商人和传教士都起身听朗读孙中山的遗嘱![②]

正如上文所述,这些外国人意识到,他们起身聆听孙中山的遗嘱使得他们从某种程度上来说认同了国民党的意识形态。国民党政府通过立法要求所有学校和政府机构都要参与这种仪式,这样一来,国民党便逐渐将党派的意识形态置于国家乃至民族的核心了。 *187*

## 掌控国民象征符号

蒋介石就职国民党政府主席后发表声明,要求全国上下统一思想。[③] 南京政府在准备国庆节庆祝活动时,政府宣传部门向下属各省、县级国民党机构发放了国庆节指导手册,以确保对国家

---

①《中华民国法规大全》,第 5721 页;《北华捷报》,1927 年 7 月 2 日。
②《北华捷报》,1928 年 4 月 14 日。
③《北华捷报》,1928 年 10 月 13 日。

象征符号解读的一致性。① 这是对国家象征符号展现出的一种新的态度,即不仅要让这些象征符号为人们所接受,也要让对这些符号的解读符合政府要求。"青天白日旗"飘扬在全国各个地方,全国也已经接受国民党运动的各种象征符号,尽管这些象征符号能向国民党南京政府转递多大的行政权力还是一个未知数。此外,一些著名的国民党象征符号依旧具有从不同角度解读的可能性。国民党掌权这一事实已经证明了这些符号的价值,但是国民党领导人同样意识到,这些象征符号与他们想要提升的国民党意识形态间的联系仍然微弱。人们从不同角度对"青天白日旗"、国民革命歌,甚至是孙中山的遗嘱进行解读,用于支持国民党内部的不同立场。广告商等人甚至还将这些象征符号用于与国民党统治毫不相关的宣传活动中。然而,新的国民党政府并未做好准备给国家的象征符号下定义。

"青天白日旗"可能是国家新象征符号中最为著名的一个,同时也是与国民党关系最为紧密的一个。然而,党内目前仍有人支持使用"五色旗";一些反对国民党接受共产党对其施加影响的人指出,采用"青天白日旗"不合法。② "青天白日旗"可以从多种角度进行解读,以此来支持国民党内部的不同派系。"青天白日旗"除与国民党的历史有关系外,人们还热衷于解释旗子设计本身的含义。这些解读反映了当时的政局。19 世纪末,陆皓东最初设计"青天白日"旗时,据说他原本打算将太阳置于蓝天之中,寓意阳光照耀着"自由"与"平等"——两个当时最重要的口号。1924

---

①《国庆纪念宣传大纲》,首都各界庆祝国庆纪念暨全国统一大会,1928。该文再版名为《国庆纪念宣传大纲》(中国国民党中央执行委员会宣传部,1929),1929 年版本中包含一份附录,附录记载了 5 万份大纲复印本在各党派团体间分发的过程。
②《党旗和国旗》,第 71 页。

年,国民党公布了"青天白日旗"的含义,旗子是将太阳的图案与 *188*
民国早期的国歌联系到了一起,国歌中的歌词写道:

> 旭日光华,
>
> 旦复旦兮。①

国旗的象征性意义和关于其内涵的争论表明,国旗是国民党领导人当时迫切希望给予确切定义的一个象征符号。

如今,国民党理论家认为国旗是"三民主义"的象征符号,这一解读后来成为对"青天白日旗"含义的主流解释。由此可以看出,1927 年国共合作破裂后,"三民主义"的地位显著上升。"三民主义"中的"三民"指的是"民族""民权"和"民生"("三民主义"最初被称为"民族主义",因为"民族""民权""民生"都包含"民"字)。孙中山本人对"三民主义"的解释随着时间的推移而改变,通常取决于他发表演说时所处的政治背景。简单来说,"民族主义"指求得国内各民族之平等,"民权主义"指为国民争取政治权利,"民生主义"指孙中山支持的各种减少贫富差异的政策。北伐战争前期,革命党派的核心思想在于反帝、反军阀,这一思想源于列宁对帝国主义的分析,同时也是国共合作的核心指导思想。然而,"三民主义",尤其是"民生主义"暗含孙中山个人的意识形态,因此并不完全与共产党的思想契合。② 孙中山称,他在 20 世纪初就构想出了这一体系,但直到 1924 年,他发表了一系列关于"三民主义"的演说之后,这一体系才得以成形。孙中山在遗嘱中也提及了这些演讲词,正是这些演讲词指引着他的继承者遵循他提出的《建国方略》、《建国纲要》、《三民主义》和《中国国民党第一

---

① 《党旗和国旗》,第 53—54 页。
② Fitzgerald,*Awakening China*,259.

次全国代表大会宣言》。1927 年以后,国民党希望将自己的意识形态与共产党的意识形态区分开,因此他们开始重视"三民主义",甚至不惜将反帝、反军阀的思想从其意识形态中剔除。

国民党 1928 年以后使用的宣传材料将"青天白日旗"的设计和色彩使用与"三民主义"联系到了一起。"青天白日旗"上的太阳代表平等,因为太阳光平等地照耀在每个人的身上,而国家间的平等就是"民族主义";衬托着太阳的蓝底象征着蓝天,代表自由,也因此代表"民主主义";红色旗底则代表着革命烈士的鲜血,因此与"民生主义"密切相关。中国青年党与国民党纠葛颇多,青年党出版的一则刊物指出红色的旗底代表着共产党,但是国民党政府却否认这种说法。① 国民党领导人和理论家确定了国旗含义的唯一解读方式,与此同时,还呼吁人们要尊重国旗。国民党发放的宣传材料提醒人们必须要保护"青天白日旗"不被风吹雨淋,晚上必须要降旗,不得将"青天白日旗"用于商品(如香烟、毛巾、长袜或面盆)包装和宣传,不得在国旗上写字,不得随意丢弃国旗或粗暴地对待国旗,当看到升起的"青天白日旗"时,应脱帽致敬。②

"青天白日旗"与"五色旗"不同:"五色旗"是一个脱离政治的国家象征符号,而"青天白日旗"则恰恰相反,它代表着由单一政治形态控制的国家。国民党多次在学校活动和公共活动中向民众灌输:尊重"青天白日旗"的命令源于尊重"五色旗"的传统。这种传统以前并不属于实际政治领域,因为各党派政治家和地方政府都呼吁尊重"五色旗"。现如今,这种表达尊重的仪式却被赋予

---

① 《党旗和国旗》,第 71 页。
② 《党旗和国旗》,第 99、104、107 页。

了与国民党有着密切联系的"青天白日旗"。事实上,南京政府正式成立前,"青天白日旗"是允许人们从不同角度进行解读的。国民政府的官方宣传材料为这一象征符号提供了详细解释,也由此开启了控制国家新象征符号的过程。尽管禁止在商品包装上使用"青天白日旗"的法令没有立即生效,但延续了将宣传和解读国旗(国民党最重要的符号)的主动权从民众手中转移到国民党手中的过程。

国民党重视给国家象征符号下定义,并拒绝接受这些象征符号现有的各种解读,这意味着,不得不对一些符号做出改变,才能使其符合国民党的意识形态。这些符号既包括 1912 年中华民国所采用的象征符号,如西装,也包括国民党在孙中山去世时采用的象征符号,如"国民革命歌"。

1929 年,国民党政府颁布了新的法令,规定了男士的正装,[190] 要求男士的标准正装应包括长袍和马褂,只有政府官员才需要穿中山装;女性既可以穿短衫搭配长裙,也可以穿新式旗袍。① 1929 年 1 月以前,人们都一直认为,作为国民党成员标准服装的中山装会成为男性的标准服装。《申报》1928 年刊登的一篇文章预测了新服饰法的内容,文章指出,长袍和马褂绝不会成为标准正装,短款西服和长裤反而有可能会被采用。② 长袍和马褂并不是时下流行的风格。长袍和马褂,尤其是马褂,与民国的成立有着很深的渊源,被视为与政府腐败有关。据说,人们在公共场合从未见过冯玉祥及其下属穿长袍和马褂。国民党甚至一度打出了"抵制长袍和马褂"的标语。③

① 《中华民国法规大全》第二册,第 1236 页。
② 《申报》,1928 年 7 月 10 日,第 8 版。
③ 《北华捷报》,1929 年 1 月 5 日。

那么国民党为何选用长袍和马褂作为男性的正式着装呢？选择的原因与另一套完全不同的符号相关——与针织物的经济象征意义而非风格象征意义相关。1928 年,丝绸业向国民党政府请愿,要求恢复 1912 年袁世凯提出的服饰法。袁世凯 1912 年推行的服饰法将西式早礼服和晚礼服规定为正式服装,同时将长袍、马褂和毡帽定为非正式服装。丝绸业请求恢复 1912 年服饰法的根本目的在于让人们继续穿马褂和长袍,而不在于让人们重新穿上该法律倡导的,但如今已被遗忘的西式服装。请愿指出西服是由进口羊毛布料制成。中山装被指以"中山"之名作为营销噱头而隐藏了其羊毛材质的本质。[①] 国民党参与宣传中国制造产品的活动成为 20 世纪 20 年代反帝运动的重要组成部分。从经济上反帝国主义的象征符号意味着国民党政府必须答应丝绸业制造商们的要求,而且只有政府官员才穿中山装,普通民众的正装则是丝绸制品。

政府高层和党派领导人开始在很多正式场合穿长袍和马褂而不是标准的中山装,而在此之前,他们大多穿军装。因此,1928 年前蒋介石几乎所有的照片都是穿着军装照的,他的公众形象确切来说就是他的军人形象。中山装,尤其是国产布料制作的中山装与当时的军装十分相似;相反,长袍和马褂则普遍被视为普通民众的服装。因此,蒋介石身穿长袍和马褂旨在展现其作为平民领导的一面,以此来反驳国民党内外将其视为军阀的批评指责的声音。尽管并未明确说明,但是这一原因可能与服饰符号整体有着密切联系。

---

① 《申报》,1928 年 7 月 10 日,第 8 版;中华国货维持会执行委员会:《江浙丝绸机织联合会呈》(1928 年 7 月),中国第二历史档案馆藏国民政府总统府档案,档案号:一/1743。

国民党政府公开支持马褂和长袍所带来的问题就是风格的象征作用远大于其呼吁人们购买中国产品的经济作用。国民党领导人穿丝绸长袍和马褂时,人们会认为他们是保守党派,不会把他们看作是从经济上支持中国产品的国民党派。据报道,南京国民党成员吴稚晖身着长袍马褂时被误认为是进城的农民,还受到了船夫的奚落。[1] 不论这件事真实与否,这一报道反映出,1911 年辛亥革命以来人们对服饰意义的解读被延续下来了。几位国民党领导人身穿运动装做体育运动的照片登上了当时的流行杂志,这样做或许是为了消除长袍所带来的影响。这与蒋介石 1928 年就职国民党政府主席时发表演说,呼吁人们建立一个体质强国的思想相符合。[2] 此时,国民党成员将他们自身视为彻底的革命党人。当国民党领导人要求民众穿丝绸长袍时,这是一种宣言——丝绸长袍不是保守的象征,而是国民党要将政党意识形态融入国家象征符号的决心。

国民党党派意识形态的重要性高于国家象征符号还体现在采用新国歌替代"国民革命歌"。这种改变十分必要,因为"国民革命歌"过于精准地体现了国民党 1926 年时的意识形态,而这一意识形态正是国共合作破裂后国民党极力想要摆脱的。激昂的曲调配上呼吁革命和破坏的歌词是 1928 年的国民党政府所无法接受的。"国民革命歌"与早期的国歌不同,因为它与国民党意识形态密切相关联,而且只有唯一的解读;当国民党的意识形态发生变化时,这一国歌就变得不再合适。何应钦是蒋介石在军队中的一个同盟者,他在 1927 年提议举行国歌创作大赛;他将这场比

---

[1] 韩正礼:《中山陵的兴建与中山先生奉安》,《江宁春秋》第 1 期,1984 年,第 51 页。
[2]《良友画报》第 27 期,1928 年 6 月,第 30—31 页;第 34 期,1929 年 1 月,第 22 页;《北华捷报》,1928 年 10 月 13 日。

赛看作是影响普通民众思想和统一党内意见的方式。何应钦的
*192* 提议得到了国民党清党委员会一位成员的支持。随后,报纸上便
刊登广告呼吁人们创作国歌,获奖者有机会赢得巨额现金
奖励。①

国歌创作大赛由国民党中央宣传办公室统筹管理,它的目的
就是宣传。19 世纪,传教士会给以基督教为主题的文章发放奖
励,鼓励人们阅读和理解基督教的经典。国民党的行为与此类
似,国民党通过提供金钱奖励来刺激人们思考并创作与国民党纲
领及国民党与国家关系相关的歌曲。这一点受到大赛参与者的
欣赏,一位参赛者写道:

> 我非常赞同你投放的广告。因为有 300 美元来吸引他
> 们,所以会激起所有以前反动的旧学位持有者,他们几天都
> 无法避免,也大声喊出他们的"打倒"、"军阀"、"革命"、"成
> 功"之类的言语。②

另一位参赛者在其作品结尾写了一个便条,询问政府官员是
否会雇用擅长宣传并敬仰三民主义的中学学生。③ 参赛作品既
有对仗工整押韵的古诗、西方四部和声,也有半文盲士兵创作的
较差作品。活动组织者和参赛者都希望用这些作品来进行宣传。
许多参赛者称,他们作词使用了简单的或是人们所熟知的表达,

---

① 《何应钦电》(1927 年 6 月 30 日),中国第二历史档案馆藏国民政府总统府档案,档
案号:一/87;《段锡朋呈》(1927 年 7 月 28 日);《国民政府征集国歌启事》。
② 吉仲广(Ji Zhongguang,音译)(1927 年 7 月 6 日),中国第二历史档案馆藏国民政
府总统府档案,档案号:一/87。
③ 龙丕翁(Long Piweng,音译),中国第二历史档案馆藏国民政府总统府档案,档案
号:一/87。

因此普通老百姓也能理解。① 内政部发行的当代歌集表明,革命歌曲是政府触达受教育水平低的群体的一种方式,这些歌曲能够增强他们的革命精神,敦风化俗。② 国歌创作大赛中的作品将会成为国民党意识形态的精华,既是对创作者的熏陶,也是对受教育程度不高的演唱者的熏陶。

尽管国民党最初是想要通过本次活动创作一首党歌,但是正如活动宣传所说,本次歌曲创作大赛是为了选取国歌,而且一些参赛作品运用了传统的、与国民党无关的国家象征符号。在所有的参赛作品中,有一首长篇叙事诗从不同于国民党官方叙事的角度讲述了辛亥革命的历史,强调了清末新政和保路运动的重要性,还将孙中山塑造成了"广东英雄",此外,还以相当长的篇幅阐释了"五色旗"的含义。另一个作品则将民国塑造成了病儿——一个单眼失明的哑女孩。③ 但是,这种与早期政治文化相关联的作品并不多见。早期的爱国歌曲大多歌颂中国的锦绣河山和民国运动,而本次比赛的大部分参赛作品涉及了具体的国民党政治问题。上海一位国民党员提交的参赛作品就是一个极好的例子,作品的开头是:

> 东亚各国中,中国开放较早。

这是 1911 年作为国歌备选曲目之一的爱国歌曲的第一句歌词。原歌曲继续唱道:

> 揖美追欧,旧邦新造。飘扬五色旗,民国荣光,锦绣山河

193

---

① 例如,中国第二历史档案馆藏国民政府总统府档案,档案号:一/87,伴随的话语是"民族平等、民族平等"。
②《民众唱歌》,国民政府内政部,1928 年,第 1—3 页。
③《天选华人》,中国第二历史档案馆藏国民政府总统府档案,档案号:一/87。

普照。我同胞,鼓舞文明,世界和平永保。[1]

这部作品的 1928 年改编版也参加了国歌创作大赛,改编版将"五色旗"和其他辛亥革命象征符号以及它们的多重含义改成了 20 世纪 20 年代末期国民党象征符号所蕴含的更加具体的含义:

> 民族革命重新建立了一个古老的国家。
>
> 党的领袖意志和三民原则,是国家真正基础,永远受到保护。
>
> 我的同志们! 继续全力以赴! 党的正义和人民的精神是伟大的!
>
> 党的领袖照亮了民族革命!
>
> 他艰苦斗争直至成功。
>
> 《三民原则》和《五权宪法》是他的杰出创作,照亮了党国的光荣。
>
> 我的同志们! 继续全力以赴! 你的成就将成为全世界的榜样。[2]

两首歌的音乐节奏相同,重音都落在每一乐章第二句歌词的第一个词。这意味着,1912 年原版强调的是五色旗,而 1928 年改编版强调的是孙中山的意识形态。

194 　国歌创作大赛中,有超过 2/3 的作品提到了孙中山。这一现象起码表明所有参赛者达成了一种基本共识,那就是,孙中山和

---

[1] 刘师舜:《关于中华民国国歌的回忆》,《传记文学》第 20 卷第 4 期,1927 年,第 7 页;周开庆:《行知集》,台北:畅流半月刊社,1975 年,第 82 页。对于这首歌的最后一行,周开庆给出的版本有些不一样。
[2] 中国第二历史档案馆藏国民政府总统府档案,档案号:一/87。

他的教义对国民党政治合法性十分重要。从这些参赛作品中我们可以看出，孙中山的遗嘱已经家喻户晓了。不仅有很多参赛作品提到了孙中山的遗嘱，有的作品甚至还引用了孙中山遗嘱的原话。一位参赛者表示，他的作品只使用了人们熟知的表达，因此，其将更容易传播开来；他在作品中提及了"三民主义"，还引用了孙中山的遗嘱，

> 为公民革命而努力，贯彻三民主义！
>
> 大爱！自由！平等！
>
> 民族主义！民主！民生！
>
> 革命还没有结束，同志们还要勤奋！（革命尚未成功，同志仍需努力）
>
> 大爱！自由！平等！
>
> 民族主义！民主！民生！[1]

此外，孙中山在辛亥革命中扮演的角色对国民党合法地位也起着至关重要的作用。许多参赛作品讨论了孙中山在推翻清政府过程中发挥的作用。一部参赛作品开篇即写道"铭记辛亥革命"。[2] 在重要性上，辛亥革命经常与 1927 年南京国民政府成立和 1928 年蒋介石掌权国民党相提并论，或被认为前者稍逊后者。在下面这部作品中，蒋介石被视为第二个孙中山以及孙中山的继承人：

> 孙中山一手促成革命。
>
> 他历尽艰辛，推翻了满清王朝。

---

① 《努力国民革命》，中国第二历史档案馆藏国民政府总统府档案，档案号：一/87。
② 中国第二历史档案馆藏国民政府总统府档案，档案号：一/87。

现在,虽然他已经离开了我们,但他的精神永存。

是蒋介石继承了自己的使命,他带领群众,全力以赴地斗争,高举正义的旗帜,消除邪恶气氛,打倒军阀,完成革命。

愿我的同胞们同心同德,打倒外国势力,然后歌舞同舟。

勇往直前,因为有决心的人必得胜。①

这些诗歌是写来做国歌的,参赛者们把 1911 年辛亥革命作为诗歌的中心主题,展现了他们对革命本身及对党在国家身份中核心地位的看法。

许多参赛作品强调了革命的暴力本质。一则参赛作品呼吁爱国人士:

振奋斗志……

向前! 进攻,进攻,进攻!②

另一个参赛作品写在从《京奉铁路中国政府货运手册》上撕下来的纸上,作者描绘了枪鸣声、战马冲进战场时的嘶鸣声、刀剑碰撞的声音以及满是鲜血的军装。③ 显然,很多参赛者将军事暴力视为革命的核心,并认为这也是新型党国体制下国家身份的核心。然而这种对暴力的凸显对国民党来说是非常不利的,因为国民党政府正竭力将自己塑造成亲民的政府,而且还对地方割据势力表示谴责,称他们的领导人为军阀。

最终当选为国歌的参赛作品不仅强调了"三民主义",表达了国民党当时的意识形态,同时还避免了暴力革命等问题。这首参赛作品来自南京中央大学的一位教授,歌词照搬了孙中山 1924

①《孙中山首创革命》,中国第二历史档案馆藏国民政府总统府档案,档案号:一/87。
②《唤同胞快快苏醒》,中国第二历史档案馆藏国民政府总统府档案,档案号:一/87。
③ 中国第二历史档案馆藏国民政府总统府档案,档案号:一/87。

年在黄埔军校所做演讲内容,并配上流行民间音乐的曲调:

> 三民主义,吾党所宗;以建民国,以进大同。
>
> 咨尔多士,为民前锋;夙夜匪懈,主义是从。
>
> 矢勤矢勇,必信必忠;一心一德,贯彻始终。[①]

国民党政府举办公开竞赛,并最终选择这首参赛作品作为国歌,不仅凸显了民众对国家象征符号的参与,而且还控制了新国歌的意识形态内容。国民党和民国在新国歌中得以完全确定——因为国歌歌词表达的是国民党的思想,所以人们在歌唱国歌时也在歌唱国民党的思想。国民党选取的国歌参考了孙中山在国民党黄埔军校所做演讲内容,这意味着国民党将全体中国人视为一支庞大军队的成员,这支训练有素的军队强调服从和团结统一。因此,国民党成了国家统治者,而且只有信仰国民党的人才能成为国民。

## 民众转变为国民

如果说新的象征符号将国民定义为国民党意识形态的信仰者这一说法正确的话,那么可以说国民党有意将全部民众转变为民国的国民。北伐战争后的数月,甚至是数年之内,国民党试图将国民身份的象征符号传递给更多的中国民众,这是民国早期时所未有的。辛亥革命后,国民身份的象征符号十分流行,以至于 196

---

[①] T. Z. Koo(顾子仁),*Songs of Cathay:An Anthology of Songs Current in Various Parts of China Among Her People*(Shanghai:Kwang Hsueh Publishing House,1931),55;《北华捷报》,1929 年 1 月 5 日、1929 年 1 月 19 日;周开庆:《行知集》,第 85 页。该翻译采自《北华捷报》。

很多人出于个人目的自发地采用了这些象征符号。这一行为的直接结果就是形成了一定的国民群体,这些在日常生活中采用了民国象征符号的人将自己与其他人区分开了。这些有着现代的,甚至是西方化的民国习俗的国民处于国民党北伐战争胜利的中心。北伐战争胜利之后,国民党首次尝试向普通民众,尤其是乡下的普通民众推广国民身份的象征符号。

1928 年,国民党政府颁布法律禁止男性留辫和女性缠足。男性留辫和女性缠足这两种习俗向来是被相提并论的,因此国民党政府在同一天颁布禁止这两种习俗的法律,不无道理。然而,男性与女性对于国民身份的参与度不同,这意味着截至 1928 年,女性缠足的现象比男性留辫的情况严重得多。辛亥革命时的剪辫运动影响深远,广受欢迎。此外,辛亥革命后的数年内,很多革命派统治区域的政府都举行了有效的剪辫活动。1920 年,大量手持剪刀的警察驻守在天津城门,一旦发现有人留着辫子,这些警察便会上前剪掉。这一活动对农民和工人的影响较大,因为大部分知识分子和商人已经剪掉他们的辫子。[1] 1918 年,山西省派出警察到各个村庄剪辫子,而且某个县的法官还亲自参与了剪辫活动。[2] 1924 年时,据报道,河南陈留县仅有少数老年男性还留着辫子。[3] 1928 年的禁辫运动是国民党意图恢复 1912 年民国剪辫运动的一个象征,而报纸也刊登了人们被迫剪辫的照片。[4] 禁止留辫的禁令也经常出现在一些显眼的位置:直隶沧州市东门的

---

[1]《北华捷报》,1920 年 5 月 1 日。

[2] 刘大鹏遗著,乔志强标注:《退想斋日记》,第 253 页。

[3] 张世芳:《二十年代陈留县社会风气的改革》,《开封县文史资料》第一辑,1987 年,第 30 页。

[4]《北华捷报》,1928 年 9 月 29 日。

墙上写有八则国民党条令,其中就包括禁止留辫的内容。然而事实表明,到 1928 年时中国大部分人都已经剪掉辫子了,这就意味着剪辫令的实施几乎无法再对中国社会产生重大影响了。

　　然而,女性缠足这一现象在部分地区依旧盛行。制定了详尽细致的法规是此次运动的一大特征,同时这也反映出这种习俗存在的普遍性。然而,鼓励女性放足绝不会像鼓励人们剪辫那样容易。将已裹的脚解裹是一个痛苦的过程,如果只是单纯地拆除裹脚布的话,那么血液的冲击会给脚部带来极大的疼痛感,这种疼痛会让人寸步难行。辛亥革命后,女性往往需要花费数月时间来解裹,尽管这样做依旧会带来极大的痛苦。因此,各地方在制定法规时通常会要求年轻女性不再缠足,并且允许已缠足的女性通过一段时间来解裹,而上年纪的女性则无需解裹。① 然而,尚在缠足过程中的年轻女性则不敢离家。因此,这一运动针对的对象主要是上年纪的女性。1927 年河南省陈留县一位国民党地方治安官开展了一场反缠足运动,据一位当时正在读小学的男性回忆,当时他戴着印有"誓不与缠足女子结婚的"字样的蓝边蓝字白底臂章。这一特别的运动也包括举办各种集会,地方治安官会发表讲话,会要求参会者高喊口号,将口号写到墙上,并举行特殊戏剧演出以加强这一信息。②

　　反缠足运动主要面向年轻女性,但由于已缠足的年轻女性不敢出门,所以这一运动无法影响到年轻女性,也就很难取得明显成效。奖赏将缠足布上交政府者是应对这一问题的一个方法,例如,河南省政府官员会给上交 100 条缠足布的人发 5 美元以示奖

① Howard S. Levy, *Chinese Footbinding : The History of a Curious Erotic Custom* (London : Neville Spearman, 1972),212–218;《北华捷报》,1928 年 12 月 8 日。
② 张世芳:《二十年代陈留县社会风气的改革》,第 31 页。

197

励,但是这一举动容易被别有用心之人利用。① 另一些地方政府则采取了其他策略,如雇用女性检查员或对违反规定的人进行罚款。有些时候,地方政府甚至还采取暴力行为,而对于迫切想展现其民国国民身份的冯玉祥来说,在他的管辖区内,这种情况更甚。陈留县一位胡姓治安员不仅针对在校男学生采取行动,同时还组织了很多不超过 20 人的小队,在该县的各个辖区内开展入户调查,查看各家女性是否缠足。如果发现有缠足之人,缠足布必须上缴;同时,还会有专人将缠足布收集起来并公开焚烧。因此,年轻女性躲藏起来以避免受到这种公开的羞辱就不足为奇了。参与此次运动的检查员挨家挨户搜查,他们翻箱倒柜,甚至会翻查住户家中的木柴堆和女性的闺房,临走时还会威胁各家各户:他们再来搜查时,如果家中仍有女性缠足,便会将其游街示众。② 河南省另一地区有位外国人认为,此次反缠足运动是"几近野蛮、暴力"的行为,他说道,当地小脚女性上街的话,(男性)警察会将她们的缠足布扯下。③ 这种反缠足运动确实能起到一定
198 效果,但令人们非常不满。这一民国国民身份的象征符号被强加给了民众,同时付出了一定的代价。

另一个不受人们欢迎的运动是民国政府强制人们使用阳历、废弃阴历。自 1911 年以来,很多人将阳历和阴历并行使用,1928年,中央和地方政府却颁布法令禁止使用阴历,并告知民众应按照阳历举办各种节日和庆祝活动,调整商业结算日期以及签订合同日期。此外,政府甚至禁止发行带有阴历、阳历转换算法的日

---

① Howard S. Levy, *Chinese Footbinding*: *The History of a Curious Erotic Custom* (London: Neville Spearman, [1972], 206.)
② 张世芳:《二十年代陈留县社会风气的改革》,第 29—32 页。
③《北华捷报》,1929 年 1 月 12 日。

历(这种日历此前销量最高)。① 一些人希望将自己定义为民国
国民,便依据阳历庆祝国庆节等节日,但与此同时,他们还会依据
阴历庆祝其他节日,这表明他们还同时隶属于其他社会群体。当
政府强迫那些尚未采用阳历历法的人使用此历法时,很多人已经
愿意遵循阳历历法。一些曾极力反对采用阳历历法的人也都倾
向于庆祝阳历节日,如山西的刘大鹏。1928 年,刘大鹏在日记中
记录到,他在阳历新年时去临镇的一所大寺庙观看了国民党成员
组织的一部现代风格的戏剧。1929 年时,刘大鹏一家甚至吃荤
馅饺子庆祝阳历新年。②

　　真正引发问题的不是国民政府强制实行阳历历法,而是他们
企图彻底废除阴历历法。政府官员以官方身份鼓励人们遵守有
关庆祝新年的法规,然而他们自己却不愿遵守。1930 年阴历新
年(春节)时,国民政府调研员来到位于南京的江苏省政府,他们
发现尽管中央政府有明文规定,但地方政府中仍有 18 位官员以
生病或家中有事为由请假,另有 38 位官员并未请假直接旷工;省
警厅官员全部缺席。③ 当把政府内部都无法推行开来的法规强
加于普通民众身上时,这样的法规注定不会受到人们欢迎。1929
年,为了阻止人们过阴历新年(春节),海州当地政府甚至企图阻
止人们购买年货,如谷物等,为此谷物经销商进行了罢工,当地政
府不得不做出妥协。④ 安州当地政府禁止销售祭祀用的香和年

---

① "行政院秘书处"(1928 年 11 月 9 日),中国第二历史档案馆藏国民政府总统府档
　案,档案号:一 1796、一/1792,各处;《贵州省政府公报》,1929 年 11 月 8 日,第 28
　页;《江苏省政府公报》,1929 年 9 月 16 日,第 1 页。
② 刘大鹏遗著,乔志强标注:《退想斋日记》,第 363、378 页。
③ "内政部"(1930 年 4 月 16 日),中国第二历史档案馆藏国民政府总统府档案,档案
　号:一/1796。
④《北华捷报》,1929 年 2 月 23 日。

199 画,但人们并未认真对待这一禁令,直到当地政府派士兵没收这些"违禁品",此举引发了一场大规模暴乱,暴乱中甚至有人冲入治安官的办公室并殴打了一位官员和两位秘书。①

反缠足和废止阴历历法运动通常伴随着对寺庙的毁坏,这也是政府反迷信运动的一部分。河南陈留县一位胡姓治安官在政府大厦前举办了一场集会,所有政府组织成员和所有学校成员到会参加,会后全员参与了游行活动,所有成员高喊"打到众神"和"破除迷信"的口号并唱歌(歌的曲调是"两只老虎")。当游行队伍抵达一座寺庙时,人们给神像绑上绳子,以便拉倒并砸碎神像。然而,很多参加游行的人其实并不赞成这一行为,这一点从人们当时共同喊的口号中可以看出:

> 不怨你,
>
> 不怨我,
>
> 只怨冯玉祥咱大哥。②

广西省负责捣毁寺庙神像的士兵们在执行任务前会上香磕头,口里喃喃自语道:"城隍爷爷不要怪我,我是奉了军令,身不由主的啊!"③河南省另一座县城的官员在得到军队的保证——如果发生暴乱军队会为他提供支援后,他也依旧只同意捣毁城隍庙。但是,没人愿意执行此项任务,因此他不得不亲自带着一位武装警卫来到庙中,爬上梯子用斧子砍掉神像的头。④ 此次行动防范措施到位,因此并未引起暴乱。江苏盐城的一位国民党成员

---

① 《北华捷报》,1929 年 3 月 9 日。
② 张世芳:《二十年代陈留县社会风气的改革》,第 32—33 页。
③ 黄绍竑:《五十回忆》,杭州:云风出版社,1945 年,第 136 页。
④ 《北华捷报》,1929 年 1 月 12 日。

威胁要拆毁当地的城隍庙,结果引发了群众暴乱——暴乱分子在当地国民党总部、警察局和所有学校纵火表示抗议。[①] 从明朝开始,清除地方宗教信仰就已成为改革派政府的一大特征,而这也是清末新政的一大特征。激进的现代国民十分支持这种运动,他们采取的行动甚至超出了中央政府原本的意图,但是这些运动并不受普通民众的支持。[②]

华北地区军事运动后期发生了饥荒,这也加剧了人们对政府清除地方宗教信仰的抵制。报纸上既有对禁止使用阴历历法的报道,也有对难民和受灾地区的报道。即便是对那些不读报纸的人来说,至少在那些受灾地区,国民党上台后便发生了灾荒的原因是显而易见的。河南省的一个县城中,政府派人到庙会上发表 <sub>200</sub> "反裹脚、反赌博、反封建以及宣扬'三民主义'"的演说。很多寺庙的神像都被拆除并被改建成学校。与此同时,食物的匮乏意味着国家的动荡以及民众被迫成为盗贼。[③]

新的国家象征符号广受欢迎,国民党掌权的部分原因就在于此。卡罗尔·格鲁克表示,在日本,当国家的正面形象与政治过程分离时,国家的意识形态与政治也会成功分离。[④] 20 世纪前十年和 20 年代早期,中国也在进行着同样的分离。1925 年孙中山的逝世改变了这一过程,因为孙中山成为中国民族主义的核心人物以及国家象征符号之一。随着北伐战争的推进,一系列与孙中山和国民党相关的象征符号逐渐受到人们欢迎,这些符号也随之

①《北华捷报》,1928 年 10 月 20 日。

② Prasenjit Duara, *Rescuing History from the Nation*: *Questioning Narratives of Modern China* (Chicago: University of Chicago Press, 1995), 99–110.

③《北华捷报》,1929 年 4 月 20 日。

④ Carol Gluck, *Japan's Modern Myths*: *Ideology in the Late Meiji Period* (Princeton: Princeton University Press), 1985.

成为国家象征符号,但是这些象征符号是由国民党选出的且与国民党相关。"五色旗"代表的只是国家形象,而"青天白日旗"代表的却是党国一体的形象。这些象征符号最初具有包容性和多重解读性,但现在具有排他性和单一解读性——那些不支持国民党的人就是不支持国家的人。这个过程随着国民党政权企图控制对这些象征符号的解读而进一步加剧。随着国民政府的建立,国家的象征符号就成为民国国民政治阶层的标志,他们为符号赋予的社会地位和权力是他们采用这些符号的原因所在。政治阶级急于采用新国家主义的象征符号,对他们来说,国民党军队的北伐战争是一场真正的国民革命。然而,当国民党政府掌权后试图通过法律向民众推行国民身份的象征符号时,国民们已不再是自愿参加这些活动了。国民党政府否决了"接受身份多样性"的惯例,进而改变了这些符号的意义和功能。矛盾的是,在传播参与现代国家的象征符号的同时,国民党也破坏了他们作为国民象征符号的价值。

# 第六章　孙中山葬礼和国民限制

1929 年 6 月 1 日的黎明,孙中山的遗体经过防腐处理后比他生前看起来更瘦、皮肤更暗,遗体安放在新首都南京的国民党总部内。当太阳从紫金山山顶升起时,数以千计的人们聚集在新建成的中山路上,一阵枪响声向已经等候了数小时的人们宣布,孙中山先生的奉安大典开始了。在国民党总部的正厅里,聚集着国民党和中华民国的主要领导人、孙中山的家属以及外交人员。胡汉民是孙中山的秘书和忠实的追随者,他带领人群向孙中山的灵柩三鞠躬并默哀三分钟。在他身后站着孙中山的遗孀宋庆龄,她身着廉价的黑色羊毛罩衫,从身穿深色丝质衣物的国民党领导人和身穿华丽制服的外国贵宾中脱颖而出。棺椁脚下的青铜炉上的香缓缓升起。仪式结束时,制服上印有国民党青天白日标志的一队人进入,将棺椁抬上了灵车。宋庆龄由宋子文,孙科夫妇,以及蒋介石、宋美龄夫妇陪伴,胡汉民跟在他们身后,一行人都站在灵车前的一块不寻常的黑屏后面。两条蓝白相间的绳子跟随着灵车移动,外交官们牵着其中一条,国民党中央执行委员会的成员们牵着另一条,人群中的其他人则缓缓跟在他们身后。与此同时,在街道灰蒙蒙的灯光下,庞大的游行队伍向着陵墓缓慢前进。①

孙中山的葬礼是国民党在 20 世纪 20 年代举办的规模最大、最重要的仪式。孙中山的葬礼由国民党最高层策划和组织,旨在促进全民参与;当时人们详细记录下了这一仪式,至今仍记忆犹新。孙中山的葬礼赋予我们一个绝佳机会,去探寻南京政府初期人们对国家和权力象征符号的理解。

## 国 家

一直以来,孙中山都善于打造其公众形象,他想要葬在南京紫金山的遗愿或许是他个人天赋最后,也是最伟大的一次体现。孙中山早年曾拜祭过葬在紫金山陵墓的明太祖,而孙中山将其陵墓选址在南京也明确了民国政府的本质和历史。南京只在 1912 年 1 月至 3 月期间才是民国政府的首都,而后便被一些小军阀所统治。国民党政府在南京举行纪念孙中山的国葬旨在将国民党与中国同盟会和辛亥革命的英勇历史叙述联系起来,同时也赋予其作为辛亥革命继承人的合法地位。同时,重新定都南京可以使国民党忽略两次定都南京之间的间隔时间并继续革命工作。

此外,定都南京并通过为孙中山举行隆重的国葬来纪念此次定都也是蒋介石及其党内支持者掌权国民党的标志。1925 年孙中山葬礼后,国民党政府成立了一个负责在南京修建孙中山陵墓的委员会。孙中山先生治丧处成员多为孙中山的密友、家人以及

①《北华捷报》1929 年 6 月 8 日;《密勒氏评论报》,1929 年 6 月 8 日,第 58 页;《大公报》(天津),1929 年 6 月 2 日,第 3 版。

国民党重要人物,而此次孙中山先生葬事筹备会的成员多为那些在广州政府并无要职的国民党成员。① 孙中山先生葬事筹备会效仿苏联筹建列宁公墓的方式,公开征集陵墓设计方案。孙中山的陵墓最终采用赴美留学归来的设计师吕彦直提出的方案,该方案与林肯纪念堂的设计十分相似,展现了一种迥然不同,却又具有国际风格的模型的影响。② 吕彦直设计的图案,平面呈警钟形,旨在告诫民众是孙中山"唤醒"了中国。③

然而,当时由孙传芳掌权的南京地方政府与北京政府和广州政府存在纠纷,因此南京政府不愿交出用于建造中山陵的选址区域。建造中山陵不可避免要涉及圈地事宜,而这对地方政府并无明显利益,因此当地政府不愿让出此地也在情理之中。此外,承建中山陵的建筑商也不愿在此施工,因为当地政府随时都可将矛头指向他们,而他们获得工程款的唯一现实可能性就是广州政府打败北方军阀取得最终胜利。④ 尽管陵墓于 1926 年 1 月正式破 *208* 土动工,但是葬事筹备会自身及其背后的统治阶层并无实质政治权力,因此中山陵建造工程注定会遭遇工期拖沓和阻碍等问题,甚至拖到北伐战争伊始时。

蒋介石与国民党左派决裂后抵达了南京,他意识到建设孙中

---

① 1925 年孙中山先生治丧处由于右任、孔祥熙、宋子文、汪精卫、李石曾、吴稚晖、林森、邹鲁、李烈钧、孙科等人组成。《申报》,1925 年 3 月 16 日,第 5 版。1926 年葬事筹备会委员组成:(常务委员会)林业明、叶楚伧、张静江、宋子文、孙科;(委员)邵力子、陈佩忍、戴季陶、孔祥熙、林森、汪精卫、杨沧白、于右任。南京市档案馆、中山陵园管理处编:《中山陵档案史料选编》,南京:江苏古籍出版社,1986 年,第 10 页。

② 这一点是鲁道夫·瓦格纳(Rudolf Wagner)向我提出的。

③ Nina Tumarkin, *Lenin Lives! The Lenin Cult in Soviet Russia* (Cambridge, MA: Harvard University Press, 1983);192;孙中山先生葬事筹备会编:《孙中山先生陵墓图案》,南京,1925 年。

④ 南京市档案馆、中山陵园管理处编:《中山陵档案史料选编》,第 17、25 页。

山陵墓是由他统领的广州政府获取合法地位的机会。此时,葬事筹备委员会已在上海举行了讨论陵墓建设事宜的会议,会议通常是在孙科或张静江的家中举办的。张静江是国民党元老,同时也是蒋介石在政治上的支持者之一。1925 年以来,葬事筹备委员会中很多成员因党内其他事务而退出,现今只剩下孙科和张静江两位成员了。蒋介石从上海前往南京时,国民党左派成员孙科正身处武汉,因此随蒋一同前往南京的就剩下张静江一人。蒋介石抵达南京后重组葬事筹备委员会,并将他自己和南京政府的成员纳入其中。① 随后,尽管孙科表示反对,不愿将陵墓筹建事宜转交给蒋介石,但是葬事筹备委员会已经开始着手推进陵墓建设了。②

民国将首都定于南京使人们将其与明朝进行比较,而孙中山陵墓的选址也表明孙中山自恃与明太祖具有相同的地位。明孝陵占地约 170 余万平方米,而孙中山的陵墓就建在其中。③ 孙中山陵墓的选址显然与明孝陵间形成了对照,唯一的争论点就是孙中山陵墓与明孝陵孰低孰高,以及孙中山陵墓应建在明孝陵左侧还是右侧,因为二者的相对位置能够暗示出二者的地位关系。尽管国民党政府官方反对封建迷信,但风水先生们似乎撰写了一些风水报告供建造工程师们参考。④ 中山陵建成后,游客们似乎并未忘记此中暗含的关系,有几位游客甚至注意到了两座陵墓之间

---

① 1927 年 4 月,委员会的新成员包括蒋介石、伍朝枢(外交部长)、古应芬(财政部长)、邓泽如(南京政府成员)、杨杏佛(项目负责人)、吴铁城和陈群,实际上他们都没有参加任何会议。南京市档案馆、中山陵园管理处编:《中山陵档案史料选编》,第 11 页。
② 南京市档案馆、中山陵园管理处编:《中山陵档案史料选编》,第 109 页。
③ 南京市档案馆、中山陵园管理处编:《中山陵档案史料选编》,第 196 页。
④ 韩正礼:《中山陵的兴建与中山先生奉安》,《江宁春秋》第 1 期,1984 年,第 47 页。

的关系,以及中山陵比明孝陵更高大的事实。① 在紫金山山麓此等风水宝地建造规模如此庞大的墓地使当地人不禁联想到亦有鬼神之力参与了陵墓建设,因此,当地许多小孩外出时都会佩戴红色的小布条,上面写有具有保护意义的歌诀,避免他们的魂魄被摄走用来建造陵墓。② 也就是此时,南京当地人将"中山墓"改称为"中山陵"("陵"是对古代帝王之墓的称法)。③ 孙中山陵墓的选址和恢宏的规模是任何人都无法忽视的。《后期小学国语读本》中讲述了游客参观完中山陵,再去参观明孝陵的感受:

> 我们十分尊重过去的革命先辈——明太祖,但是我们依旧认为他十分极偏狭的,他怎么能与孙中山先生的伟大相比呢!④

南京国民党政府成立后,中山陵的建设对新政权获取孙中山继承人的合法地位来说十分重要。在蒋介石的支持下,葬事筹备委员会重新组建起来。这一次,其成员都是南京政府的要员:南京政府大总统、立法院院长、行政院院长、监察院院长以及工业部和财政部部长。筹备会议仍由张静江、其他前委员会成员以及孙科主持(此时孙科与蒋介石是合作关系),很多新加入的南京政府要员并未参加会议。⑤ 葬事筹备委员会

---

① 陈福民:《从党北迁旅行记》,中国国民党党史馆,1928 年,第 70 页。
② 鲁迅:《鲁迅全集》第四卷,北京:人民文学出版社,1973 年,第 113 页。
③ 韩正礼:《中山陵的兴建与中山先生奉安》,《江宁春秋》第 1 期,1984 年,第 48 页。
④ 魏冰心、吕伯攸编:《后期小学国语读本》第一册,上海:世界书局,1927 年,第 17 页。
⑤ 1928 年葬事筹备委员会常设委员包括:林业明、叶楚伧、林森;委员包括:蒋介石、胡汉民(立法院院长)、谭延闿(行政院院长)、蔡元培(监察院院长)、孔祥熙(实业部部长)、汪精卫、张静江、程潜、李石曾、许崇智、于右任、谢持、邓泽如、伍朝枢、宋子文、杨杏佛。南京市档案馆、中山陵园管理处编:《中山陵档案史料选编》,第 12—13 页。

云集众多政府高官表明,南京政府非常重视与孙中山相关的象征符号对其统治的肯定。

南京新政权的国家主张在中山陵建造过程中彰显得淋漓尽致。中山陵的建筑材料来自全国各地:入口处所用花岗岩来自福建,台阶用石来自苏州,铺设主厅的大理石来自云南,墙壁用石来自香港,柱廊所用暗色花岗岩来自青岛。其他各省份也为陵墓提供各式装饰品——现今只有几座石狮与巨大的青铜釜依旧存留。[1] 这些都是中山陵象征意义的重要组成部分。从青岛和香港等地购买中山陵建设材料的重要性在于,此举强调了这些地方同样归属孙中山教义及个人的统辖区域。起初,葬事筹备委员会提议通过全民募捐的形式筹集建设资金,但这笔资金未能及时到位,因此中山陵的建设资金最初主要由海外华人支付,随后由国民党政府支付。[2] 国民为中山陵捐款具有一定的象征性意义,因此中山陵可以被称为国家公墓。

1928 年,国民党政府正式定都南京,在此之前,南京只是江苏省的一座小城。蒋介石政府的到来引发了建造纪念性建筑的热潮,这对作为国家首都的南京来说十分必要。图 22 展示了南京城市规划,是由负责南京城市发展和建筑规划的南京市规划局绘制的。贯穿旧城区的宏伟的新中山路就是城市规划的一部分,中山路连接了与明王朝、孙中山和辛亥革命相关的纪念性建筑物。新中山路从南京城西北角经火车站绕过城墙进入到城中,途

---

[1] 刘新天:《中山陵园的建设与管理》,江苏省政协文史资料研究委员会编:《在中山先生身边的日子里》,南京:江苏古籍出版社,1986 年,第 213 页;徐友春、吴志明编:《孙中山奉安大典》,北京:华文出版社,1989 年,第 289—291 页;《申报》,1929 年 5 月 15 日,第 13 版。

[2]《大公报》(天津),1925 年 3 月 21 日,第 4 版;韩正礼:《中山陵的兴建与中山先生奉安》。

经一片绿地,到达鼓楼附近的一处新建的十字路口。途中,这条路经过了两江总督署,即孙中山在 1911 年被选为临时大总统和 1912 年举行临时国会之地,而今已成为国民党的总部。① 这条路 <sup>211</sup> 从鼓楼向南拐去,经过 1910 年时美国传教士在此建立的金陵大学(今南京大学)的西式校区。金陵大学一直位于南京市的边缘地区,但是中山路将金陵大学纳入新城的中心。② 这条路在新街口向正东方向延伸,绕开了人口密集的城南区(地图上将这片区域标记为"目前拥挤的商业区")。鼓楼和新街口的交会处为该区域未来的发展创造了便利的节点,这些区域虽都在城内,之前却是农田。鼓楼附近的一大片土地被规划为南京新住宅区,政府有计划在这一片空旷的区域内建造 100 栋洋楼。③ 新街口街上兴建了各种银行和商店,使新街口成为这座新城商业区的中心。这条路随后经过了孙中山 1912 年举行就职典礼的清朝两江总督署,如今这里是总统府的所在地。沿着这条路继续往前是明朝遗留建筑,而南京民国政府有意将此处改建为孙中山纪念堂。④ 中山路继续向前延伸,从中山门(原明代朝阳门)出城直到紫金山脚下,随后,绕过明太祖陵墓的入口盘山而上一直来到孙中山陵墓的大门口。游客沿陵墓台阶而上可以俯瞰整个南京市。

----

① 高鲁:《湖南路 10 号大院历史沿革》,《鼓楼文史》第三辑,1991 年,第 23—26 页。
② 叶楚伧:《首都志》,南京:正中书局,1935 年,第 730 页。
③ 叶楚伧:《首都志》,南京:正中书局,1935 年,第 324 页。
④ "杂述",《江苏省政府公报》,1929 年 9 月 24 日,第 10—12 页。

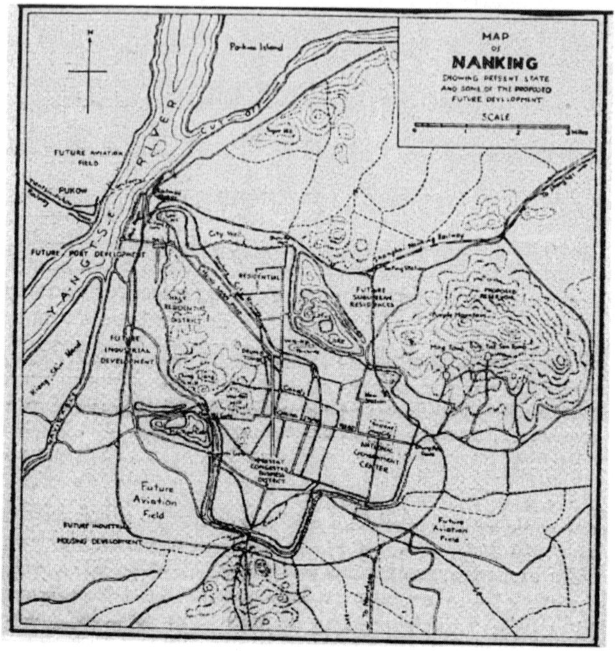

图 22　1929 年南京地图

图片来源：Tyau Min-ch'ien（刁敏谦），*Two Years of Nationalist China*（Shanghai：Kelly and Walsh, 1930），381.

　　中山路为国民党政府通过新建筑展示其自身提供了场地，从此以后，南京政府几乎把所有主要建筑都建在了中山路沿线。曾经的农田上如今建满了各种国民党政府建造的新式建筑，中山路将南京市的市中心转移至此，南京城曾经的市中心反而被边缘化了。南京市内还有一些纪念其他革命人物的建筑，这些建筑与孙中山并无关联，也并未纳入国民党官方记录，这使得孙中山和他的故事成了南京市和南京历史的主宰，正如游客们所感受到的那样。叶楚伧是孙中山葬事筹备委员会委员，他在 20 世纪 30 年代初编著了《首都志》（上下册），该书记录了莫愁湖畔孙中山为纪念辛亥革命期间在南京牺牲的广州烈士题写的碑文,但并未记载为纪念同样牺牲的浙江烈士而建的浙江烈士祠。①

中山路上最初建起的建筑之一就是南京市市长刘纪文官邸。刘纪文曾任国民党陆军军需处处长,并在蒋介石与宋美龄大婚时担任蒋介石的伴郎。曾有传闻称中山路的修建涉嫌投机和腐败行为,而刘纪文也被传参与其中。为修建中山路而征用土地时,政府只给了被征用人极少的补偿,同时还拆了大量民房。据说很多人因房屋被拆且未得到合理补偿而选择自杀,因此这条路也被称为"死亡之路"。此时,冯玉祥即将与国民党政府决裂,于是他打算借中山路修建之事抹黑国民党政府。冯玉祥在市长宅邸旁建了两间小屋,每日到小屋饮茶。② 据报道,直至1929年5月,人们对刘纪文建造中山路时所采取的专制行为依旧怀有"憎恨情绪"③。

中山陵选址南京,并通过修建新主路使其成为南京城景观的主导,这一行为从象征意义上完成了政府向南京城的转移。国民党政府宣传部发行了一系列有关孙中山葬礼的书籍,其中一本就是专门讲述首都南京的。该书中列举了国民党选取南京作为首都的原因,其中孙中山的意愿被列为首要原因。④ 国民党的核心是孙中山教义和思想,现如今,国民党政府的选址也由孙中山所葬之地支配。国民党政府成立了一个委员会,负责在南京城内建立一座革命历史博物馆,该博物馆用于收集革命宣传材料、革命

①叶楚伧:《首都志》,第478页。顾容展提到了浙江烈士庙,见《实用首都指南》,上海:中正书局,1928年,第183页。
②《北华捷报》,1929年2月16日。
③《北华捷报》,1929年5月18日。
④《国都南京的认识》,中国国民党中央执行委员会宣传部,1929年。这是国民党宣传部发行的《总理安葬纪念宣传丛刊》中的一册。

烈士肖像以及与国民革命事件相关的各种物品。国民党政府在报纸上刊登广告,呼吁民众和各地官员向博物馆捐赠革命相关物品。① 南京城外的紫金山被划定为中山陵园区,该地寺庙等建筑也为此而进行改建。参加孙中山葬礼的来宾需携带树苗,就像孔子七十二弟子携带树苗参加孔子的葬礼一样——2000 年后的今天那些树苗已经在曲阜长成了一片著名的森林。此举暗示出,在不久的将来,南京城会成为孙中山的圣地,就像曲阜是孔子的圣地一样。正如官方公告所写:

213

> 总理首创民国,崇德报功,宜于孔子同其隆重。②

不论是与孔夫子还是与明太祖相比,孙中山都已从国民党领导人转变成了中华民国的象征符号。

1929 年 6 月 1 日,庞大的送葬队伍从国民党的总部出发,聚集在首都街道上的人们目睹了国家的转变。为孙中山送葬的人来自全国各地,很多人是第一次来到新首都南京。前来参加葬礼的国外大使或特使也是此次转变的重要见证者。资本主义列强近期刚刚承认了国民党政府的合法地位,但他们不愿花费时间和精力将使馆从北京搬往南京。在国民党政府的政治观念中,外交关系是国家政治中十分重要的一部分,因此国民党政府高度重视外交,并希望此次葬礼能给这些外国使节留下深刻印象,即中国是一个统一的国家,此外,外国驻华使节出席葬礼也体现了他们对国民党政府的认可。

---

① 《江苏省政府公报》,1928 年 2 月 7 日,"特载",第 8—10 页。
② 南京市档案馆、中山陵园管理处编:《中山陵档案史料选编》,第 250—251 页。

# 政　党

送葬队伍穿过南京市城区，国民党党旗和标志性的蓝白两色随处可见。街道两旁的住户、商家门前都悬挂着青天白日旗，国民党发放的或商家出售的纪念章上印有青天白日旗，送葬人员佩戴的黑色袖章上也绣着青天白日旗。街道上搭起了蓝白相间的牌楼，灵车上扎着蓝白两色的绸带。孙中山的棺材被装入蓝白相间的灵榇，杠夫们身穿前后都印有白色太阳的蓝色制服将灵榇抬上紫金山，并放置在由白色大理石建成、以蓝色石砖封顶的陵墓大厅中央，大厅屋顶是天蓝色的，上面画有白色太阳。送葬队伍前行过程中，人们唱起了专门为此次葬礼而创作的歌。送葬队伍沿飘扬着蓝白色党旗的中山路缓缓前行，人们唱着孙中山葬礼之歌，将他们已逝的领导人送往新的安息之地，在这一过程中，送葬人员将新的国家象征符号与国民党的象征符号联系在一起。送葬人员看到了以孙中山为核心的民族主义国家形象，而这一形象也是他们帮助塑造的。

孙中山葬礼与国民党新象征符号间的紧密联系是仪式前半部分——孙中山遗体从北京碧云寺运往南京的过程的一大特点。*214* 最显著的例子或许是带领灵车南下的"宣传列车"。列车的机车车头悬挂着巨大的孙中山遗像，列车最后一节车厢上印有"中央党部迎榇宣传列车"字样，①这辆列车开在运送孙中山遗体的灵车之前。据说这趟列车就是慈禧太后曾经乘坐的列车。② 随着

① Harold A. van Dorn, *Twenty Years of the Chinese Republic*：*Two Decades of Progress*（London：Hurst and Blackett, 1933），facing 50.
② 李枝龙：《孙中山先生灵榇奉安亲见亲闻记》，《嘉山文史》第四辑，1987 年，第93 页。

孙中山先生的灵车南下，沿途各地的官员们会安排学生、士兵等人在车站迎接。国民党政府下令全党成员、政府机构、军队、警察以及群众代表必须参加迎接活动。在图 23 中，我们可以看到在天津火车站旁，士兵们列队迎接灵车，站台上还站着一些围观群众。宣传列车的新颖之处在于，这辆宣传列车的尾部安装了用于播放孙中山演讲的扩音器，此外，列车上还有（介绍孙中山生平和北伐战争的）影片、戏剧、单口相声和武术表演，不难想象，在娱乐活动匮乏的地区，这辆列车无疑会吸引大量围观群众。[1] 一位作家回忆起宣传列车途径山东省兖州时的情形，他写道，当时的围观群众有上千人，很多人原本是来参加庙会的。[2] 参与迎接活动的高层人员需要具有一定的威望——当列车抵达江苏北部徐州市时，一位当地的军官与一位政府官员就由谁在迎接仪式中担任领导的问题争执了一个多小时。[3]

对这趟列车的宣传报道遵循了国民党政府的葬礼大纲，也接受了筹备委员会的审查。与其他具有重大象征意义的活动一样，国民党政府发布了本次葬礼的宣传大纲，为其支持者理解此次事件及向他人解释此次事件的重要性提供指导。这一宣传大纲重在突出孙中山在与帝国主义和军阀等抗争中发挥的重要作用，"三民主义"作为中国文化与西方科学结合的价值，国民党作为唯一有能力执行孙中山遗愿的政党的角色，以及从军政时期向训政时期的转变。这些要点与具体的口号和国

---

[1]《总理奉安实录》，奉安专刊编纂委员会编印，1930 年，第 22、68 页。

[2] 刘祥彬、贾玉璋：《孙中山先生灵柩南京奉安过兖纪实》，《济宁文史资料》第三辑，1987 年，第 6—7 页。

[3] 李枝龙：《孙中山先生灵榇奉安亲见亲闻记》，第 94 页。

民党政府批准的文学作品相结合,控制着人们对孙中山葬礼的解读。[①] 所有这些宣传报道都强调了国民党作为孙中山思想继承人的身份,为了进一步明确这一点,国民党政府使用了"青天白日旗"和孙中山遗像。

215

图 23　迎榇宣传列车

图片来源:Harold A. van Dorn, *Twenty years of the Chinese Republic*: *Two Decades of Progress* (London: Hurst and Blackett, 1933), facing 50.

---

①《总理奉安实录》,第 59、63—68 页。

送葬队伍经过的街道挂满了蓝白色的国民党党旗,人们的注意力都集中在罩在玻璃罩下经过隔离处理后的孙中山遗体上。葬礼开始前,孙中山遗体曾被运回北京协和医院,检查遗体防腐措施是否成功。在协和医院,孙中山遗体被重新换上了代表新式国民服装的黑色丝质长袍马褂,换下了他逝世之后被穿上的西式服装。① 孙中山的灵榇抵达南京后,在中央党部礼堂停灵三日,由中央委员、各特任官轮流守灵。1929年5月29日至31日是国家公祭日,在此期间,社会各界来参加孙中山奉安典礼的人前来凭吊,各组织、学校和政府机构均有一小时时间来凭吊。

韩正礼是为孙中山送葬的学生代表,他详细描述了瞻仰孙中山遗体的过程。当学生们进入礼堂时,他们看到孙中山的灵榇停放在平台上,四周摆满了花圈。凭吊仪式结束后,老师和学生们排成一队依次向孙中山遗体鞠躬并瞻仰他的遗容。但遗憾的是,由于光线问题,他们未能看清孙中山的遗容,因此他们要求稍后再次进行瞻仰。傍晚当他们再次来到礼堂时,四个人举起了盖在棺木上的党旗,其他人则向孙中山遗体鞠躬。韩写道:

> 孙先生遗容与我们常见的遗像大不同了,但也略有点相似。头发稀疏(未戴帽),几乎根根可数,面形干瘦,面色紫红,双目紧闭,胡须若有若无;上体着黑色马褂,内着蓝色长袍,足登两道楄子的布底靴,这是大总统的礼服。手戴白手套,双手相接置于腹部。②

孙中山的遗体是仪式的核心。孙中山的遗体穿着新的国民

---

① 南京市档案馆、中山陵园管理处编:《中山陵档案史料选编》,第116页;《北华捷报》,1929年5月25日。
② 韩正礼:《中山陵的兴建与中山先生奉安》,第52页。

服装,灵榇上面盖有党旗,停放在中央党部礼堂,由中央委员、各特任官轮流守灵。然而,最为重要的是,国民党的核心依旧借助孙中山的个人魅力,这已超越了一切政策与制度。

　　孙中山一生组建了许多政党,而未加入这些政党的人也认为自己可以与孙中山的思想联系起来,这一点可以从孙中山逝世在非国民党成员中产生的广泛影响中反映出来。然而,从孙中山去世开始,国民党就不断对外重申孙中山的思想将通过国民党,而且也只能通过国民党永存。孙中山作为中国的国家象征,但是这一象征符号由国民党掌控。我们可以看到,1925 年,国民党通过全国范围内举行的孙中山纪念活动呼吁人们加入国民党。同样的,宣传列车的另一个作用就是向人们宣传这样一个理念:孙中山遗愿的实现应由孙中山建立的国民党来领导。①

　　正是孙中山为国民党政府赋予了历史意义和象征意义的合法地位。中国历代统治者都十分重视统治的正统性。北伐战争期间,各种胜利庆祝活动和国庆节活动都强调了 1911 年辛亥革命后的失利,并将其与国民党政府取得的新胜利进行对比。国民党政府通过批评和忽视这期间的各个政府,表明了它与孙中山和1912 年中华民国临时政府之间的直接联系。国民党在南京举办孙中山葬礼,因为他不仅国民党的领导人,同时也是第一任民国总统。国民党此举标志着国民党的历史合法性——既是政党,也是国家政府的领导。此外,国民党还强调了孙中山是国民党的重要象征符号以及国家象征符号的核心。正如纪念册所写:

　　　　究其一生,总理的精神凝聚于革命之中,而革命的力量又蕴于国民党之中。通过党国来拯救国家、建造国家和治理

①《总理奉安实录》,第 63 页。

国家是总理四十年间不尽的努力。①

一幅孙中山葬礼的宣传海报也表达了同样的思想。（图 24）海报原件采用的是国民党党旗的蓝白色，海报上画着孙中山正在帮助一个身上写有"中华民国"字样的小孩往标有"训政"字样的台阶上爬。这副海报将中华民国拟人化为一个瘦弱孩子的形象，不免使人回想起民国早期类似的象征符号，不同的是，现在化身为小孩的中华民国是在化身为孙中山的国民党的引领下前行的。

我们可以从 1929 年孙中山葬事筹备委员会的结构中看到向国民党政府提供合法地位的制度框架的国民党象征符号，如孙中山。此外，该委员会从 1925 年便开始准备孙中山葬礼事宜，委员会成员均未在政府内担任要职。1928 年，蒋介石接管后，便将政府部门的几位部长纳入到委员会中。截至 1929 年，筹备委员会中已有许多国民党政府高级官员，但这些官员中的一些人与国民党的联系却并不紧密。1929 年 1 月，筹备委员会要求国民党总部成立奉安委员会，来负责葬礼相关事宜。该委员会由葬事筹备委员会常委会成员和所有国民党政府部门的部长、副部长及南京市市长共同组成。换言之，葬礼的组织权如今仍主要掌握在政府而不是国民党手中。国民党政府正是通过国民党以及国民党与其领导人孙中山之间的联系确立了其历史意义和象征意义上的合法地位。

① 淞沪警备司令部政治训练部编：《总理诞辰纪念册》，1928 年，第 3 页。

图24 "依总理遗教训政"——该葬礼宣传材料绘制了
孙中山引领中华民国的画面

图片来源:英国牛津大学博德利图书馆藏["中央研究院"440(12)]。

1928 年,国民党定都南京后,国民党政府宣布训政时期开始。在这一时期,国民党全国代表大会将代表人民群众行使政治权利,如全国代表大会未召开则由国民党中央执行委员会代表人民群众行使政治权利。[①] 中华民国自成立之日起便达成共识:国家权力属于民众;而民众是"民国"的"国民"。当国民党政府将国

––––––––––––––––––

① Tyau Min-ch'ien, *Two Years of Nationalist China* (Shanghai：Kelly and Walsh, 1930)，34.

家权力行使权从人民群众手中转移到国民党中央执行委员会时，这并未影响到权力的实质，因为民主一直就不是民国政府的特征。从国民党政府对政府结构的描述中可以看出，作为国家象征的国民党政府实际上形成了独裁统治，并将民众排除在外，这一点可以从这一时期国民党政府采用"党国"替代"民国"中看出。孙中山葬礼的结构和形式都表明，合法性从民众向国民党转移了。

## 民　众

　　数万人参加了孙中山送葬仪式，这也是国家公众的、可视的体现。玛丽·瑞恩(Mary Ryan)在一篇讲述 19 世纪美国城市中游行的文章中写道，游行"以一种有力的且为公众所认可的方式展现了当代人如何解释、呈现及看待社会秩序"。玛丽指出，人们可以通过游行理解阶级、种族和性别上的变化，因为游行以当代人可以理解的方式记录了这些变化。① 穿越南京城、抵达孙中山陵墓的这一送葬"游行"与美国的游行十分相似，因为这些游行都是群体的自我呈现。这也可以帮助我们理解自我身份认同中的变化。然而，我们又不得不提出疑问，到底是谁在掌控着这一群体的自我呈现，以及这样做的结果是什么。1925 年孙中山逝世后，遗体被运往北京碧云寺，当时人们自发组成了送葬队伍，与之不同的是，本次送葬队伍由葬事筹备委员会掌控和安排的，换言

220

---

① Mary Ryan，'The American Parade：Representations of the Nineteenth-Century Social Order'，in Lynn Hunt（ed.），*The New Cultural History*（Berkeley：University of California Press，1989）（[美]林·亨特：《新文化史》，姜进译，上海：华东师范大学出版社，2011 年），131-135.

之,本次送葬队伍是由政府和国民党领导人掌控和安排的。

人们安静地站在挂满党旗的街道上,当他们听到乐队一遍遍地演奏着哀乐时,他们就知道送葬队伍到了。这首哀乐重复播放着,1994 年我采访了一位曾经参加过送葬仪式的女士,她至今仍能够哼唱起那首曲子。随着音乐声越来越大,一队骑兵出现在人们的视线中,其中两名骑兵举着国旗和党旗;骑兵后面是上海警局的队伍和步兵营,步兵营后面跟着中央党校的全体教职工和学生,最后是农民和工人代表。

送葬队伍的第一梯队是民众代表,国民党、政府和军队各自组成不同梯队跟在后面。根据送葬安排,各省选派农民、工人和商人代表各三至五名参加送葬,各主要城市还要单独选派工人和商人代表。让各省、各主要城市以及各职业群体选派代表参加孙中山送葬,是为了彰显送葬仪式的国家性以及孙中山作为国家领导的重要性。然而,他们与国民党的关系照旧,因为代表们只有拿着当地国民党组织开具的介绍信才能参加送葬仪式。① 此举确保了仪式的参与者全都支持国民党的领导。国民党政府并未明确规定各省应如何选择参加送葬仪式的代表,但由于参加孙中山送葬仪式象征着崇高的荣誉,且各地国民党支部被赋予了一定的选择其代表的权力,实际上参加孙中山送葬仪式的工人和农民代表要么是国民党党员,要么是国民党附属机构的成员。

工人代表后面是高举海军军旗的海军官兵代表。再后面是警察代表。警署是民国时期才出现的重要新机构之一,几乎在所有的仪式上都能看到警察的身影。② 警察代表后面是女性代 *221*

---

① 《总理奉安实录》,第 14—15 页。
② 有关警察机构的发展,参见 David Strand, *Rickshaw Beijng : City People and Politics in the 1920s*(Berkeley: University of California Press,1989),66 - 72.

表——各女性团体受邀选派三至五名成员参加送葬仪式。女性还加入了其他一些职业团体，因此，参加送葬仪式的学校当中就包括四所女子学校（中学或大学），包括著名的金陵女子大学。女性作为社会其他阶层的成员（如女学生、女工）参加送葬仪式在民国早期的仪式中是十分常见的。女性本身能够作为一个社会阶层正常参加这些仪式是由于 20 世纪 20 年代早期国民党组织的群众动员运动。简单来说，这些运动的目的就是促使那些从未参与过政治活动的人支持国民党。为此，国民党中的活跃分子便成立了工会、农民协会和妇联协会。正是国民党掌控下的女性团体（尤其是南京妇联协会）中的女性成员参加了孙中山的送葬仪式。个体女性团体受邀派遣代表而不是由各省指派女性代表这一事实反映出，当时国民党成员中女性只占不到 4%。①

女性代表后面是国家铁路委员会代表，这也使人们意识到铁路系统控制权在当时的重要性。随后是商人代表，这个代表团当中还有一群中国穆斯林。商人们有着一个共同的组织，即商会，而商会在很多大城镇和城市中都有分会，而且商会在民国早期就已成为十分具有势力的一个群体。国民党在群众动员运动中试图通过控制商会中的重要职位，或组建其他商人组织来削弱商会的权力。② 因此，参加孙中山送葬仪式的商人代表都来自这些经国民党重组的机构。

随后是学生代表，每所学校都选派了一些学生代表来参加送葬仪式。与大多数缅怀孙中山送葬仪式的人一样，学生们也将参

---

① Tyau Min-ch'ien, *Two Years of Nationalist China*, 33.

② Joseph Fewsmith, *Party, State, and Local Elites in Republican China: Merchant Organisations and Politics in Shanghai 1890 – 1930* (Honolulu: University of Hawaii Press, 1983).

加此仪式视为极大的荣耀。1994 年,程仁兰女士在接受采访时,回忆起了当时参加送葬仪式的情景,她说道,当她被学校选为代表时,她十分高兴;当时,每个班级选两到三名人选,然后校长从这些人选中选出最终参加送葬仪式的人。[1] 每所中学或大学队伍前都有一名旗手举着国民党党旗,有时还会打出印有校名的条幅。金陵大学(今南京大学)有 100 多人参加了送葬仪式。(图 25)学生代表们站成四路纵队,缓缓前行,因此 22 所参加送葬仪式的学校代表团全部通过一定花费了很多时间。

图 25　送葬队伍

　　图片来源:徐新:《历史的见证——国父孙中山奉安大典》,澳门中山学会,1991年,第 44、45 页。

---

[1] 程仁兰,在南京的采访,1994 年 5 月 20 日。

学生代表后面是海外华侨代表和内蒙古及西藏地区代表。
国内外的华侨组织可以选派一至两名代表。与农民、工人、商人
和学生代表一样，华侨代表也需要介绍信，只不过该介绍信是由
华侨所在地的国民党办事处和中国领事馆或政府华侨协会开
具。① 送葬队伍中前几个群体是按照职业进行划分的，他们代表
了中国民众，而海外华侨、内蒙古和西藏的代表则彰显了中华民
国的领土主张和国际主张，他们的参与将中华民国打造为一个现
代的政治地理单位，包括其疆域内的内蒙古和西藏，同时也是一
个种族和文化单位，包括生活在世界各地的中国人。

从习惯上来说，参与送葬的人越重要，其排位越靠后。围观
群众可以发现，除领头的士兵和作为警卫和军乐队的士兵以外，
送葬队伍最前面的依次是农民、工人、妇女、商人、学生，以及内蒙
古、西藏和华侨代表。这些团体都是由国民党精心挑选的，而这
些人共同组成了"人民"或者说是"民众"——参加送葬仪式的人
员说明的标题就写着"民众团体"。在以上这些代表的后面是军
队、政府和国民党代表。

军队代表包括最高指挥机构成员、军校代表以及一系列所谓
"解散会议"（国民党在北伐战争中收编的非国民党军队）的成员。
随后是各省和各主要城市政府代表，这也是一种通过政府表现出
来的国家地缘边界。再后面是南京市政府各部、机关、法院和协
会的代表，他们每个人都拿着印有部门名称的横幅。政府部门机
构后面是各国民党支部的代表：各省、各主要城市的党支部代表、
南京党支部的最高委员会和中央党委代表。送葬队伍中又加入
了一队步兵营，旗手高举横幅提示围观群众立正行礼，而后是一

① 《总理奉安实录》，第15页。

幅蓝白色的孙中山遗像。接下来是送葬队伍最后,也是最重要的一部分。

当灵车离开国民党中央党部礼堂时,最后一部分是外国使节代表。除苏联外,各主要外国势力都派遣了大使或特使来参加孙中山送葬仪式。1925 年,苏联是当时唯一正式派遣大使参加孙中山葬礼的国家,苏联大使加拉罕(Karakhan)在一众国民党成员中担任护柩者。蒋介石的清党行为终结了与苏联的友好关系,却改善了他与其他外国势力的外交关系,因此,1929 年苏联外交官并未参加孙中山送葬仪式。南京夏季天气炎热,外国使节不愿身着礼服步行六公里也是情有可原的,因此,孙中山奉安大典正式开始后,国民党政府便安排了摩托车将这些外国使节送到中山陵。然而,将外国使节安排在送葬队伍中最靠近孙中山灵车的位置却十分讽刺,因为孙中山的反帝言论使他在外交界十分不受欢迎。

外国使节乘车前往中山陵之后,送葬队伍最后一梯队由国会成员带领,国民党中央执行委员会和监察委员会成员紧随其后。他们与送葬队伍的其他部分不同,不仅因为他们举着孙中山遗像,还因为他们的衣着。根据国民党政府的指示,参加送葬仪式的普通政府员工需要穿白色的夏季中山装。[①] 天气炎热,而且白色是传统丧葬的主色,因此穿白色夏季中山装是最合适的。大部分学生也穿着同样的衣服,尽管部分学生穿着长袍,士兵们穿着蓝灰色的制服。(图 25)然而,政府和国民党高级官员则身穿被视为国家正式服装的黑色长袍。[②] 国民党高级官员和孙中山灵

①南京市档案馆、中山陵园管理处编:《中山陵档案史料选编》,第 338 页。
②《密勒氏评论报》,1929 年 5 月 25 日,第 588 页。

车之间是孙中山的朋友和亲属,而孙中山的女性家属都坐在灵车后面的黑色马车中。送葬队伍最后是机关枪队、步兵一连和骑兵一队。①

之所以用如此长的篇幅来描述送葬队伍,是因为我认为这是一个理解国民党政府主要结构特征的良机——一个基于群体利益的国家模型。国民党政府通过孙中山奉安大典展现出来的社会愿景是在国民党领导下的群体等级制度。参加送葬仪式的团体和部门在送葬队伍中的地位低于国民党的地位,个体参与者也来自受国民党政府控制的组织,而且必须由当地国民党支部提出担保。送葬队伍人员的排序体现了国民党政府计划的社会结构,即依次是人民群众、军队、政府、国民党、国民党领导人和孙中山的家人,最后是孙中山本人。这些社会阶层的词汇成为民国早期几乎所有主要国家仪式的构建思想。然而,国民党在孙中山送葬仪式中体现出来的社会结构思想操纵并改变着民国早期的社会思想。

国民党试图合法化其权力统治并追寻其合法化地位的血统,而国民党的这一行为也是一种新的尝试。国民党作为一个团体,试图在团体的新世界中寻找其合法性,并通过社会各界这一概念找到其合法性。国民党使用由各“界”构成的“民”这一概念,而由国民构成的各界成员又加入各种正式组织来代表社会团体。孙中山的灵柩从碧云寺运往北京火车站准备南下南京的这一过程中,社会各界成员都参与进来了,而国民党政府计划向参与者颁发证书;证书上印有参与者组织机构的名称以及参与者所属的

---

① 关于队伍前行的顺序摘自《申报》,1929 年 6 月 3 日,第 4 版。

"界"（如国民党、政府、军队、警察、学者、农民、工人和商人）。①
各种协会都隶属于国民党，而国民党则包含社会各界。孙中山奉
安大典这一过程就向参与者和旁观者展现了这种社会和国家结
构。国民党通过孙中山奉安大典向人们展现了一种新的合法地
位的声明。国民党通过控制参加奉安大典的权限，一方面保留了
民国社会根据职业将人们划分为各界的社会结构，另一方面也改
变了形成这些社会各界结构组织的本质。原本的社会结构是一
种包容性结构，因为社会成员可以归属于任何一个"界"，但国民
党形成的社会结构却是一种排斥性结构——商人、工人和农民在
参加奉安大典前都必须与国民党政府先形成联系。道路两旁的
士兵高举装着刺刀的长枪，这是为了确保参加送葬仪式的人员都
经过了国民党的允许。

　　国民党政府提出社会愿景，将社会结构定义为只有附属于国
民党政府的机构的同时，也重新定义了民国的国民。尽管民众仍
被认为是国家背后的合法群体，但民国早期的那种包容性社会结
构已被新的社会区分所取代，即国民被划分为"民众"和"国民党
和政府"。参加奉安大典的成员代表了吊唁孙中山的人，但是离
孙中山灵柩最近的人全都是国民党和政府的成员，这些人占送葬
队伍总人数的 2/3。被划分为学者、农民、工人和商人的民众占 <sup>226</sup>
另外的 1/3。这种社会阶层划分的核心与清朝官、民划分的核心
十分相似，即国民党和政府是官，民国国民是民。

　　当葬礼组织者通过将农民、工人、商人、学生和女性代表放在
一起来表示"民众"时，他们是在充分利用当代语言的社会分析。
这并不是唯一的社会分析语言，因此组织者需要在一系列共存

_____

① 《总理奉安实录》，第 10 页。

的、与不同利益和偏见相联系的社会语言中进行选择。① 送葬队伍的排序表明，几乎所有人(包括那些像葬礼组织者一样从社会阶层的角度进行分析和思考的人)都倾向于在"界"的概念下进行运作。社会结构二分法回归，而国民党理论上又通过社会阶层对社会进行划分，因此，我们不得不思考国民党为何使用这种方法将社会划分为"界"。我们可以从每个系统的政治含义中找到答案。与阶级划分法一样，社会结构二分法具有潜在的冲突性，采用"界"这一概念进行划分则可以避免这种冲突。将社会分为官与民就是在展现统治者与被统治者、强者与弱者之间的区分。如果社会合法性需要依赖于那些被统治者和弱者的话，那么该社会结构则具有潜在的危机。相反，如果将社会分为各"界"的话，那么"国民党政府"就是各种职业团体中的一种，而"各界"则划分了国家权力并呈现出一个团结社会的景象。这一时期，蒋介石意图破坏共产党提出的社会阶级划分，"各界"的划分刚好符合他的需求。

上午 8 点，领队的骑兵抵达紫金山，继续向中山陵前进，而孙中山灵车后的步兵和骑兵还在三公里之外，还有一半的路要走。即使是早晨 8 点，但对于送葬队伍和成千上万的旁观者而言，天气已十分炎热了。当时，南京主干路两旁是一排排的梧桐树，紫金山上树木茂密，人们纷纷走在凉爽的树荫下。这些树大多是为孙中山的陵墓栽种的，然而，从照片上可以看出，奉安大典举行之时，很多树还是树苗。送葬队伍穿过空荡的乡下，这里没有避暑或休息的地方。街道上除不断重复的哀乐外，一片静寂。士兵们

227

---

① Cf. Jonathan Barry and Christopher Brooks(eds.), *The Middling Sort of People*: *Culture*, *Soceity*, *and Politics in England*, *1550 - 1800* (London: Macmillan, 1994).

受命列队道路两旁,防止参加者或旁观者大声喧哗、唱歌、吃东西或吸烟。[1]（在北京,将孙中山的灵柩从西山碧云寺运往火车站的过程中送葬队伍同样也不允许高喊口号、分发手册或携带自制旗帜。[2]）此外,还禁止沿途的商店店主和小贩向送葬队伍贩卖水果和饮料。[3] 当送葬队伍经过时,分散的围观者们手中拿着帽子,安静地站着。很难想象,1925 年孙中山北京葬礼的场景与现在完全不同——当时,人们情绪高涨、高喊口号,并打出了愤怒的标语。

反帝国主义凝聚了 1925 年参加孙中山葬礼的成员,统一国家的呼声却导致了国家分裂。这种新的分裂是葬礼秩序井然的表象下涌动的暗流。军队和警察参加了孙中山奉安大典,同时也为典礼做安保服务。当孙中山的灵柩抵达南京时,火车站附近布满了手持机枪的士兵。只有佩戴徽章的人才能通过警戒线,参加送葬仪式。此外,政府还发布公文,禁止群众举行集会、游行或示威活动,如有违反,立即逮捕;公文指出,爱国主义应通过合理的、文明的行为表现出来。[4] 国民党军队现在防备的是那些因修建中山陵和中山路而被圈地的农民、共产党和国民党左派。深深扎根于群众,并且源于 1925 年葬礼的高涨情绪的这种敌对情绪和暴力行为最终将矛头指向了国民党自身。

一位参加葬礼的英国大使在给上级的信中写道:

> 可以说,葬礼并未引起当地人们群众的任何反响。在南京,人们看上去都很难过,并且对这个葬礼十分感兴趣,但事

---

[1]《总理奉安实录》,第 28 页。
[2]《总理奉安实录》,第 10 页。
[3]《密勒氏评论报》,1929 年 5 月 25 日,第 588 页。
[4]《北华捷报》,1929 年 6 月 1 日。

实上这个葬礼对他们来说毫无意义。现场并无官方报道中写道的大量人群。如果参加人数确实有所说人数的四分之一的话,那么在南京这样一个空旷的地方人们不会看不到。事实上,整个送葬仪式就是完全的官僚主义活动,而且,由于害怕发生意外或遭到共产党的破坏,只有国民党最高将领、军队、警察、学生和官员参加了送葬仪式。①

国民党政府将普通民众排外的官僚主义行为等同于将人民重新归类于"民众"。除官方仪式外,孙中山奉安大典并未安排与葬礼相关的大众化的活动。孙中山 1912 年在南京就职时,街道上充满了人,在道路两旁的家家户户都设立祭台并悬挂旗子。此次奉安大典时,国民党政府并未下令举办这些活动,甚至没有提议举办这些活动,因为举办奉安大典本身对国民党政府来说就已经时间紧迫了。热闹的大众化场合往往能够调动人们的情绪,提高人们参与活动的热情。尽管就职典礼肯定不同于葬礼,但当我们回顾 1925 年孙中山去世后国民党政府举办的各种活动时,我们就可以发现很多类似活动的群众参与度都很低。当冯玉祥的副官鹿钟麟和孙中山的副官李烈钧撰写各自的回忆录时,他们从不同角度回忆了同样的事件。② 很多回忆录都记录了 1929 年孙中山奉安大典,但他们的观点基本相同,因为这些观点都受到了国民党政府发放的宣传材料的影响。事实上,很多回忆录的作者只是参照当时的宣传材料,把材料中的信息(如奉安大典的参与

① PRO:FO 228/3990,1929 年 8 月 1 日,《M. 兰普森爵士致奥斯丁·张伯伦爵士》。
② 鹿钟麟:《孙中山北上纪实》,中国人民政治协商会议全国委员会、广东省委员会、广州市委员会文史资料研究委员会编:《孙中山三次在广东建立政权》,北京:中国文史出版社,1986 年;李烈钧:《李烈钧自传》。

者名单)抄到回忆录中。<sup>①</sup> 程仁兰女士当年参加葬礼时还是学生,现如今她仍然能回忆起她当选为参加奉安大典的代表时的荣誉感,仍然记得葬礼当天的炎热与疲惫、哀乐的歌词以及国民党官方解释的其他事情。<sup>②</sup> 民国早期的国民通过参加各种组织和协会明确了自身身份,现在却被划分为"民众",而且他们的政治理想也需要无条件地屈从于国民党。对孙中山奉安大典的解读是单一的,这恰恰反映出了普通民众的缺位。

## 领　袖

送葬队伍的先头部队抵达中山陵一个小时后,孙中山的灵柩最终抵达。自上午 8 时许,各代表团先后到达紫金山麓,按顺序站在石阶的两旁肃立,这条石阶通往蓝色屋顶的大理石礼堂。当灵柩最终运达石阶底部时,孙中山的棺椁便被抬到了一座用蓝绸裹扎、四角悬以白绸彩球的灵舆上。而后,外国使节、国民党和政府官员在灵舆四周站定并手握绳子。为避免暴露在公众的目光之下,孙中山的家人们(其中包括蒋介石)下车之后便进入黑色布幔中,并在布幔内步行送殡。接着由 108 位身穿蓝白相间制服的杠夫每 16 人一组轮流抬杠,将灵榇沿石阶缓缓抬上山。<sup>③</sup> 将灵榇抬上山顶并将棺椁放入墓穴中又花了一小时。

229

---

① 张耀德:《回忆孙中山先生灵柩奉安时的情况》,政协江苏省无锡市委员会文史资料研究委员会编:《无锡文史资料》第 14 辑,1986 年,第 1—5 页。
② 程仁兰,在南京的采访。
③ 徐新:《历史的见证——国父孙中山奉安大典》,澳门中山学会,1991 年,第 46 页。

图 26  陵墓石阶下的灵舆

图片来源:徐新:《历史的见证——国父孙中山奉安大典》,第 46 页。

　　孙中山先生的灵榇放置在灵舆中,并由 108 名杠夫抬入中山陵,看起来似乎更像是一场封建帝王的葬礼,而不是当代革命家的葬礼。这 108 位杠夫是从北京雇用的,他们身着宽松的裤子和外衣,尽管衣服上印有"青天白日旗",但在围观者看来,这显然是一场传统仪式。由杠夫抬灵舆是封建葬礼的重要特征,而葬礼中棺椁通常也需要杠夫轮流在布满车辙的道路上进行长途运输。葬礼上使用灵舆在民国时期并不常见,即使是富人也很少用,因为灵舆已经被灵车取代。孙中山的棺椁就是由灵车运出南京,抵达紫金山麓后再换为灵舆的。国民党拒绝在葬礼上举行祭祀或其他"封建迷信"的仪式,这也是葬礼组织者现代性的体现。从以上这些方面来看,这场葬礼与封建时期举行的葬礼是不同的,但是国民党设计的葬礼的确会使人想起封建时期的葬礼。葬礼的封建内涵强化了个人继承者的形象,这对于蒋介石作为领导人的个人地位十分重要。

230

　　灵舆最终被抬到台阶的顶端,孙中山的灵榇停于陵墓祭堂中

264

央。众人依次就坐，外国使节、国会成员、国民党中央执行委员会和监察委员会成员、孙中山亲属等人围坐一圈。孙中山曾经的继承人——汪精卫已被蒋介石取代，因此他并未出席奉安大典。宋庆龄离灵榇最近。人们可以从大堂外看见主祭人蒋介石站在大堂中央，面朝孙中山灵榇。大堂内的凭吊者全体三鞠躬，然后献花圈；组织者通过扩音器向大堂外的人们传达指令，而大堂外的人们根据指令行三鞠躬礼，并默哀三分钟，随后扩音器播放孙中山遗嘱。而此时，大堂内的仪式也接近尾声：孔祥熙作为整个葬礼的主持人，率领杠夫将灵榇移入礼堂后的墓室，以宋庆龄为首的孙中山亲属、国民党代表蒋介石、孙中山的日本友人犬养毅（Inukai Ki）、各国专使代表德国部长欧登科跟随进入墓室。墓室内，杠夫将孙中山的灵榇奉安于圹内，众人向孙中山遗体鞠躬然后退出墓室。随后，其他各国使节和重要官员带领着人群进入墓室依次上前向孙中山遗体鞠躬以示告别。①

主祭人蒋介石同时是国家领袖、国民党领导人以及孙中山继承人。国民党最伟大的革命领袖、国父孙中山的继承人强化了家族世袭制这一古老体系的意象，而这一意象的核心在于将蒋介石塑造为孙中山物质上及政治上的继承人。蒋介石在通过军事和政治手段获取党的领导权后，他需要为自己创造具有象征意义的合法地位，而为孙中山举办葬礼是这个过程中的重要一环。

蒋介石现在可以打出的牌就是亲情牌，因此宋庆龄和宋美龄出席葬礼就显得十分重要。但问题是，武汉政府垮台后，宋庆龄便先后流亡于苏联、德国。而宋庆龄出席葬礼对于蒋介石的重要 231

---

① 《密勒氏评论报》，1929 年 6 月 8 日，第 57 页；《曼谷每日邮报》，1929 年 6 月 20 日，第 4 版；《总理奉安实录》，第 56—57 页；《北华捷报》，1929 年 6 月 8 日。

性从宋庆龄的弟弟、民国财政部部长宋子文不远万里来到德国劝说宋庆龄参加葬礼一事便可窥知。尽管宋庆龄同意回国参加孙中山奉安大典,但她一再强调只是忠于对已逝丈夫的回忆,这才使得她克服了支持蒋介石的顾虑。宋庆龄在从柏林启程回国前发表声明,重申她与现在的国民党并无瓜葛;此外,她还在回国后的一次采访中指出,国民党已经背离了孙中山的基本原则。① 尽管如此,宋庆龄出席孙中山葬礼仍是对蒋介石作为孙中山继承人的一种支持。送葬过程中,蒋介石及夫人宋美龄与宋庆龄一同作为孙中山家属前行。在这一过程中,按中国葬礼传统,应由逝者长子在葬礼中担当大任,但是孙中山唯一的儿子——孙科的身份被弱化了,而宋庆龄的身份被凸显出来。当孙中山的灵椁被抬进中山陵时,紧跟着走在灵椁后的人是宋庆龄,在陵墓中站得离灵椁最近的是宋庆龄,带领众人向遗体进行最后告别并关上陵墓之门的人还是宋庆龄,这些本应由孙中山之子孙科来做的事现在却由宋庆龄代替。②

宋庆龄的出席十分重要,因为就像国民政府作为国民党代表的合法性完全依赖于孙中山一样,蒋介石作为国家和国民党领导人的合法性也完全依赖于孙中山的形象。1925 年孙中山逝世后,全国范围内各种仪式和游行的参与者都会高喊孙中山精神永垂不朽。同时,他们呼吁举办国民大会,废除不平等条约,统一全国,而这也是孙中山生前的愿望。国民党政府为 1929 年举办的各种仪式制定的宣传大纲中包含了同样的口号:"孙中山精神永垂不朽""国民党万岁""孙中山精神万岁"。③

---

① Helen Foster Snow, *Women in Modern China*, 146.
②《总理奉安实录》,第 55—57 页;《密勒氏评论报》,1929 年 6 月 8 日,第 57 页。
③《总理安葬宣传大纲》,中国国民党中央执行委员会宣传部,1929 年。

1929 年,政府呼吁人们纪念孙中山精神有着不同的政治含义。《总理奉安纪念册》中有这样两篇文章,一篇是胡汉民写的关于孙中山精神的文章,另一篇是蒋介石写的关于如何纪念孙中山的文章。[①] 蒋介石有意将自己塑造为实干家,即他是通过实际行动而不是话语来诠释孙中山精神的,而这两篇文章十分契合蒋介石这一形象。此外,葬礼宣传大纲还记录了国民党 1929 年执行孙中山遗愿时所遇到的问题。宣传材料呼吁全党团结,只有这样才能告慰孙中山的在天之灵。而这种团结并不包括共产主义和帝国主义。换句话说,国民党团结起来不仅要按照孙中山生前的要求抵御帝国主义,还要反对那些现已成为共产主义者的前国民党成员。宣传大纲在这一部分结尾处写道:

> 故终能……销除一切敌人,完成中国统一,此非继承总理之精诚,仰赖总理之灵爽,与夫总理伟大人格之感召,曷克臻此?[②]

如果打击国内敌人和统一中国是继承孙中山精神的标志,那么这些标志明显指向蒋介石。

1929 年,蒋介石依旧在巩固其作为国民党政府领导人的地位。直到 30 年代末,一种个人崇拜才逐渐形成。从奉安大典上蒋介石的角色中我们可以看到,蒋介石在为其地位寻求象征性的证明。蒋介石通过将孙中山塑造为国民党象征符号的核心人物以及强调孙中山精神的延续性,让继承者的位置变得顺理成章。安葬宣传大纲呼吁国民继续 1911 年辛亥革命之革命任务。[③] 国民党将孙中山描绘成一位单枪匹马引领革命的领导人,如果要继

---

①《总理奉安纪念册》,1929 年。
②③《总理安葬宣传大纲》,中国国民党中央执行委员会宣传部,1929 年。

续 1911 年辛亥革命的革命任务,那么就必须要由孙中山创立的党派领导人,即现在的孙中山的继承者蒋介石领导革命。因此,奉安大典上站在陵墓主厅中央、面对着孙中山灵榇的蒋介石便同时成了国民政府的领导人、国民党领袖以及孙中山的家人。

## 国之雏形

烈日当空,陵墓外的人们正等待着正午的到来。奉安大典开始的时间较早,因此孙中山遗体下葬时间较原计划早了一个小时左右。依据原定计划,孙中山的遗体应在正午时分下葬,同时举国默哀三分钟。[1] 默哀仪式仿效 1924 年列宁的葬礼,该仪式是孙中山奉安大典的高潮,同时旨在向人们展现一种表面上看来全国统一的景象。[2]

全国范围内同时举行仪式标志着对国民党合法地位的认可,这其中也包括东北等国民党政府统治较弱的地方。事实上,从孙中山奉安大典开始之时,即将孙中山灵枢从北京碧云寺移往南京时(1925 年孙中山去世后遗体一直安放在北京碧云寺),全民参与的主题就已经十分突出了。北京举办的各种仪式和随后在南京举办的各种仪式如出一辙,包括纪念死者、由浩大的送葬队伍护送孙中山灵榇至火车站。移榇标志着将国家的首都从北京转移到南京。通过铁路将孙中山遗体移往南京向人们展现了统一的国家形象,当时国内报纸上充斥着有关饥荒、内战、叛乱和土匪的报道,这种象征性的统一形象掩藏了各方之间的敌意。奉安大

233

---

[1]《北华捷报》,1929 年 6 月 8 日。
[2] 列宁的葬礼参见 Tumarkin, *Lenin Lives*! 162.

典前,有报道称,受国内战事影响,可能无法通过铁路将遗体移往南京,需要走水路。① 奉安大典的官方报告中列出了孙中山遗体移送过程中各地方负责安保工作的军队,而阎锡山负责第一阶段的移送工作,其他军队将领率兵负责其他移送阶段的工作。② 该报告将负责各移送阶段的将领名字都列了出来,这样一来,阎锡山看起来似乎与国民党军方将领身份相当。事实上,当时阎锡山控制着黄河以北的地区,因此在这一段路程中是由阎锡山的军队而不是国民党军队护送孙中山遗体。此外,阎锡山禁止国民党政府派遣军队参加在北京举行的孙中山葬礼,有效地阻止了蒋介石出席。③

奉安大典当天,大量群众聚集在全国各城镇举办的各种集会上。作为奉安大典筹备委员会成员,孙科、戴季陶和叶楚伧针对全国各地举办的各种纪念活动发布了活动纲要,并将这些纲要发放给了各地方国民党和政府组织。纲要建议,国民党、地方政府、军队和教育机构等组织以及工厂和商店在奉安大典当天放假停工,全国降半旗,全国各地国民党成员应佩戴黑色臂章三天,并应参加具有明确指示的纪念性集会。④ 根据纲要要求,各国民党支部和地方政府应举办纪念性集会。关于上述活动的报道的侧重点都是政府的主动性而不是民众的热情。很多集会的时间定在正午时分,也就是孙中山下葬的时间。在武昌,10 万多人聚集在中央公园等待着礼炮声——这是三分钟默哀开始的标志;⑤在清

---

① "一周间国内外大事述评",《国闻周报》,1929 年 5 月 26 日,第 8 页。
② 《密勒氏评论报》,1929 年 5 月 25 日,第 588 页。
③ 孟伯元:《回忆参加中山灵柩南迁大典》,政协天津市委员会文史资料委员会编:《天津文史资料选辑》第三十七辑,1986 年,第 24 页。
④ 南京市档案馆、中山陵园管理处编:《中山陵档案史料选编》,第 324—325 页。
⑤ 《北华捷报》1929 年 6 月 8 日。

234 江浦,军队实施了长达一个小时的交通管制;在厦门,正午时分所有电灯都亮了,这标志着三分钟默哀的开始。① 在距离南京很远的满洲里,以及像西安这样的城市,地方政府召集了来自教育界、警界、乡绅和商界等的上百个组织和集体参加集会。② 正午时分,101 声礼炮声响彻南京城上空。在中山陵内,宋庆龄带领孙科及其妻子和孙中山的女儿女婿关上了陵墓的青铜门。陵墓外,送葬人群正在进行为时三分钟的默哀,这也标志着奉安大典的结束。③

现如今,在中山陵向游客们播放的奉安大典电影中,我们可以看到,当广播宣布奉安大典结束时,台阶两旁的送葬群众纷纷冲上台阶,冲向陵墓。④ 此刻,这些人已不再是群众、国民党和政府的代表,他们又成了独立的个人,充满好奇并迫切地想近距离瞻仰中山陵和国民党领导人。我们可以得知,孙中山奉安大典的管理有效地排除了那些反对国民党领导的人。从奉安大典解读的单一性中我们也可以看出,奉安大典将所有个人参与者排除在外了。1925 年,孙中山葬礼的口号是参与者自发选择的,因此仪式的意义是由他们定义的;1929 年,奉安大典上的参与者在送葬队伍中的位置决定了他们的身份,而奉安大典的意义则是提前由葬事筹备委员会在宣传纲要和宣传纪念手册中做出界定的。我们可以看到,民国初期形成了一系列的象征符号,但是这些象征符号并没有实际意义。从某种程度上来看,国民党获得民众的普遍支持是因为国民党为这些符号提供了意义上的解读。孙中山

---

① 《申报》,1929 年 6 月 3 日,第 8 版。
② 《盛京时报》,1929 年 6 月 6 日,第 8 版。
③ 《总理奉安实录》,第 57 页;《北华捷报》,1929 年 6 月 8 日。
④ 《孙中山革命先行者》(在南京中山陵藏经楼展示的相关视频)。

的形象和 1911 年辛亥革命的历史叙事为国民党和国民政府提供
了合法地位。在奉安大典上，我们可以看到这些革命的象征符号
如何被解读的，以及解读符号所带来的政治影响是如何融入到民
国的结构中的。

*235*

# 结　语

　　1912年1月1日,孙中山就任中华民国大总统,1929年,其葬礼在南京举办,在这17年中,中国形成了一种新的政治文化。这一政治文化的象征符号源于1911年辛亥革命早期革命情绪最高涨的时期,短短数月,各种物品和习俗迅速成为拥护民国的象征。国旗成为中国的象征;男人剪去辫子、穿上西服;女性参加政治仪式和庆祝活动;新的历法重构了人们对事件的认知,使他们聚焦于民国的创立,尤其是孙中山担任民国大总统。因此从一开始,民国不仅提供了一系列新的国家象征符号,同时也提供了对其历史过程的解读。

　　辛亥革命的这些象征符号衍生出一种新的国民身份,即聚焦在共和国民这一群体概念,该群体可以通过一系列习俗和象征来体现他们的身份。男性不是通过参加政治机构体现对民国的忠心,而是通过留短发、戴毡帽、向朋友鞠躬、与朋友握手以及参加国庆节等新节日的庆祝活动表现出来的。以这种方式彰显个体作为共和国国民一分子的重要性,同样也适用于女性,但是其中仍存在性别上的差异。女性表达国民身份的方式并不是剪掉长发,而是不再缠足,并且参与到了以往为男性所主导的世界当中。女性这样做以后,引发了一系列的连锁反应,最终导致人们需要改变体现在日常姿势和步态中的性别刻板印象。这些是人们行为上的重大变化，但全国各地改变的程度是不同的，不同社会和民族背景的人们对改变的接受度也是不同的。

通过这种方式，现代国民形成了一个可辨识的群体，这个群体本身就是在对政治权力提出特定的权利要求。在反对这种新群体的过程中产生了一种传统的中国意识。因此，在创造作为国民的现代的、新民族的政治身份的同时，民国也产生了一种相反的中国人的种族身份，这种身份被视作传统和老旧的。这种相反的政治和种族身份意识成为学术上将中国社会划分为精英分子与普通大众的基础之一。然而，国庆节庆祝活动暗示出在民国早 <sup>240</sup> 期，国庆节庆祝活动的组织者和参与者都未看到这种精英分子与普通民众的划分。相反，庆祝仪式描绘了一种基于个人和家庭的职业对社会进行阶层划分的图景。事实上，根据社会阶层划分，参加这些庆祝仪式通常受到团体组织和其他组织的掌控，如学校、商会、农业协会等组织。在民国早期，这种社会阶层的划分突破了那种将社会划分为精英和非精英的二分法。

然而，国民党掌权后，政府和民众的划分在仪式中变得愈发明显，1929年的奉安大典就是一个典型例子。国民党的正式结构以及国民核心人物领导的代表民众的群众组织似乎反映出民国早期的政治文化。但这是一种误导。群众组织应由国民党中央总部领导。国民党组织的结构表达了其建立民主国家的目标，但同时排除了那些不参加的人。在此之前，国民身份只是中国人多重身份当中的一个，但是国民党和支持国民党的民众主张让这种国民身份作为主要的、排外的身份。每个人都应该庆祝阳历新年，而政府应禁止庆祝阴历新年。当代国民身份不再是戴西式帽子的问题，而是要求人们放弃其他的类型身份，无论这种身份是地方性的、宗教性的还是家族性的。

同时,国民党及国民政府将其意识形态融入了国家象征符号中。源于辛亥革命并获得人们尊重的民国的象征符号现已转变为由国民党掌控的国家象征符号。备受尊敬的五色旗换成了具有红色旗底的青天白日旗,这反映了国民党对人们的统治。国民政府换了两次国歌,不变的是,每首歌都将国民党及其意识形态置于国家核心。国民党不仅能够采用民国早期国家象征符号的形式,还能够控制这些符号的意义和对其的解读,并使人们对这些象征符号的尊重转变为对国民党的尊重。在此过程中,政党的合法性由全体人民转递到组成国民党的中华民国国民身上。

这一过程与广泛传播的国民党象征符号暗示出政治权力在文化创建过程中的重要性。这二者有着必然的联系:20 世纪 20年代中后期,因为国民党的政治符号对非国民党党员有着巨大的吸引力,国民党的人数不断增加,因此其政治潜力也在不断增加。这种吸引力源于辛亥革命后人们对国家象征符号的尊重程度与日俱增,还因为这些象征符号缺少准确的解读。国家的象征符号被国民党的象征符号所取代,与此同时,孙中山逝世后也成为国家主要象征符号之一。组织孙中山逝世的纪念活动不是组织严密的政党的事情,而是热情的国民的事情。当孙中山成为一个国家主要象征符号,以及尊重孙中山成为民族主义的标志后,国民党开始掌权。

如果象征符号对国民党掌权十分重要,那么政治权力对象征符号的本质及对符号的公众接受度也很重要。显而易见,在国民党的象征符号中,这一点是真实的,例如国民党党旗——当国民党占领城镇时,他们会挂上党旗;而且在这样的军事胜利后,国民党党旗通过有组织的宣传得到了广泛传播。然而,军队并未强制推广民国早期的象征符号;人们可以自主选择接受或者拒绝这些

241

象征符号。毡帽、大衣和鞠躬等广泛流传，但这些是官员和正式
场合的典型特征；人们在家中庆祝国庆节被视为一种上层阶级的
行为。个人通过接受这种服饰和习俗展现了他们作为国民参加
公众政治活动的社会地位。这些行为通常与爱国主义相关，因此
个人通过这些行为展现了自身积极的国民身份。权力的结构影
响了文化的创建。

关于这个过程，人们经常犯的错误是认为文化创造会受到政
治因素的影响，因此这种文化与之前的"传统"文化相比，更加不
真实，个体也很难对此有深入的体会。很多人类学家指出，传统
文化同时也是权力关系的产物。民国早期产生的这种国民身份
感是政治结构和权力的产物。在整个 20 世纪，这种国民身份意
识开始影响绝大多数中国人的行为，进而影响人们对身份的认 *242*
知。今天的中国人之所以是中国人，并不是因为他们参加了传统
的婚丧仪式，而是因为他们参加了现代国家仪式。 *243*

# 词汇表

　　该词汇表包括文中提到的中文术语和人名，但不包括在霍华德·莱昂·布尔曼主编的《中华民国传记词典》中可以找到知名人士的名字。本表给出了部分中文术语的传统英译名，以及一些人名的现代译法。

| | | |
|---|---|---|
| Ah Q zheng zhuan | 阿 Q 正传 | |
| Bai Jianwu | 白坚武 | |
| bao | 报 | |
| Bao Tianxiao | 包天笑 | |
| changshan | 长衫 | |
| Chen Peiren | 陈佩忍 | |
| Chenbao | 晨报 | |
| chongjiu | 重九 | |
| Da Han zhonglie ci | 大汉忠烈祠 | |
| dangguo | 党国 | party state |
| dayuanshuai | 大元帅 | Generalissimo |
| duanwu | 端午 | |
| dushu | 读书 | |
| fajie | 法界 | legal section of society |
| ge jie | 各界 | all sections of society |
| geng | 耕 | |
| gong | 工 | |
| gongshou | 拱手 | |
| guangfu | 光复 | Glorious Restoration |
| guofu | 国父 | Father of the Counrry |
| guojia | 国家 | |
| guomin | 国民 | citizen |
| guomindang | 国民党 | Nationalist Party |
| guomin geming ge | 国民革命歌 | Song of the Citizens' Revolution |
| guomin zhengfu | 国民政府 | Nationalist Government |
| Han Zhengli | 韩正礼 | |

| | | |
|---|---|---|
| Hu Jingyi | 胡景翼 | |
| Jianfa baitan chuji | 剪发百谈初集 | |
| Jiang Kongyin | 江孔殷 | |
| jie | 界 | section of society |
| Jin Wenzhen | 金文贞 | |
| jing | 警 | (police) |
| jing | 井 | (name of a flag) |
| jugong | 鞠躬 | Western-style bow |
| jun | 军 | |
| kaitong | 开通 | |
| Kong Xiangxi | 孔祥熙 | (H. H. Kung) |
| laba | 腊八 | |
| li | 礼 | |
| Li Chun | 李纯 | |
| lianren | 敛衽 | |
| lieshi | 烈士 | martyr |
| Lin Yeming | 林业明 | |
| Ling | 陵 | |
| lisu | 礼俗 | |
| Liu Dapeng | 刘大鹏 | |
| Liu Guangquan | 刘光全 | |
| Liu Jiwen | 刘纪文 | |
| Liu Wenbing | 刘文炳 | |
| Lu Dongbin | 吕洞宾 | |
| Lu Haodong | 陆皓东 | |
| Lu Yanzhi | 吕彦直 | |
| Ma Yubao | 马毓宝 | |
| magua | 马褂 | riding jacket |
| min | 民 | |
| minguo | 民国 | Republic |
| minquan | 民权 | |
| minsheng | 民生 | |
| minzhong tuanti | 民众团体 | |
| minzu | 民族 | |
| mu | 墓 | |

| | | |
|---|---|---|
| Ni Huanzhi | 倪焕之 | |
| nong | 农 | |
| nujie | 女界 | women's section of society |
| Ou Zhenhua | 欧振华 | |
| Pan Dashou | 潘大寿 | |
| Pan Dazheng | 潘达微 | |
| qipao | 旗袍 | |
| qingming | 清明 | |
| Qiu Jin | 秋瑾 | |
| Rong Qing | 荣庆 | |
| shang | 商 | |
| Shanghai chunqiu | 上海春秋 | |
| shen | 绅 | |
| Shenbao | 申报 | |
| Shengjing shibao | 盛京时报 | |
| shuangshi | 双十 | |
| shi | 士 | |
| Shun | 舜 | |
| si min | 四民 | |
| Song Ziwen | 宋子文 | (T. V. Soong) |
| Sun Ke | 孙科 | (Sun Fo) |
| Sun Wen | 孙文 | (Sun Yatsen) |
| Tian Tong | 田桐 | |
| tianxia | 天下 | |
| tongmenghui | 同盟会 | Chinese League |
| wansui | 万岁 | Long live … |
| Wang Lei | 王耒 | |
| Wu Yu | 吴虞 | |
| Wu Yue | 吴樾 | |
| xianlie | 先烈 | |
| Xiao Qian | 萧乾 | |
| xinren | 新人 | |
| Xu Qian | 徐谦 | |
| Xu Xilin | 徐锡麟 | |
| xue | 学 | |

| | | |
|---|---|---|
| xuejie | 学界 | scholars' section of society |
| Yao | 尧 | |
| yi | 揖 | Chinese-style bow |
| Ying Yinshou | 应银寿 | |
| zhaozhong ci | 昭忠祠 | |
| zheng | 政 | |
| zhengtong | 正统 | |
| Zhonghua | 中华 | |
| Zhonglie | 忠烈 | |
| Zhongshan | 中山 | (Sun Yatsen) |
| Zhongyi ci | 忠义祠 | |
| Zhou Yueran | 周越然 | |
| zongli | 总理 | Party Leader |

# 参考文献

中文文献

## 一、未刊档案

中国第二历史档案馆藏档案，全宗号：1、26(2)、230、1001、1008

中国国民党党史馆藏档案，全宗号：260

中国国民党党史委员会藏档案，全宗号：459

## 二、报纸杂志

《北京日报》

《晨报》

《大公报》(天津)

《大公报》(长沙)

《广州民国日报》

《民立报》

《申报》

《盛京时报》

《时报》

《东方杂志》

《国史馆馆刊》

《国闻周报》

《江宁春秋》

《良友画报》

《民国档案》

《传记文学》

### 三、图书资料

（一）资料汇编、地方史志

白振声、[日]鲤渊信一编：《新疆现代政治社会史略》，北京：中国社会科学出版社，1992年。

曹聚仁编：《现代中国报告文学选》，香港：三育图书文具公司，1968年。

陈丽珠等编：《广东妇女运动历史资料》第5辑，广州：广东省妇女联合会、广东省档案馆，1991年。

杜福垫编纂，陈遁勋辑述：《新京备乘》第一册，北平清秘阁南京上海分店，1934年。

杜春和等编：《北洋军阀史料选辑》，北京：中国社会科学出版社，1981年。

冯自由：《革命逸史》第1卷，台北：商务印书馆，1969年。

傅崇矩：《成都通览》第1、2卷，成都：巴蜀书社，1987年。

顾炳权：《上海风俗古迹考》，上海：华东师范大学出版社，1993年。

江苏省政协文史资料研究委员会编：《在中山先生身边的日子里》，南京：江苏古籍出版社，1986年。

来新夏编：《北洋军阀》第1册，上海：上海人民出版社，1988年。

李寓一等编：《清末民初中国各大都会男女装饰论集》，香港：中国政经研究所，1972年。

林克光等编：《近代京华史迹》，北京：中国人民大学出版社，1985年。

林宗毅：《台湾林本源家文物及资料》，台湾（出版地不详）：定静堂丛书，1976年。

刘文炳：《徐沟县志》，太原：山西人民出版社，1992年。

罗家伦编：《革命文献》第42辑，台北：中国国民党中央委员会党史委员会，1968年。

南京市档案馆、中山陵园管理处编：《中山陵档案史料选编》，南京：江苏古籍出版社，1986年。

南京市鼓楼区政协文史资料委员会编：《鼓楼文史》第三辑，1991年。

中国人民政治协商会议山西省委员会文史资料研究委员会编：《山西文史资料》第十九辑，太原：山西人民出版社，1981年。

山西省政协文史资料研究委员会编：《阎锡山统治山西史实》，太原：山西人民出版社，1981年。

史全生：《中华民国文化史》，长春：吉林文史出版社，1990年。

隗瀛涛、赵清编：《四川辛亥革命史料》，成都：四川人民出版社，1981年。

叶楚伧:《首都志》,南京:正中书局,1935 年。

浙江省辛亥革命史研究会、浙江省图书馆编:《辛亥革命浙江史料选辑》,杭州:浙江人民出版社,1981 年。

政协广东省佛山市委员会文史资料委员会编:《佛山文史》第 1 辑,1987 年。

中国人民政治协商会议桂林市委员会文史资料研究委员会编:《桂林文史资料》第一辑,1982 年。

中国人民政治协商会议湖北省委员会编:《辛亥首义回忆录》第四辑,武汉:湖北人民出版社,1961 年。

政协嘉山县委员会文史资料委员会编:《嘉山文史》第四辑,1987 年。

中国人民政治协商会议江苏省委员会文史资料研究委员会编:《江苏文史资料选辑》第一、六、七、四十辑,南京:江苏人民出版社、《江苏文史资料》编辑部,1981、1990 年。

政协江苏省无锡市委员会文史资料研究委员会编:《无锡文史资料》第 14 辑,1986 年。

政协开封县委员会文史资料研究委员会编:《开封县文史资料》第一辑,1987 年。

政协内蒙古自治区委员会文史资料研究委员会编:《内蒙古辛亥革命史料》,呼和浩特:内蒙古人民出版社,1962 年。

政协山东省济宁市委员会文史资料研究委员会编:《济宁文史资料》第三辑,1987 年。

政协四川省南溪县委员会文史资料委员会编:《南溪县文史资料选辑》第十七辑,1989 年。

政协天津市委员会文史资料委员会编:《天津文史资料选辑》第三十七辑,1986 年。

中国国民党福建省执行委员会文化事业委员会主编,福建私立光复中学编辑委员会编:《福建辛亥光复史料》,连城:建国出版社,1940 年。

中国国民党浙江省党务指导委员会特设镇海县临时登记处编:《双十节纪念特刊》,1928 年。

中国国民党浙江省党务指导委员会训练部编:《总理纪念周详解》,1929 年。

《中国民间歌曲集成 山西卷》,北京:人民音乐出版社,1990 年。

中国人民政治协商会议全国委员会、广东省委员会、广州市委员会文史资料研究委员会编:《孙中山三次在广东建立政权》,北京:中国文史出版社,1986 年。

中山市地方志编纂委员会办公室编：《中山市历代行政区划》，1992年。

《中山先生轶事》编辑组编：《中山先生轶事》，北京：文史出版社，1986年。

邹鲁：《广州三月二十九革命史》，台北：帕米尔书店，1953年。

（二）日记、传记、文集、回忆录、年谱

巴金：《巴金文集》第10卷，北京：人民文学出版社，1961年。

白坚武：《白坚武日记》，南京：江苏古籍出版社，1992年。

包天笑：《上海春秋》，桂林：漓江出版社，1987年。

蔡廷锴：《蔡廷锴自传》，哈尔滨：黑龙江人民出版社，1982年。

陈伯熙：《上海轶事大观》，上海：台东图书公司，1919年。

陈独秀：《独秀文存》第一卷，上海：亚东图书馆，1922年。

陈福民：《从党北迁旅行记》，南京：中国国民党党史馆，1928年。

丁玲：《丁玲文集》第五卷，长沙：湖南人民出版社，1984年。

何雁秋：《何雁秋参观教育日记》，1924年。

胡景翼：《胡景翼日记》，南京：江苏古籍出版社，1993年。

胡石庵：《革命实见》，武昌：大汉报社，1912年。

黄绍竑：《五十回忆》，杭州：云风出版社，1945年。

经亨颐：《经亨颐日记》，杭州：浙江古籍出版社，1990年。

李更生：《李更生先生言行录》，扬州：板井巷胜业印书社，1928年。

李联海：《孙中山轶事》，广州：广东人民出版社，1985年。

李烈钧：《李烈钧自传》，重庆：三户图书社，1944年。

李平书等：《李平书七十自叙·藕初五十自述·王晓籁述录》，上海：上海古籍出版社，1989年。

李云汉：《黄克强先生年谱》，台北：中国国民党中央委员会党史委员会，1973年。

梁启超：《饮冰室合集》第4卷，上海：中华书局，1936年。

刘大鹏遗著，乔志强标注：《退想斋日记》，太原：山西人民出版社，1990年。

鲁迅：《鲁迅全集》第一、四卷，北京：人民文学出版社，1973年。

欧振华：《北伐行军日记》，广州：广东印务局，1931年。

秋瑾：《秋瑾集》，上海：上海古籍出版社，1960年。

［清］荣庆著，谢兴尧整理、点校、注释：《荣庆日记》，西安：西北大学出版社，1986年。

孙中山：《孙中山全集》第二、八卷，北京：中华书局，1982年。

王闿运：《湘绮楼日记》第三十一册，上海：商务印书馆，1927年。

吴虞:《吴虞日记》上,成都:四川人民出版社,1986年。

谢彬:《新疆游记》,上海:中华书局,1923年。

杨仪山:《杨仪山"五五"自传》,河南自治协会,1941年。

叶圣陶:《倪焕之》,北京:人民文学出版社,1954年。

张学良:《张学良文集》,北京:新华出版社,1992年。

章太炎:《章太炎全集》第5卷,上海:上海人民出版社,1985年。

周开庆:《行知集》,台北:畅流半月刊社,1975年。

周越然:《六十回忆》,上海:太平书局,1944年。

周作人:《知堂书信集》,香港:南天书业公司,1971年。

周作人:《周作人散文集》第一集,北京:中国广播电视出版社,1992年。

**四、著作**

**(一)近代著述**

《法令大全》,上海:商务印书馆,1924年。

《冯玉祥革命史》,上海:三民公司,1928年。

《共和新尺牍》第1卷,上海:上海会文堂,1913年。

《国都南京的认识》,中国国民党中央执行委员会宣传部,1929年。

《国庆日大阅典礼各项规则》,北京,1917年。

《孙中山荣哀录》,中国国民书局,1927年。

邓中夏:《五卅烈士事略》,上海:上海醒狮社,1925年。

《相见礼》,政事堂礼制馆,1915年。

《中华民国法规大全》第二、四册,上海:商务印书馆,1936年。

《忠烈祠祭礼附说明书》,政事堂礼制馆,1915年。

《总理逝世二周年纪念陕西革命大祭特刊》,1927年。

陈毅夫:《会议常识》,上海:学术书店,1926年。

春申日报社编:《剪发百谈初集》,1911年。

戴渭清编:《国民政府新法令》第七编,上海:广智书店,1928年。

董文编:《新小学教科书公民课本》第1册,上海:中华书局,1923年。

范望湖、华萼编:《无锡民众国庆纪念大会特刊》,无锡民众国庆纪念大会宣传部,1927年。

顾容展编:《实用首都指南》,上海:中正书局,1928年。

国民政府内政部编:《民众唱歌》,1928年。

河南青年学社编:《三月十二》,河南:商务印书所,1925年。

胡祖舜:《武昌开国实录》,私印,1948年。

华航琛编:《新教育唱歌集》,上海:商务印书馆,1914年。

黄昌毅:《孙中山先生北上与逝世后详情》,上海:民智书局,1925年。

蒋镜芙编：《新中华社会课本》第5册，上海：中华书局，1930年。

金兆梓等编：《新小学教科书历史课本教授书（高级）》（全四册），上海：中华书局，1925年。

李直编：《新中华历史课本》（四册），上海：新国民图书社，1932年。

刘湛恩：《国庆节与国民教育运动》，上海：青年协会书报部，1925年。

南京追悼中山先生大会编：《追悼中山先生特刊》，1925年。

秦同培编：《共和国教科书新国文教授法》第三册，上海：商务印书馆，1916年。

阮湘等编：《第一回中国年鉴》，上海：商务印书馆，1924年。

沈颐、戴克敦编：《共和国民教科书新修身》第一册，上海：商务印书馆，1922年。

首都各界庆祝国庆纪念暨全国统一大会编：《国庆纪念宣传大纲》，1928年。

淞沪警备司令部政治训练部编：《总理诞辰纪念册》，1928年。

孙荪侯编：《中国近代各种纪念史》，上海：三民公司，1929年。

孙中山先生葬事筹备会编：《孙中山先生陵墓图案》，南京，1925年。

唐忍庵、王恂盦编：《国庆纪念特刊》，无锡：无锡市商团公会、无锡救火联合会，1921年。

王怀琪编：《国旗体操》，上海：商务印书馆，1922年。

王闿运：《尚书大传补注七卷》第二卷，1906年。

魏冰心等编：《后期小学国语读本》第一、二册，上海：世界书局，1927年。

吴曾祺编：《初等小学中国历史读本》，上海：商务印书馆，1914年。

吴研因编：《新法历史教科书》（六册），上海：商务印书馆，1924年。

萧德华：《民国制法大方针府庙私议》，1912年。

谢振铎：《革命史上的重要纪念日》，广州：黄埔中央军事政治学校政治部发行股，1927年。

许师慎编著：《国父选任临时大总统实录》，中国文化服务社，1948年.

张鸿英编：《小学高级文体公民教科书》第四册，上海：中华书局，1926年。

中国国民党中央党部宣传部编：《首都各界总理逝世三周年纪念特刊》，1928年。

中国国民党中央执行委员会宣传部编：《党旗和国旗》，1929年。

中国国民党中央执行委员会宣传部编：《实行国历宣传大纲》，1928年。

中国国民党中央执行委员会宣传部编：《总理安葬宣传大纲》，1929年。

庄适等编:《新法国语教科书》第二、三册,上海:商务印书馆,1922年。

庄俞、沈颐编:《共和国教科书新国文》第二册,上海:商务印书馆,1922年。

(二)当代著述

吕美颐、郑永福:《中国妇女运动(1840—1921)》,郑州:河南人民出版社,1990年。

马敏、朱英:《传统与近代的二重变奏:晚清苏州商会个案研究》,成都:巴蜀书社,1993年。

桑兵:《清末新知识界的社团与活动》,北京:生活・读书・新知三联书店,1995年。

徐有春、吴志明编:《孙中山奉安大典》,北京:华文出版社,1989年。

严昌洪:《中国近代社会风俗史》,杭州:浙江人民出版社,1992年。

张玉法:《清季的革命团体》,台北:"中央研究院"近代史研究所,1975年。


**西文文献**

**一、Government Documents and Archives**

英国国家档案馆藏外交部档案

**二、Newspapers**

*North China Herald*(《北华捷报》)

*Bangkok Daily Mail*(《曼谷每日邮报》)

*China Weekly Review*(《密勒氏评论报》)

**三、Books and Articles**

A. C. Scott, *Chinese Costume in Transition*, Singapore：Donald Moore, 1958.

Andrew J. Nathan(黎安友), *Peking Politics, 1918－1923：Factionalism and the Failure of Constitutionalism*, Berkeley：University of California Press, 1976.

Arif Dirlik, *Revolution and History：Origins of Marxist Historiography in China, 1919-1937*, Berkeley：University of California Press, 1978([美]阿里夫・德里克:《革命与历史:中国马克思主义历史学的起源,1919—1937》,翁贺凯译,南京:江苏人民出版社,2005年).

Arthur H. Smith, *Village Life in China：A Study in Sociology*, New York：Fleming H. Revell, 1899([美]明恩溥:《中国乡村生活:社会学的研究》,陈午晴、唐军译,北京:电子工业出版社,2016年).

Benedict Anderson，*Imagined Communities：Reflections on the Origin and Spread of Nationalism*，London：Verso，1983([爱]本尼迪克特·安德森：《想象的共同体：民族主义的起源与散布》，吴叡人译，上海：上海人民出版社，2005 年).

Benjamin Schwartz，*In Search of Wealth and Power：Yen Fu and the West*，Cambridge，MA：Harvard University Press，1964([美]本杰明·史华兹：《寻求富强：严复与西方》，叶美凤译，南京：江苏人民出版社，2010 年).

Bryna Goodman(顾德曼)，*Native Place，City，and Nation：Regional Networks and Identities in Shanghai，1853-1937*，Berkeley：University of California Press，1995([美]顾德曼：《家乡、城市和国家：上海的地缘网络与认可(1853—1937)》，宋钻友、周育民译，上海：上海古籍出版社，2004 年).

C. Martin Wilbur，*Sun Yat-sen：Frustrated Patriot*，New York：Columbia University Press，1976([美]韦慕庭：《孙中山：壮志未酬的爱国者》，杨慎之译，北京：新星出版社，2006 年).

Carol Gluck，*Japan's Modern Myths：Ideology in the Late Meiji Period*，Princeton：Princeton University Press，1985([美]卡罗尔·格鲁克：《日本的现代神话：明治晚期的意识形态》，徐翠萍等译，南京：江苏人民出版社，2023 年).

Ch'en Li-fu(陈立夫)，*The Storm Clouds Clear over China：The Memoir of Ch'en Li-fu，1900 - 1993*，Stanford：Hoover Institution Press，1994.

Chang Chung-li，*The Chinese Gentry：Studies in their Role in Nineteenth Century Chinese Society*，Seattle：University of Washington Press，1955(张仲礼：《中国绅士：关于其在十九世纪中国社会中作用的研究》，李荣昌译，上海：上海社会科学院出版社，1991 年).

Chiang Yee，*A Chinese Childhood*，London：Methuen，1940(蒋彝：《儿时琐忆》，宋惕冰、宋景超、宋卉之译，北京：北京联合出版公司，2021 年).

Chow Chung-cheng(周仲铮)，*The Lotus-pool of Memory*，London：Michael Joseph，1961.

Chow Kai-wing，*The Rise of Confucian Ritualism in Late Imperial China：Ethics，Classics and Lineage Discourse*，Stanford：Stanford University Press，1994([美]周启荣：《清代儒家礼教主义的兴起：以伦理道德、儒学经典和宗族为切入点的考察》，毛立坤译，天津：天津人民出版社，2017 年).

Christel Lane, *The Rites of Rulers：Ritual in Industrial Society—the Soviet Case*,Cambridge：Cambridge University Press，1981.

Christina Gilmartin(柯临清)，*Engendering the Chinese Revolution：Radical Women，Communist Politics，and Mass Movements in the 1920s*，Berkeley：University of California Press，1995.

Claire Roberts, *Evolution and Revolution：Chinese Dress 1700s-1990s*，Sydney：Powerhouse Publishing，1997.

Clifford Geertz, *Negara：The Theatre State in Nineteenth-Century Bali*, Princeton：Princeton University Press，1980([美]克利福德·格尔茨:《尼加拉:十九世纪巴厘剧场国家》,赵丙祥译,北京:商务印书馆,2018年).

David Cressy, *Bonfires and Bells：National Memory and the Protestant Calendar in Elizabethan and Stuart England*，London：Weidenfeld and Nicolson，1989.

David Strand, *Rickshaw Beijing：City People and Politics in the 1920s*，Berkeley：University of California Press，1989([美]史谦德:《北京的人力车夫:1920年代的市民与政治》,袁剑、周书垚译,南京:江苏人民出版社,2021年).

Dorothy Ko, *Teachers of the Inner Chambers：Women and Culture in Seventeenth-Century China*，Stanford：Stanford University Press，1994([美]高彦颐:《闺塾师:明末清初江南的才女文化》,李志生译,南京:江苏人民出版社,2005年).

Edgar Snow, *Journey to the Beginning*，London：Victor Gollancz，1959([美]埃德加·斯诺:《复始之旅》,宋久、柯楠、克雄译,北京:新华出版社,1984年).

Edward A. McCord, *The Power of the Gun：The Emergence of Modern Chinese Warlordism*，Berkeley：University of California Press，1993.

Edwin J. Dingle, *China's Revolution，1911-1912：A Historical and Political Record of the Civil War*，Shanghai：Commercial Press，1912([美]埃德温·J.丁格尔:《中国的革命1911—1912》,张建军译,中央编译出版社,2011年).

Emile Durkheim, *The Elementary Forms of the Religious Life*，New York：The Free Press，1965([法]爱弥尔·涂尔干:《宗教生活的基本形式》,渠东、汲喆译,上海:上海人民出版社,2006年).

Emma Tarlo, *Clothing Matters*：*Dress and Identity in India*, London：Hurstand Co.，1996.

Eric Baschet, *China 1890-1938*：*From the Warlords to World War*, Zug：Swan Productions，1989.

Eric Hobsbawm and Terence Ranger, *The Invention of Tradition*, Cambridge：Cambridge University Press，1983（[英]埃里克·霍布斯鲍姆、特伦斯·兰格：《传统的发明》，顾杭译，南京：译林出版社，2004 年）.

Ernest P. Young, *The Presidency of Yuan Shih-k'ai*：*Liberalism and Dictatorship in Early Republican China*, Ann Arbor：University of Michigan Press，1977. （[美]欧内斯特·P.扬：《1912—1915 年的袁世凯》，张华腾译，郑州：河南人民出版社，2010 年）

Eugen Weber, *Peasants into Frenchmen*：*The Modernization of Rural France，1870-1914*, London：Chatto and Windus，1977.

F. Edward Hulme, *The Flags of the World*：*Their History, Blazonry, and Associations*, London：Frederick Warne & Co. n. d.

Fei Hsiao-tung, *Peasant Life in China*：*A Field Study of Country Life in the Yangtze Valley*, London：Kegan Paul, Trench, Trubner and Co.，1939（费孝通：《江村经济——中国农民的生活》，北京：商务印书馆，2001 年）.

Frederic Wakeman, *Policing Shanghai 1927-1937*, Berkeley：University of California Press，1995（[美]魏斐德：《上海警察，1927—1937》，章红等译，上海：上海古籍出版社，2004 年）.

Frederic Wakeman, *The Fall of Imperial China*, New York：Macmillan，1975（[美]魏斐德：《中华帝制的衰落》，梅静译，北京：民主与建设出版社，2017 年）.

Frederick McCormick, *The Flowery Republic*, London：John Murray，1913.

Gail Hershatter, *The Workers of Tianjin 1900-1949*, Stanford：Stanford University Press，1986（贺萧：《天津工人，1900—1949》，许哲娜、任吉东译，天津：天津人民出版社，2016 年）.

H. G. W. Woodhead（伍德海）, *The China Yearbook 1928*, Tientsin：Tientsin Press，1928.

Harold A. van Dorn, *Twenty Years of the Chinese Republic*：*Two Decades of Progress*, London：Hurst and Blackett，1933.

Harry A. Franck, *Roving through Southern China*, London：T.

Fisher Unwin，1926([美]哈利·弗兰克:《百年前的中国:美国作家笔下的南国纪行》,符金宇译,成都:四川人民出版社,2018年)

Hattori Unokichi(服部宇之吉)， *Shina kenkyu（Researches on China）*，Tokyo：Meiji shuppansha，1916.

Helen Foster Snow， *Women in Modern China* ，The Hague：Mouton，1967([美]海伦·福斯特·斯诺:《中国新女性》,康敬贻译,北京:中国新闻出版社,1985年).

Ho Ping-ti， *The Ladder of Success in Imperial China：Aspects of Social Mobility，1368-1911* ，New York：Columbia University Press，1962(何炳棣:《明清社会史论》,徐泓译,新北:联经出版公司,2013年).

Howard S. Levy， *Chinese Footbinding：The History of a Curious Erotic Custom* ，London：Neville Spearman，1972.

Hsiao Ch'ien， *Traveller Without a Map* ，London：Hutchinson，1990(萧乾:《未带地图的旅人:萧乾回忆录》,江苏文艺出版社,2010年).

Hsueh Chun-tu， *Huang Hsing and the Chinese Revolution* ，Stanford：Stanford University Press，1961([美]薛君度:《黄兴与中国革命》,杨慎之译,香港:三联书店香港分店,1980年).

Ida Pruitt， *A Daughter of Han：The Autobiography of a Chinese Working Woman* ，New Haven：Yale University Press，1945([美]艾达·普乐特:《汉家女》,廖中和、张凤珠译,台北:台湾学生书局,1993年).

Ida Pruitt， *A China Childhood* ，San Francisco：Chinese Materials Center，1978.

J. Dyer Ball(波乃耶)， *The Chinese at Home or the Man of Tong and his Land* ，London：The Religious Tract Society，1911.

J. J. M. De Groot， *The Religious System of China* ，Leyden：E. J. Brill，1892([荷兰]高延:《中国的宗教系统及其古代形式、变迁、历史及现状》,芮传明等译,广州:花城出版社,2018年).

James E. Sheridan， *Chinese Warlord：The Career of Feng Yu-hsiang* ，Stanford：Stanford University Press，1966([美]薛立敦:《冯玉祥的一生》,丘权政等译,杭州:浙江教育出版社,1988年).

James L. Hevia， *Cherishing Men from Afar：Qing Guest Ritual and the Macartney Embassy of 1793* ，Durham：Duke University Press，1995([美]何伟亚:《怀柔远人:马嘎尔尼使华的中英礼仪冲突》,邓常春译,北京:社会科学文献出版社,2002年).

Jeffrey F. Meyer， *The Dragons of Tiananmen：Beijing as a Sacred*

*City*，Columbia：University of South Carolina Press，1991.

Jeffrey Wasserstrom(华志坚)，*Student Protests in Twentieth-Century China：The View from Shanghai*，Stanford：Stanford University Press，1991.

Joe L. Dubbert，*A Man's Place：Masculinity in Transition*，Englewood Cliffs：Prentice-Hall，1979.

John Fitzgerald，*Awakening China：Politics，Culture and Class in the Nationalist Revolution*，Stanford：Stanford University Press，1996（［澳］费约翰：《唤醒中国：国民革命中的政治文化与阶级》，李恭忠、李里峰译，上海：生活·读书·新知三联书店，2004 年）.

John H. Fincher(傅因彻)，*Chinese Democracy：The Self-Government Movement in Local，Provincial and National Politics，1905－1914*，London：Croom Helm，1981.

John Israel（易社强），*Student Nationalism in China，1927－1937*，Stanford：Stanford University Press，1966.

John K. Fairbank（ed.），*The Chinese World Order：Traditional China's Foreign Relations*，Cambridge，MA：Harvard University Press，1968(［美］费正清：《中国的世界秩序：传统中国的对外关系》，杜继东译，北京：民主与建设出版社，2020 年).

John K. Fairbank，*Trade and Diplomacy on the China Coast：The Opening of the Treaty Ports，1842－1854*，Cambridge，MA：Harvard University Press，1953(［美］费正清：《中国沿海的贸易与外交：通商口岸的开埠(1842—1854)》，牛贯杰译，太原：山西人民出版社，2021 年).

John Pemberton，*On the Subject of 'Java'*，Ithaca：Cornell University Press，1994.

Jon Saari，*Legacies of Childhood：Growing up Chinese in a Time of Crisis，1890－1920*，Cambridge，MA：Council on East Asian Studies，Harvard University，1990.

Cf. Jonathan Barry and Christopher Brooks（eds.），*The Middling Sort of People：Culture，Society and Politics in England，1550－1800*，London：Macmillan，1994.

Jonathan D. Spence（史景迁），*The Gate of Heavenly Peace：The Chinese and Their Revolution，1895－1980*，Harmondsworth：Penguin Books，1982.

Joseph Fewsmith（傅士卓），*Party，State，and Local Elites in*

*Republican China*：*Merchant Organisations and Politics in Shanghai 1890-1930*，Honolulu：University of Hawaii Press，1983.

Joseph R. Levenson，*Confucian China and its Modern Fate*，Berkeley：University of California Press，1964([美]约瑟夫·列文森：《儒教中国及其现代命运》，郑大华、任菁译，桂林：广西师范大学出版社，2009 年).

Joseph R. Levenson，*Liang Ch'i-ch'ao and the Mind of Modern China*，London：Thames and Hudson，1953([美]约瑟夫·列文森：《梁启超与中国近代思想》，刘伟译，成都：四川人民出版社，1986 年).

Joseph W. Esherick and Mary B. Rankin，*Chinese Local Elites and Patterns of Dominance*，Berkeley：University of California Press，1990([美]周锡瑞、冉枚烁：《地方精英与治理模式》，甘会斌译，北京：九州出版社，2023 年).

Joseph W. Esherick，*Reform and Revolution in China*：*The 1911 Revolution in Hunan and Hubei*，Berkeley：University of California Press，1976([美]周锡瑞：《改良与革命：辛亥革命在两湖》，杨慎之译，南京：江苏人民出版社，2018 年).

Justus Doolittle，*Social Life of the Chinese*：*With some Account of their Religious，Governmental，Educational，and Business Customs and Opinions*，New York：Harper and Brothers，1876([美]卢公明：《中国人的社会生活——一个美国传教士的晚清福州见闻录》，陈泽平译，福州：福建人民出版社，2009 年).

Keith Baker，*Inventing the French Revolution*：*Essays on French Political Culture in the Eighteenth Century*，Cambridge：Cambridge University Press，1990.

Keith M. Baker，*Inventing the French Revolution*：*Essays on French Political Culture in the Eighteenth Century*，Cambridge：Cambridge University Press，1900.

Knight Biggerstaff(毕乃德)，*The Earliest Modern Government Schools in China*，Ithaca：Cornell University Press，1961.

L. C. Arlington and William Lewisohn，*In Search of Old Peking*，Peking，1935；reprint New York：Paragon，1967([美]L. C. 阿灵敦、[英]威廉·卢因森：《寻找老北京》，赵晓阳译，北京：清华大学出版社，2012 年).

Laurence A. Schneider，*A Madman of Ch'u*：*the Chinese Myth of Loyalty and Dissent*，Berkeley：University of California Press，1980([美]劳伦斯·A. 施耐德：《楚国狂人屈原与中国政治神话》，张啸虎、蔡清泉译，

武汉:湖北教育出版社,1990 年).

Léon Wieger(戴遂良),*Chine Moderne*,Hsienhsien,1922.

Liang Yen (pseud. for Margaret Briggs),*The House of the Golden Dragons*,London:Souvenir Press,1961.

Lin Yutang,*The Importance of Living*,London:William Heinemann,1938(林语堂:《生活的艺术》,北京:外语教学与研究出版社,2009 年).

Lynn Hunt,*Politics,Culture,and Class in the French Revolution*,Berkeley:University of California Press,1984([美]林恩·亨特:《法国大革命中的政治、文化和阶级》,汪珍珠译,北京:北京大学出版社,2020 年).

Lyon Sharman,*Sun Yat-sen,His Life and Its Meaning:A Critical Biography*,New York:John Day,1934.

Mary Backus Rankin(冉枚烁),*Early Chinese Revolutionaries:Radical Intellectuals in Shanghai and Chekiang,1902-1911*,Cambridge,MA:Harvard University Press,1971.

Maurice Halbwachs,*On Collective Memory*,ed. and trans. Lewis Coser,Chicago:University of Chicago Press,1992([法]莫里斯·哈布瓦赫:《论集体记忆》,毕然、郭金华译,上海:上海人民出版社,2002 年).

Min Tu-ki(闵斗基),*National Polity and Local Power:The Transformation of Late Imperial China*,Cambridge,MA:Harvard University Council on East Asian Studies and the Harvard-Yenching Institute,1989.

Mona Ozouf,*Festivals and the French Revolution*,Cambridge,MA:Harvard University Press,1988([法]莫娜·奥祖夫:《革命节日》,刘北成译,北京:商务印书馆,2012 年).

Nicole Constable,*Christian Souls and Chinese Spirits:A Hakka Community in Hong Kong*,Berkeley:University of California Press,1994(郭思嘉:《基督徒心灵与华人精神:香港的一个客家社区》,谢胜利译,北京:社会科学文献出版社,2013 年).

Nina Tumarkin,*Lenin Lives! The Lenin Cult in Soviet Russia*,Cambridge,MA:Harvard University Press,1983.

Norbert Elias,*The Civilising Process*,New York:Urizen Books,1978([德]诺贝特·埃利亚斯:《文明的进程:文明的社会发生和心理发生的研究》,王佩莉、袁志英译,上海:上海译文出版社,2013 年).

Patricia Ebrey(伊佩霞),*Confucianism and Family Rituals in*

*Imperial China*：*A Social History of Writing about Rites*，Princeton：Princeton University Press，1991.

Philip A. Kuhn，Soulstealers：*The Chinese Sorcery Scare of 1768*，Cambridge，MA：Harvard University Press，1990（[美]孔飞力：《叫魂：1768 年中国妖术大恐慌》，陈兼、刘昶译，上海：上海三联书店、北京：生活・读书・新知三联书店，2012 年）.

Philippe Aries（菲利浦・阿利埃斯），*The Hour of our Death*，Harmondsworth：Penguin Books，1981.

Pierre Bourdieu（皮埃尔・布迪厄），*Language and Symbolic Power*，Cambridge：Polity Press，1991.

Pierre Bourdieu，*The Logic of Practice*，Cambridge：Polity Press，1990.

Pierre Nora（ed.），*Les Lieux de Mémoire*，Paris：Gallimard，1984 – 1992（[法]皮埃尔・诺拉主编：《记忆之场》，黄艳红等译，南京：南京大学出版社，2015 年）.

Prasenjit Duara，*Rescuing History from the Nation*：*Questioning Narratives of Modern China*，Chicago：University of Chicago Press，1995（[美]杜赞奇：《从民族国家拯救历史：民族主义话语与中国现代史研究》，王宪明、高继美、李海燕、李点译，南京：江苏人民出版社，2020 年）.

Richard G，Fox（ed.），*Nationalist Ideologies and the Production of National Cultures*，Washington：American Anthropological Association，1990.

Robert Gildea，*The Past in French History*，New Haven：Yale University Press，1994.

Rubie Watson(华若璧)（ed.），Memory，*History，and Opposition under State Socialism*，Santa Fe：School of American Research Press，1994.

S. Wells Williams，*The Middle Kingdom*：*A Survey of the Geography，Government，Literature，Social Life，Arts，and History of the Chinese Empire and its Inhabitants*，London：W. H. Allen，1883（[美]卫三畏：《中国总论》，陈俱译，上海：上海古籍出版社，2014 年）.

Sally Borthwick（鲍雪侣），*Education and Social Change in China*：*The Beginning of the Modern Era*，Stanford：Hoover Institution Press，1983.

Schuyler Camman，*China's Dragon Robes*，New York：The Ronald Press Company，1952.

Sherman Cochran，*Big Business in China*：*Sino-Foreign Rivalry in the Cigarette Industry，1890 – 1930*，Cambridge，MA：Harvard University

Press，1980（[美]高家龙：《中国的大企业：烟草工业中的中外竞争（1890—1930）》，樊书华、程麟荪译，北京：商务印书馆，2001 年）.

Shibusawa Keizo（涩泽敬三）and Charles S. Terry，*Japanese Life and Culture in the Meiji Era*，Tokyo：Obunsha，1958.

Sidney D. Gamble，*North China Villages：Social，Political，and Economic Activities before 1933*，Berkeley：University of California Press，1963.

Stanley J. Tambiah（汤拜耶），*Culture，Thought，and Social Action：An Anthropological Perspective*，Cambridge，MA：Harvard University Press，1985.

Stephanie Po-yin Chung（钟宝贤），*Chinese Business groups in Hong Kong and Political Change in South China，1900 - 1925*，Basingstoke：Macmillan，1998.

Stuart Schram，*The Political Thought of Mao Tse-tung*，Harmondsworth：Penguin Books，1969（[美]斯图尔特·R. 施拉姆：《毛泽东的思想》，田松年、杨德等译，北京：中国人民大学出版社，2005 年）.

T. Z. Koo（顾子仁），*Songs of Cathay：An Anthology of Songs Current in Various Parts of China Among Her People*，Shanghai：Kwang Hsueh Publishing House，1931.

Timothy Brook，*Praying for Power：Buddhism and the Formation of Gentry Society in Late-Ming China*，Cambridge，MA：Council on East Asian Studies Harvard University and Harvard-Yenching Institute，1993（[加]卜正民：《为权力而祈祷：佛教与晚明中国士绅社会的形成》，张华译，南京：江苏人民出版社，2005 年）.

Tyau Min-ch'ien（刁敏谦），*Two Years of Nationalist China*，Shanghai：Kelly and Walsh，1930.

Valery M. Garrett，*Chinese Clothing：An Illustrated Guide*，Hong Kong：Oxford University Press，1994.

Verity Wilson，*Chinese Dress*，London：Victoria and Albert Museum，1986.

Willam T. Rowe，*Hankow：Commerce and Society in a Chinese City，1796 - 1895*，Stanford：Stanford University Press，1984（[美]罗威廉：《汉口：一个中国城市的商业和社会（1796—1889）》，鲁西奇译，北京：中国人民大学出版社，2005 年）.

William T. Rowe，*Hankow：Conflict and Community in a Chinese*

*City*, *1796-1895*, Stanford: Stanford University Press, 1989([美]罗威廉:《汉口:一个中国城市的冲突和社区(1796—1895)》,鲁西奇译,北京:中国人民大学出版社,2008 年).

Wong Su-ling(黄素铃)and Earl Herbert Cressey(葛德基),*Daughter of Confucius: A Personal History*, London: Victor Gollancz, 1953.

Young-tsu Wong(汪荣祖),*Search for Modern Nationalism: Zhang Binglin and Revolutionary Change 1869 – 1936*, Hong Kong: Oxford University Press, 1989.

Anna Clare Bryson, 'Concepts of Civility in England c. 1560 – 1685', Oxford D. Phil. , 1984.

Antonia Finnane(安东篱), 'What should Chinese Women Wear: A National Problem', 22. 2, 1996.

Benjamin A. Elman, 'Political, Social, and Cultural Reproduction via Civil Service Examinations in Late Imperial China', *Journal of Asian Studies*, 50. 1, 1991.

Brian Durrans, 'Handicrafts, Ideology and the Festival of India', *South Asia Research* 2. 1, 1982.

Charles F. Keyes, 'The Proposed World of the School: Thai Villagers' Entry into a Bureaucratic State System', in *Reshaping Local Worlds: Formal Education and Cultural Change in Rural Southeast Asia*, New Haven: Yale University Southeast Asia Studies, 1991.

Christopher A. Binns, 'The Changing Face of Power: Revolution and Accommodation in the Development of the Soviet Ceremonial System', *Man* 14. 4, 1979 and 15. 1, 1980.

Edward J. M. Roads(路康乐), 'The Assassination of Governor Enming and its Effect on Manchu-Han Relations in Late Qing China', in Shinkichi and Schiffrin, *China's Republican Revolution*, 1994.

Ernest P. Young, 'Problems of a Late Ch'ing Revolutionary: Ch'en T'ien-hua', in Chun-tu Hsueh (ed. ), *Revolutionary Leaders of Modern China*, London: Oxford University Press, 1971.

Evelyn S. Rawski, 'The Imperial Way of Death: Ming and Ch'ing Emperors and Death Ritual', in James L. Watson and Evelyn S. Rawski (eds. ), *Death Ritual in Late Imperial and Modern China*, Berkeley: University of California Press, 1988.

Frederic Wakeman, 'Localism and Loyalism during the Ch'ing

Conquest of Kiangnan: The Tragedy of Chiang-yin', in Frederic Wakeman and Carolyn Grant (eds.), *Conflict and Control in Late Imperial China*, Berkeley: University of California Press, 1975.

Herman Roodenburg, 'The "hand of friendship": shaking hands and other gestures in the Dutch Republic', in Jan Bremmer and Herman Roodenburg, *A Cultural History of Gesture from Antiquity to the Present Day*, Cambridge: Polity Press, 1991.

James L. Watson, 'Rites or Beliefs? The construction of a unified culture in Late Imperial China', in Lowell Dittmer(罗德明) and Samuel S. Kim(金淳基)(eds.), *China's Quest for National Identity*, Ithaca: Cornell University Press, 1993.

James L. Watson, 'The Structure of Chinese Funerary Rites: Elementary Forms, Ritual Sequence, and the Primacy of Performance', in James L. Watson and Evelyn S. Rawski(罗友枝)(eds.), *Death Ritual in Late Imperial and Modern China*, Berkeley: University of California Press, 1988.

Jeffrey N. Wasserstrom and Joseph Esherick, 'Acting Out Democracy: Political Theatre in Modern China', *Journal of Asian Studies* 49. 4, 1990.

Jeffrey N. Wasserstrom, 'Revolutionary Anniversaries in 20th Century China: Some Theoretical Speculations', Asian Studies of the Pacific Coast Conference, 1990.

Jonathon Barry, 'Review Article: The Making of the Middle Class?', *Past and Present* 145, 1994.

Joseph W. Esherick, 'Founding a Republic, Electing a President: How Sun Yat-sen Became Guofu', in Eto Shinkichi(卫藤沈吉) and Harold Z. Schiffrin (史扶邻) (eds.), *China's Republican Revolution*, Tokyo: University of Tokyo Press, 1994.

Julia C. Strauss, 'Wartime Stress and Guomindang Response: Xunlian as a means of state building', American Association of Asian Studies Annual Meeting, 1996.

Keith Wrightson, "'Sorts of People' in Tudor and Stuart England", in Jonathan Barry and Christopher Brooks (eds.), *The Middling Sort of People: Culture, Soceity, and Politics in England*, *1550–1800*, London: Macmillan, 1994.

Lau See-heng,哲学博士,2000 年前论文撰写中,牛津大学。

Lloyd Eastman(易劳逸), 'Nationalist China during the Nanking decade 1927-1937', in John K. Fairbank and Albert Feuerwerker(费维恺)(eds.), *The Cambridge History of China*, Cambridge: Cambridge University Press, 1986.

Marie Claire Bergère(白吉尔), 'The Chinese Bourgeoisie, 1911-37', in John K. Fairbank (ed.), *The Cambridge History of China*(《剑桥中国史》), Cambridge: Cambridge University Press, 1983.

Mary Ryan, 'The American Parade: Representations of the Nineteenth-Century Social Order', in Lynn Hunt (ed.), *The New Cultural History*(《新文化史》), Berkeley: University of California Press, 1989.

Michael Hatt, 'Muscles, Morals, Mind: The Male Body in Thomas Eakins' Salutat', in Kathleen Adler and Marcia Pointon (eds.), *The Body Imaged: The Human Form and Visual Culture Since the Renaissance*, Cambridge: Cambridge University Press, 1993.

Myron Cohen(孔迈隆), 'Being Chinese: The Peripheralization of Traditional Identity', in Tu Wei-ming(杜维明)(ed.), *The Living Tree: The Changing Meaning of Being Chinese Today*, Stanford: Stanford University Press, 1994.

Ono Shinji(小野信尔), 'A Deliberate Rumour: National Anxiety in China on the Eve of the Xinhai Revolution', in Eto Shinkichi and Harold Z. Schriffin(eds.), *China's Republican Revolution*, Tokyo: Tokyo University Press, 1994.

Pamela K. Crossley, 'Thinking about Ethnicity in Early Modern China', *Late Imperial China II. I*, 1990.

Patricia Ebrey, 'Women, Marriage and the Family in Chinese History', in Paul S. Ropp (ed.), *Heritage of China: Contemporary Perspectives on Chinese Civilisation*, Berkeley: University of California Press, 1990.

Philip A. Kuhn, 'Chinese views of social classification', in James L. Watson (ed.), *Class and Social Stratification in Post-Revolution China*, Cambridge: Cambridge University Press, 1984.

Richard J. Smith, 'A note on Qing dynasty calendars', *Late Imperial China*, 9. 1, 1988.

Roxane Witke, 'Mao Tse-tung, Women and Suicide in the May Fourth Era', *The China Quarterly* 31, 1967.

Simon Kiong（龚柴），'Quelques mots sur la politesse Chinoise', *Varietes Sinologiques* 25，1906.

Stephanie L. Twin，'Women and Sport', in Donald Spivey（ed.），*Sport in America：New Historical Perspectives*，Westport：Greenwood Press，1985.

Steven Lukes，'Political Ritual and Social Integration', *Sociology：The Journal of the British Sociological Association* 9，1975.

Yves Chevrier，'La servante-maîtresse：condition de la référence à l'histoire dans l'espace intellectuel chinois', in *Extrême-Orient Extrême-Occident* 9，1987.

# 索　引

（采用原著页码，即本书页边码）

# 译后记

 《政治仪式与近代中国国民身份建构（1911—1929）》（*The Making of the Republican Citizen：Political Ceremonies and Symbols in China 1911‑1929*）是沈艾娣老师最早的一部学术著作。不过最先在国内出版翻译的是其另一部著作《梦醒子：一位华北乡居者的人生（1857—1942）》（*The Man Awakened from Dreams：One Man's Life in a North China Village，1857‑1942*），该书借鉴了微观史研究方法中关于"个体生命和观念的具体研究及叙事结构"等基本元素，来分析20世纪初山西农村生活的本质，引起国内读者的关注和热议。学界和出版界都期待沈艾娣老师其他著作的引入。

 笔者接到江苏人民出版社的翻译委托时，不免确幸。一直很欣赏沈老师的治学和文笔，翻译她的作品，无疑督促自己豁然确斯，虽难达淋漓尽致，但一定遵从通畅可读之准则。

 翻译中遇到最大的困难，是找到书中大量文献的出处并回溯原文。公开出版物尚能获得，可惜的是中国第二历史档案馆已不开放这批沈老师曾经查阅的档案，几经周折，得到馆内老师协助，方才确认了相关信息。完成的过程受主客观原因影响，时长拖延，对各方都存有歉意。从初始至最后，译校及查找文献工作，得到刘永杰、熊慧林、孟祥斐、刘诗纯、汪沛、刘昊阳等研究生的大力帮助。方玥欢从高二开始阅读此书,彼时还限于照本宣科,日前再次讨论,亦能就翻译细节给予很好的建议。编辑张晓薇女士耐心细致,若离开她的精心修订,本书恐怕要减色不少。

以上种种,皆是翻译本书所经历,以此为记。

吕　晶

2024 年 6 月 6 日于南京

# "海外中国研究丛书"书目